中青年经济与管理学者文库

龙岩学院奇迈书系

新型农业经营主体金融服务体系创新研究

黄可权　著

中国财经出版传媒集团
中国财政经济出版社

图书在版编目（CIP）数据

新型农业经营主体金融服务体系创新研究/黄可权著．—北京：中国财政经济出版社，2018.6

（中青年经济与管理学者文库．龙岩学院奇迈书系）

ISBN 978－7－5095－8117－9

Ⅰ.①新…　Ⅱ.①黄…　Ⅲ.①农业经营－金融－商业服务－研究－中国　Ⅳ.①F324

中国版本图书馆CIP数据核字（2018）第045622号

责任编辑：钱红叶　　　　责任校对：李　丽

中国财政经济出版社 出版

URL：http：//ckfz. cfeph. cn

E－mail：cfeph@ cfeph. cn

社址：北京市海淀区阜成路甲28号　邮政编码：100142

营销中心电话：010－88191537

天猫网店：中国财政经济出版社旗舰店

网址：https：//zgczjjcbs. tmall. com

北京财经印刷厂印刷　各地新华书店经销

880×1230毫米　32开　9印张　206 000字

2018年6月第1版　2018年6月北京第1次印刷

定价：50.00元

ISBN 978－7－5095－8117－9

（图书出现印装问题，本社负责调换）

本社质量投诉电话：010－88190744

打击盗版举报热线：010－88191661　QQ：2242791300

策划人语

题记：一个人的精神成长史，取决于他的阅读史。只有阅读能最有效地培养精神生活习惯，而好的习惯又培养性格，性格决定人生。

——我们自豪，因为我们就是创造这精神产品的人。

选择了飞翔，总能看到蓝天；选择了远航，总能感受大海。人生不仅要作出选择，也要坚持住自己的选择。学会计、当编辑是我的意外选择。人说编辑是为人做嫁衣，可是这一选择我坚持了27年，苦在其中，乐在其中，也算是有声有色。每当我把一本本好书呈献给人们的时候，我觉得我是“富贵”的人：富，不是你身上的钱财，而是你心里的满足；贵，不是你地位的显赫，而是你被人需要的程度。

书海探寻，情怀永恒

我要说，做编辑我幸运，因为我不仅是第一个读者，可以对作品“品头论足”，也可以对作品“生杀予夺”；更重要的是，这是一个很高层次的平台，在多年与名家的交往和名著的“对话”中，深深地为他们的人格和才学所感动，被作品的精彩所吸引，这不仅使我“下笔如有神”，更使我的思想和灵魂也受到一次次洗礼和震撼，得到一次次升华。对于我的作者我的书，如数家珍，作者中不乏才学和为人同样过人的多位泰斗和“颜值高责任大”的众多才子佳人；策划的作品不仅立足专业还兼顾人文，也是情怀所在，专业加人文路才会更宽。

多年的体会是，作为一名编辑，起码要“三心二意”，即“责任心、细心、耐心”和“服务意识、创新意识”。要多策划一些有分量的拳头产品，用一个选题推动一个系统工程，用一个系统工程培养一个出版社品牌。给新入职编辑讲座时我做过一个比喻：编辑两项基本功，审稿——甚至要比博导审批学生论文还要全面、细致；选题策划——要像电影导演一样做“星探”，善于发现优秀作者和挖掘好的原创作品。记不得27年来我策划和编辑了多少书，组织和策划了一大批教材、业务培训用书、通俗读物、理论专著等，有的获得过国家、省部级各类奖项，有的以其填补空白、社会热点、风格新颖、开拓尝试等特点受到读者的欢迎。20世纪90年代我开始自主策划选题，多年来每年都有新丛书问世。比如，21世纪初内部控制研究在国内刚兴起时，策划了《现代内部控制丛书》，其中《企业内部控制管理操作手册》是我鼓励作者将自己饱含心血的经过长期钻研和实践并证明卓有成效的成果奉献付梓，使得更多的人能受益于此，这无疑是对我国内部控制理论探索和实践发展的一种贡献，内部控制选题至今还是热点。2013年的《来去无尘——一位财政部长的生前事》所展现的吴波精神，与深入推进党风廉政建设相得益彰，得到中央领导同志的高度重视和重要批示。中央各大主流媒体纷纷连续报道，掀起了全社会学习吴波高尚情操的热潮。2014 年至今的前沿选题《财务云丛书》等也越来越受到业界认可。

想是问题，做是答案

众所周知，目前的图书出版业在行业竞争和纸质图书受到严重冲击的情况下，出版人无不感到莫大的危机。在这种背景下，策划一套专业图书是颇感困惑的一件事，风险更大。但即使这样我们也不能因噎废食、停滞不前，还要积极应对，继续发挥纸质图书的固有特质，挖掘出版内容和形式都精彩的原创作品，适应新形势下读者的更高需求。2017 年，我们接受新的挑战，开启新的征程，又策划《中青年经济与管理学者文库》《当代税收名家丛书》《中国税务律师系列丛书》《现代管理实务丛书》《高等院校应用型会计人才精细化培养系列教材》等，继续为扶持学术研究和总结最新成果，在高端研究与专业知识普及和应用之间搭建一座座有益的桥梁。

每一个时代的经济环境不同，理论研究和实务探索所需要解决的问题也有所差别。当前我国不仅处于经济结构调整和供给侧改革的攻坚期，同时也处于大数据和互联网突飞猛进的变革期，矛盾叠加，风险交汇，市场环境和组织模式不断演变发展、推陈出新，经济、管理、财税等领域的新理论、新思想、新方法、新工具也层出不穷。乱花渐欲迷人眼，击水三千浪几何？这些领域的研究人员被时代赋予了更艰巨的责任，也面临着更高、更多元的要求，我们不仅要具备更广阔的学术视野，而且要有更严谨的学术思维。

输在犹豫，赢在行动

《中青年经济与管理学者文库》的作者，都是我国经济与管理领域的中坚力量，也是未来的大家。他们中有些人潜心从事理论研究，有些人则深耕在实务一线，但无论现实身份如何，视野全都没有被拘泥在“象牙塔”内。他们从不同视角对市场经济的不同要素进行细致审视，然后汇聚于“财经版”这面旗帜之下，相互碰撞，彼此激荡，力求在市场经济转型升级的关键时期留下最新鲜的“中国印记”。

这些经济与管理领域的中青年学者，就是我国市场经济发展的潜力与优势，他们的研究成果，不仅将引领市场经济的各个组成环节向更科学、更先进的方向发展，而且将成为我国政府和企业在未来经济世界扮演更重要角色的支点与动力。祝愿这些中青年学者能攀上更高的学术之山，走向更远的研究之路，也期待宏观、中观、微观各个层面的市场参与者都能从这套文库中得到切实的启发与指引，在全面深化改革、增强发展活力的关键时期，发挥正能量和积极作用，为经济社会发展增添新的动力！

如果您认可，如果您有意愿，欢迎您和您的朋友加盟我们的作者队伍！在中国财经出版传媒集团的“旗舰”下，中国财政经济出版社这“老字号”，一定励精图治，谱写新的篇章。我们用“龙的精神，玉的品质”来助力您实现梦想！

策划人：樊清玉

邮箱：qingyuf@ sina. com

2017 年春

序

培育新型农业经营主体，加快形成以家庭承包经营为基础、合作或联合为纽带、社会化服务为支撑的现代农业经营体系，对于深化农业供给侧结构性改革、引领农业适度规模经营发展、带动农民就业增收、增强农业农村发展新动能具有十分重要的意义。党的十八届三中全会和中央一号文件明确提出，加快构建新型农业经营体系，努力走出一条生产技术先进、经营规模适度、市场竞争力强、生态环境可持续的中国特色新型农业现代化道路。在国家政策的扶持下，新型农业经营主体加快发展，已经成为现代农业发展体系中的重要组成部分。然而，受服务成本高、农业风险高、配套制度不完善等因素制约，新型农业经营主体普遍存在融资难融资贵的问题，亟待通过深化改革创新农村金融服务体系，助推新型农业经营主体发展壮大。2017年6月，中共中央办公厅、国务院办公厅发布《关于加快构建政策体系培育新型农业经营主体的意见》提出，构建框架完整、措施精准、机制有效的政策支持体系，鼓励金融机构创新产品和服务，加大对新型农业经营主体、农村产业融合发展的金融支持。这为深化农村金融改革、做好新代时代金融支农工作指明了方向，提出了新的更高要求。

要以十九大精神和习近平新时代中国特色社会主义思想为指导，主动适应农业供给侧结构性改革的新要求，深入贯彻创新驱动战略，把支持现代农业发展作为深化农村金融改革创新的重要着力点，聚焦问题，完善政策，强化供给，着力构建适合新型农业经营体系发展需要的农村金融服务体系。一是坚持基本制度。按照农村土地“三权分置”原则，以坚持农村土地集体所有、家庭经营基础地位为内核，兼顾公平与效率，在“稳定”与“放活”之间求得平衡，防止成为农地过度规模经营和“非农化”的金融推手。二是坚持市场导向。牢记金融服务实体经济的使命，注重发挥市场在农村金融资源配置中的决定性作用，同时更好发挥政策的引导作用，完善农业投融资体系，带动更多社会资本投向新型农业经营体系。三是坚持系统协同。注重“顶层设计”和“摸着石头过河”有机结合，妥善处理金融创新与防范金融风险的关系，在确保改革创新的整体性、系统性和协调性的同时，尊重人民大众的首创精神，使农村金融改革创新更加“接地气”、更加科学有效、更加适应现代农业发展的需要。四是坚持金融普惠。把握“低成本、广覆盖、便利化”的农村普惠金融发展方向，树立“互联网+”的时代思维，创新运用区块链、大数据、云计算、人工智能等新技术，改造农村金融运作机制，拓宽农村金融供给渠道，着力构建为现代农业生产经营的各领域、各环节以及农村各阶层和群体提供全方位服务的金融体系。五是坚持落地见效。农村金融改革创新，重在破解难题，贵在务实管用。要因地制宜，精准发力，针对新型农业经营体系发展中的重点领域和薄弱环节，优化农村体制机制，改进农村金融产品和服务方式，提升金融服务新型农业经营体系的效率和水平，为深化农业供给侧改革、加快农业现代化进程注入新动力。

黄可权同志作为一名中青年学者，对农村金融怀有强烈的热情和浓厚的兴趣，对农村金融改革创新的研究和探讨倾注了深厚情感。相信《新型农业经营主体金融服务体系创新研究》一书的出版，将对该领域的改革创新工作有所参考和借鉴。

中国人民银行金融研究所所长　孙国峰

2018 年 5 月

前言

“新型农业经营主体”一词最早出现在2013年的中央“一号文件”。该文件指出，农业生产经营组织创新是推进现代农业建设的核心和基础，要培育和壮大新型农业生产经营组织，充分激发农村生产要素潜能。此后，中央文件逢农业必讲新型农业经营主体，中央政策逢农业必涉及新型农业经营主体。特别是十八届三中全会提出，要加快构建新型农业经营体系。在国家政策引导和各地政府部门的支持下，新型农业经营主体加快发展。据统计，到2016年末，全国各类新型农业经营主体总量超过460万个，已经逐步成为改善农业生产关系、提高农业生产力、增强农产品供给、增加农民收入和保障国家粮食安全的重要力量。

农村金融作为现代农业经济的血脉，是助力新型农业经营主体加快发展的重要保障。为进一步加大金融对现代农业的支持力度，国家“十三五规划”强调，要深化农村金融改革，构建培育新型农业经营主体的政策体系。这为加快现代农业领域金融改革步伐，构建新型农业经营主体金融服务体系，努力实现农村金融与现代农业良性互动指明了方向。各地、各部门正在按照党中央、国务院的统一部署，采取有效措施，积极创造条件，努力打造适合新型农业经营主体发展的金融服务体系，使得农村领域金融供求矛盾有所缓解。但由于新型农业经营主体作为一种新兴事物，其生产规模、经营模式、市场业态都发生了新变化，而传统的农村金融服务理念和运作方式不能有效适应其新的金融需求，新型农业经营主体普遍面临着严重的融资困境，现代农业生产领域存在较为严重的金融约束，多数新型农业经营主体金融需求强烈，但金融机构对其发放的信贷额度偏少，业务准入标准偏严，贷款利率偏高，融资期限偏短，融资方式单一，远不能满足其金融需求。造成新型农业经营主体金融供求错位严重，原因错综复杂，既有需求侧因素，也有供给侧障碍，亟待通过深化金融改革创新加以破解。

基于此，本研究以国家全面推进供给侧结构性改革为背景，以相关概念和理论为基础，以新型农业经营主体金融服务体系创新为研究对象，综合运用理论分析和实证研究等方法，对新型农业经营主体金融供求现状和突出问题进行实证分析，总结借鉴国内主要省（市）新型农业经营主体金融服务体系创新的主要做法和基本经验，提出新型农业经营主体金融服务体系创新的框架安排、解决方案和政策建议，进而丰富本领域的研究成果，为促进新型农业经营主体金融服务体系改革创新提供理论指导和实践参考。首先，本研究采取文献研究和系统分析的方法，界定了新型农业经营主体金融服务及新型农业经营主体金融服务体系创新的基本内涵，明确了本研究的逻辑框架和内涵边界。其次，本研究采取问卷调查、定性分析与定量分析等方法，分析了新型农业经营主体金融需求的新特征，深入探讨了新型农业经营主体所面临的金融困境和制约因素，找到了新型农业经营主体金融服务体系创新的逻辑起点；再次，通过文献研究和问卷调查等方法，对新型农业经营主体金融服务体系创新的总体概况、实践经验和存在的主要问题进行了梳理和分析，为构建新型农业经营主体金融服务体系创新框架奠定了现实基础。在宏观层面，本研究将农村金融制度创新、农村金融市场创新和农村金融组织创新系统性地整合在一起，共同构建了新型农业经营主体金融服务体系创新的宏观框架，并对框架内的具体创新内容做出了系统安排。在微观层面，本研究将金融产品创新、金融服务方式创新和金融技术创新有机地纳入同一层面，共同构建了新型农业经营主体金融服务体系创新的微观框架，并对框架内的具体创新内容给出了解决方案。最后，针对新型农业经营主体金融服务创新的制约因素和现实障碍，提出相应的政策建议，旨在为新型农业经营主体金融服务体系创新框架的顺利实施提供配套保障。

本研究认为，新型农业经营主体的发展壮大离不开金融支持，而制度障碍等因素造成的金融供给不足是制约新型农业经营主体加快发展的主要症结，必须坚持用改革创新的办法来解决新型农业经营主体经营发展中的金融困境。本研究的创新之处在于找到了新型农业经营主体金融服务体系创新的逻辑起点，全景式构建了金融服务体系创新的宏观框架和微观框架，系统性设计了具体解决方案，并提出了有针对性的政策建议。但囿于新型农业经营主体发展正处于初级阶段，其金融服务体系创新也处于摸索状态，相关理论研究、实证参考和信息获取存在一定的局限性，故本领域的研究还须随着事物的不断发展进一步深化和拓展。

本研究得到了东北农业大学张启文教授、郭翔宇教授、李翠霞教授，龙岩学院蔡立雄教授，浙江财经大学耿中元教授，哈尔滨工业大学赵泽斌副教授等行业内专家的指导，提出了不少宝贵意见和建议；同时，得到了中国人民银行济南分行周逢民行长、中国人民银行研究局牛慕鸿处长、中国人民银行哈尔滨中心支行朱兴龙博士及张普雷先生的支持和帮助。本研究的出版，获得了龙岩学院“奇迈书系”出版基金资助，以及中国财政经济出版社会计分社樊清玉社长的大力支持。在此，一并表达本人诚挚的谢意。谬误之处，敬请读者批评指正。

黄可权

2018 年 5 月 5 日 于福建龙岩

目录

第 1 章　文献综述、概念界定与理论基础 …………………………（1）
1.1　文献综述 ……………………（1）
1.2　概念界定 ……………………（10）
1.3　理论基础 ……………………（21）

第 2 章　新型农业经营主体金融需求新特征、面临的金融困境与因素分析 ……………………（36）
2.1　新型农业经营主体金融需求的新特征 ……………………（37）
2.2　新型农业经营主体面临的金融困境 ……………………（41）
2.3　新型农业经营主体金融困境的因素分析 ………………（47）

第 3 章　新型农业经营主体金融服务体系创新的基本现状、经验总结与主要问题 …………………… (55)
3.1　新型农业经营主体金融服务体系创新的基本现状 …………………………………………… (55)
3.2　部分省份新型农业经营主体金融服务体系创新的实践探索 …………………………… (72)
3.3　新型农业经营主体金融服务体系创新存在的主要问题 …………………………………… (86)

第 4 章　新型农业经营主体金融服务体系创新的宏观框架 … (103)
4.1　新型农业经营主体金融制度的创新 …………… (104)
4.2　新型农业经营主体金融市场的创新 …………… (118)
4.3　新型农业经营主体金融组织的创新 …………… (134)

第 5 章　新型农业经营主体金融服务体系创新的微观框架 … (155)
5.1　新型农业经营主体金融产品的创新 …………… (156)
5.2　新型农业经营主体金融服务方式的创新 ……… (171)
5.3　新型农业经营主体金融技术的创新 …………… (212)

第 6 章　加快新型农业经营主体金融服务体系创新的政策建议 …………………………………………… (243)
6.1　加快修改金融法律法规 …………………………… (244)
6.2　实施差异化的货币政策 …………………………… (245)
6.3　健全财税政策扶持体系 …………………………… (247)
6.4　完善农村政策配套体系 …………………………… (249)

参考文献 ………………………………………………… (252)

第1章 文献综述、概念界定与理论基础

1.1 文献综述

1.1.1 国外文献综述

农村金融服务与创新问题是国外学者普遍关注的重点研究领域。由于各国国情和体制差别较大，国外没有新型农业经营主体这个提法，但对现代农业领域的金融服务研究也不少，研究方法包括规范研究法、计量研究法、比较研究法等，研究内容主要集中在五个方面。

（1）关于农村金融市场供给效率问题的研究。国外在这方面的研究成果很多，主要的研究角度是利用各项计量经济模型，实证分析农村金融供给与农业生产发展之间的关系，进

而为推动农村金融创新与深化给出具体方案。如，Deininger. K，Byerlee. D（2012）利用市场结构化的动态模型，对美国农业金融市场供给效率进行了实证研究，得出的结论是充分性竞争与非充分性竞争对农村金融供给效率具有显著差异，因此他们提倡国家农业金融政策应以促进市场充分竞争为改善现代农业金融服务的主要方法。Gashaw Shahidur & Getnet Kindie（2015）以埃塞俄比亚为研究样本，利用统计回归方法，得出了农村金融市场的发育程度与农业生产发展的水平呈正相关关系，同时指出农村金融市场深化是促进现代农业发展的主要手段，具体包括变革国家金融法律、创新金融市场机制、完善金融业务结构等。

（2）关于农村金融服务组织体系方面的研究。国外学者普遍认为，农村金融组织体系由商业性金融、政策性金融、合作性金融及其他金融组织构成，包括正规金融和非正规金融之分。早在20世纪初期，欧洲的一些国家学者开始对农村合作性金融进行了广泛研究，并逐步形成了传统型、市场型、整合型等较为完整的农村合作金融理论体系。随着农业生产发展关系的不断演化，传统性农村合作金融逐步淡出历史舞台，市场型农村合作金融理论日益演化为农村合作金融理论发展的主流。目前，国外学者的目光已不再局限于农村合作金融的范围，他们开始更多地将研究方向集中在农村商业性金融及各种非正式的农村金融组织上。Brian Klitgard. R（2012）从契约理论出发，并运用计量方法，构建农业联盟一体化模型，得出最优化契约的商业性组织形式比合作性金融组织的运行效率更高。Vallesi M，Manelli A（2016）提出，正规金融在农业领域供给存在局限性，适度发展非正规农村金融组织可以帮助农业生产主获得更多的融资机会。Mirko Bendig，Lena Giesbert（2016）提出，储蓄产品、贷款和保险是满足农村金融需求的三个要素，这既能够从正规金融组织获得，也可通过非正规金融组织实现，而具体实现途径取决于农业生产者的融资条件与偏好。

（3）关于农村金融机构微观运行机制的研究。国外学者在这方面的研究主要是围绕农村金融机构的产品供给、运行机制和金融技术展开的，但研究的方法和工具较为多样化。如，Saifullahi（2014）通过实证研究，提出强劲的经济发展是不可能没有金融深化，尤其是在农村社区更显必要，这需要金融机构根据客户需求变革微观运营模式，建立内部流水线式业务流程，采用先进的金融信息技术，降低交易费用，改进融资质量，发挥农村金融在农业生产发展中增长引擎作用。Anand & Bansal（2015）采取统计分析的方法，指出农业生产存在不稳定性因素，增强银行和其他金融机构将经营行为转换成为现实生产力的能力是非常必要的，改进和创新金融机构决策与运行机制，使其灵活有效地为农业生产经营者提供有效的金融服务。Joselito Gallardo & Bikki Randhawa（2016）利用博弈论模型得出结论：在农村金融机构之间采用战略联盟，可以有效地管理成本，克服资源和技术的限制，整合银行技术和基础设施，从而扩大农村家庭和农村中小企业金融服务的市场空间。

（4）关于农村金融服务制度与政策问题的研究。尽管各国农业背景的差异性较大，但国外学者普遍认为良好的金融制度与政策，有利于释放农村金融活力，改进农村资源的配置效率，促进现代农业的生产与发展。如 Kloeppingertodd R，Sharma M（2016）在研究中指出，农业金融机构在服务农村经济中面临一些具体障碍，有必要改革和创新制度框架来创造农村金融可持续投入的政策环境，从而调动农村金融要素的投入。Dimitrova L，Eswar S K 在研究中（2016）提出，发展中国家应制定农业政策，加强农村金融改革，包括完善政策和制度机制，促进现代农业，特别是农业价值链和生产物流系统的发展，农村基础设施建设和绿色发展。Nato. J（2016）在研究中提出，包容性融资是改善农村金融服务供给的重要方向，国家应该完善金融立法，通过收购和补救措施改善农村金融服务，保证现代农业发展中的薄弱环节或弱势群体能够负担得起获取金融服务的成本。

（5）关于农村金融服务创新问题的研究。近年来，国外学者对农村金融服务创新的研究兴趣很浓，特别是对新技术、新方法、新手段在农村金融服务中创新应用方面的研究逐步增多。如，Gilberto M. Llanto（2014）认为，农村金融服务创新可以是新产品和方法或改进现有的实践中创建的应对市场低效率和目标顾客不断变化的需求，不仅提供更多更好的产品和服务，导致增加盈利机制的采用，也包括金融业结构、制度、市场、形态的变化。K K Tripathy & Sudhir K Jain（2011）在研究中指出，小额信贷作为一种普惠性、创新性的信贷传递机制，在改善现代农业生产方面仍有具有重要作用，创新适用性的小额信贷活动有利于推动农业发展。Ggombe Kasim Munyegera & Tomoya Matsumoto（2015）对农村移动金融工具应用的实证研究显示，在乌干达手机钱包仅仅推出五年，农村地区成年人使用率已超过35%，用户采用移动货币服务的可能性显著增加，储蓄、借贷和汇款的交易成本显著减少，从而他们得出结论：现代技术对农村金融创新影响显著，借助现代科技手段尤其是信息技术手段创新农村金融服务空间广阔。

1.1.2 国内文献综述

国内理论界对农村金融服务的研究日益深入，特别是2013年中央将培育新型农业经营主体纳入国家政策后，专家学者对新型农业经营主体的金融服务研究也日渐兴起，研究的视角、领域与方法不断丰富。归纳起来，研究焦点主要集中在四大方面。

（1）关于新型农业经营主体土地经营权抵押创新的研究。国内学者对农地金融创新的研究主要聚焦在农村土地经营权抵押贷款业务创新上，研究方法多为实证研究法，核心观点是优化农地金融制度框架和政策措施，释放土地融资效能。如，刘刚、肖璐熠（2014）基于经济体有限理性的假设，构建新型农业经营主体与银行之间土地经营权抵押贷款的演化博弈模型，分析和讨论了不同情形下土地经营权抵押贷款的演化路径与稳定策略。张启文、黄可权（2014）对农村土地流转金融服务创新问题进行了研究，对制约因素和制度障碍进行了剖析，从创新业务模式、完善法律体系、优化配套措施等方面提出了政策建议。王东宾（2014）认为，新型农业经营主体是土地有序流转和适度规模经营的重要力量，大力发展农地金融有利于加快农业现代化进程。他指出，农村土地“三权分置”是农地金融改革创新的重要制度基础和政策依据，坚持普惠金融导向，发挥多层次金融体系的协调作用，创新农村金融产品和服务方式组合模式，促进土地制度改革与金融创新之间的良性互动。林建伟等（2015）在研究中提出，受现行法律制约，新型农业经营主体土地承包经营权抵押贷款存在行为异化，应及时修改法律法规，完善相关配套制度，实现土地承包经营权抵押的制度回归。王建民、佘海岩（2015）对完善新型农业经营主体土地经营权抵押贷款的保障机制进行了探讨。

（2）关于改善新型农业经营主体信贷融资服务的研究。在这方面的研究，国内学者更多的是针对新型农业经营主体融资服务中的现实问题进行实证研究，主要观点是顺应需求改善供给。如，刘伟建（2010）对金融支持农民专业合作社呈现出的新特点、新模式、新问题进行归纳分析，并有针对性地提出政策建议。杨大蓉（2014）认为，新型农业经营主体的金融需求随着现代农业发展的升级而升级，多层次、多样性、关联性需求特征显著趋强，应创新农村金融服务体系适应新阶段农业发展需要。陈宜萍等（2015）认为，寻求抵押难、寻求担保难、自身规范难、金融投入难是导致农民专业合作社贷款难的主要因素，有效增加农业专业合作社贷款投入需要加快推进农村金融服务体系创新。王莉（2014）在对金融支持新型农业经营主体发展现状和存在的问题进行实证分析的基础上，提出应从加快土地流转和承包法律支持、优化财政扶持政策、稳妥推进农村金融服务创新、强化新型农业经营主体软实力建设等方面，加大金融支持新型农业经营主体的支持力度。朱文胜、王德群（2014）在探讨制约新型农业经营主体融资因素时指出，发展不规范、治理结构不健全以及抵押担保不足等需求侧存在的缺陷，也是造成新型农业经营主体融资难的一个重要方面。张明、张志宇（2015）在对辽宁家庭农场融资需求进行调研分析的基础上，指出传统农村金融供给模式与家庭农场金融需求新特征之间存在突出矛盾，加大政策扶持、创新体制机制、开展新产品是改善家庭农场融资状况的重要手段。江维国（2016）对农村财政金融投资体制进行了专题研究，提出应从健全农村金融服务市场、建立财政金融支农联动机制、完善农业担保体系等多维度入手，来改善新型农业经营主体的融资状况。黄可权、张启文（2015）对新型农业经营主体贷款利率定价机制进行了研究，提出应坚持均衡适度、科学合理的原则，在充分吸收借鉴传统农贷利率定价有益经验的基础上，研究设计适合新型农业经营主体融资需求特点的贷款利率定价模式，并辅之以相应配套的支持措施，优化改进利率定价机制，提升新型农业经营主体融资绩效。

（3）对新型农业经营主体金融产品和服务方式创新的研究。

主要研究的观点是：扩大农村抵押担保范围，发挥农业供应链金融的作用，改进农村金融产品和服务方式。如，张启文、黄可权（2014）提出，多层次发展农村金融市场，丰富农村金融组织体系，加快推进农村金融服务创新，积极培育新型农业经营主体。黄金华等（2015）提出，应开发适合新型农业经营主体的金融产品，重点在大型农用生产设备、农村“两权”抵押、农产品订单、保单、仓单等权利抵（质）押方面加大创新力度。张洪涛（2015）在研究中提出，应积极创新信贷支持模式，探索建立多种形式的担保机制和激励机制，推行银行、保险、财政、担保、农户、家庭农场、农业合作组织等多方参加的信贷联保模式，提高农业新型经营主体金融服务效率。谢晶晶（2016）提出，大力实施农村金融的“互联网 +”计划，构建新型农村普惠金融服务体系，将农村金融产品紧密嵌入现代农业生产经营的各类场景之中。张启文、黄可权（2015）对加快发展新型农业经营主体保险进行了研究，就加快推进农险产品和服务方式创新提出了一些思路和见解。何广文（2016），对现代农业领域融资制约因素进行分析的基础上，提出加快农村金融服务产品和技术创新是改善新型农业经营主体融资状况的重要手段，同时建议多措并举完善农村金融制度，助力现代农业发展。

（4）对新型农业经营主体金融制度体系创新的研究。主要的研究观点是：创新农村投融资体制机制，实施差别化货币政策和金融监管政策，引导金融资源向新型农业经营体系配置。如，霍学喜（2014）在研究中提出，金融在支持农业现代化进程中一直发挥着重要作用，要针对制约新型农业经营主体融资困境的现实症结，依托农村改革的系统性政策，创新发展适合现代农业发展要求的金融服务体系，增进农村金融活力，改善和扩大农村金融供给。周萃（2017）提出，尊重金融市场发展的多样性要求，完善农村金融差异化监管政策，降低中小金融机构准入门槛，优化农村金融组织体系和网点布局，多元化满足新型农业经营主体金融需求。周学东等（2016）对现代农业支付服务体系建设进行了深入研究，提出加大农村支付服务环境建设的政策扶持，自上而下推动农村支付环境升级，建立农村金融服务优惠价格体系，支持新型农业快速发展。张宏斌（2015）对农村金融创新的浓度与成分进行了分析，同时强调化繁为简是农村金融创新之本、融合式发展是农村金融变革之路，并从农村金融供求两个角度阐述了现代农业领域金融服务体系创新的思维方式。中国人民银行农村金融服务研究小组（2015）提出，制约农村金融创新发展的深层次体制机制障碍仍有待破解，要坚持政策支持和可持续、市场化发展有机结合的基本取向，紧紧围绕农业现代化和转变农业发展方式的需要，以改革创新为动力，以大力发展普惠金融和健全农村金融体系为抓手，全面深化农村金融改革和鼓励创新。张启文、黄可权（2015）运用新制度经济学、信息经济学等理论，对新型农业经营主体金融服务体系创新的逻辑框架进行了专题研究，提出了新型农业经营主体金融服务体系创新改革的路径选择和政策建议。李佳珂，黄远春（2016）在研究中提出，要立足新型农业经营主体新需求推动农村金融变革，构建现代农业投融资服务体系，支持新型农业生产经营体系加快发展。

1.1.3 简要述评

现有关于新型农业经营主体（现代农业）金融服务与创新方面的研究，国内外学者在研究侧重点上略有不同。国外的研究主要集中在农村金融供给效率问题、农村金融组织体系问题、农村金融微观运行机制问题、农村金融制度与政策问题等领域上，这些研究成果对中国研究设计新型农业经营主体金融服务创新体系有一定的参考价值。但由于各国的具体国情不同，研究背景及侧重点也不同，这些理论只能借鉴，不能照搬，必须从中国农村实际出发，探寻适合中国现代农业发展道路的农村金融改革创新的路径与方法。国内的研究主要集中在新型农业经营主体的土地经营权抵押创新、信贷融资创新、农村金融产品和服务方式创新、金融制度体系创新等方面，这些研究成果主要围绕新型农业经营主体融资的现实困境与金融政策优化展开的，其中许多观点都是从各地金融服务创新的实践探索中总结出来，较好体现了时代性和现实性，为深化新型农业经营主体金融服务创新研究奠定了坚实基础。

通过对国内外研究文献进行梳理，发现研究中存在一些局限性：

（1）现有文献中对农村金融组织体系、农村金融供给效率、农村金融制度与政策的研究呈碎片化状态，没有从系统性的角度对同处于宏观层面的农村金融服务制度、金融服务市场和金融服务组织整合在一起进行深入研究。特别是对适合新型农业经营主体发展需要的农村金融制度框架如何安排、农村金融市场结构如何优化、农村金融组织体系如何构建等重大问题，尚没有从深化农村金融供给侧结构性改革的角度给出理论性和系统性的回答。

（2）现有文献中对新型农业经营主体金融产品和服务方式创新的研究，更多的是从探讨的角度提出了相关的概念框架，而对其内在的运行模式、操作流程、保障机制尚未给出具体细节性安排，“互联网+”、PPP、供应链金融等新型金融服务模式在新型农业经营主体中创新应用涉及较少。特别是新型农业经营主体金融服务创新，在微观层面的技术性很强，现有文献中对新型农业经营主体的金融服务技术创新的研究处于初级阶段，研究的深度和广度有待拓展。

1.2 概念界定

1.2.1 新型农业经营主体

新型农业经营主体，是在传统的小规模农户家庭联产承包经营基础上逐步演化而来的新组织。它是构建中国专业化、集约化、社会化、组织化、现代化的农业经营管理体系的关键，是传统农业转向现代农业的核心力量。党的十八大指出，要坚持和完善农村基本经营制度，保护农民的土地承包经营权、使用宅基地的权利，实行集体所有，按照社会化分工分配集体收入，增强集体经济实力，培育新型农业经营主体，发展各种规模管理，建设集约化、专业化、组织化、社会一体化的新型农业经营管理体系。新型农业经营主体，可以是直接或间接从事农产品生产、加工、销售和服务的任何个人或组织，主要包括：农民专业合作社、专业种养大户、家庭农场、农业产业化企业等，它们是建设现代农业的重要组成部分。培育新型农业经营主体，是深化农村改革、发展现代农业的重要内容。构建新型农业经营体系，建设新形势下的农业管理系统，发展各种形式的农业规模经营和社会化服务，有助于有效解决农业生产的新问题，迎接经营中的新挑战，保证农业的健康发展。

（1）基本内涵。新型农业经营主体可以概括为：相对较大的经营规模、更优质的农业生产资料、设备条件和管理水平，劳动生产、资源利用和土地生产率较高，以商业生产为主要目标的农业管理组织。其主要特点：一是适当规模和专业生产。新型农业经营主体的主营业务规模明显高于传统农户。它专门从事农业生产，可以充分利用自己的劳动力资源，实现更好的规模经济。二是集约化经营和管理。与传统的小规模家庭管理相比，新型农业经营主体具有较好的物资设备条件，较高的生产技术水平，现代化的管理意识，能够实现资源的集约利用，劳动生产率、土地产出率和资源利用率比较高。三是高度的市场化。新型农业经营主体以市场为导向，通过市场调节配置生产资源，大多数的农产品要进入市场进行销售，可以实现生产、流通与消费的有效融合，商业化程度和经济效益明显高于传统农民。

（2）主要类型。一般情况下，人们通常把新型经营主体分为农民专业合作社、专业种养大户、家庭农场、农业产业化龙头企业和农业经营性服务组织。第一类，农民专业合作社。农民专业合作社是指在家庭联产承包责任制的基础上，农民按照自愿联合、民主管理的原则组织起来的一种新的、互助型的生产经营组织。农民专业合作社的出现，不仅解决了农民家庭经营规模不经济的问题，而且通过技术和资本的合作，促进农民生产的集约化。第二类，专业种养大户。专业种养大户是指从事某一种农产品生产、具有一定生产规模和专业种养水平的农户。各地对农业大户的认定标准不一。在现有的专业种养大户中，相当部分尽管经营规模不断扩大但专业化集约化水平不高，甚至管理很传统、粗放，并不符合新型农业经营主体的一般标准。第三类，家庭农场。家庭农场这是源自欧洲和美国的术语，在中国它类似于大型种养专业户的升级版。家庭农场的建设没有统一的标准，但家庭农场的基本属性和核心内涵相对清晰。家庭农场通常被定义为：农民以家庭成员为主要劳动力，从事大规模、集约化和商业化的农业生产和管理，农业是其家庭收入的主要来源。一般来讲，家庭农场应该符合以下几个基本条件：一是家庭农场经营者应该具有农村户籍，即非城市居民；二是家庭成员为其农业生产的主要劳动力；三是农业收入是家庭收入的主要来源，一般农业收入占比要达到80%以上；四是生产经营要达到一定规模，并保持相对稳定；五是家庭农场经营者应接受农业技能培训，生产经营专业化水平较高；六是经营活动具有相对完整的财务收支情况；七是对其他农户的生产经营具有示范效应和辐射作用。第四类，经营性农业服务组织。是指在产前、产中和产后各环节为农业生产提供专业化、市场化服务的经济组织，包括专业服务公司，专业服务团队，农民经纪人等。经营性农业服务组织为小规模农民的农业生产经营提供技术指导、农机作业、病虫害防治、农村公共事业，以及农产品购买和销售、仓储和运输服务等专业化服务，解决单个农民办不了、办不好的事情，从而降低农民生产成本，改善农业资源利用效率。第五类，农业产业化龙头企业。是指以直接或间接服务农业生产、加工和流通为主要对象，通过签订农业生产订单、开展农业基地合作等方式带动分散的小规模农民进入市场，实施生产、销售、贸易一体化的农产品加工或流通企业。与其他新农业经营主体相比，农业产业化龙头企业具有较强的经济实力、先进的生产技术和现代化的管理人才，可以直接与现代大市场直接对接，其盈利和抗风险能力都明显高于其他农业经营组织。

（3）功能定位。新型农业经营主体以解放生产力、提高农业生产质量和效益为导向，以创新农业经营体制机制为重点，在坚持和稳定家庭联产承包经营基础上，积极构建新型农业经营管理体系，在国家主要农产品有效供给、保障国家粮食安全、加快实现农业现代化进程中起到举足轻重的作用。从农村制度层面看，培育和发展新型农业经营主体，是我国以家庭联产承包经营为基础的“统分结合、双层经营”体制的与时俱进。新型农业经营主体立足于家庭联产承包责任制的基本国情，通过土地经营权的流转，实现适度规模经营，既解放了农村剩余劳动力，改善和发展了农业生产关系，又提高了农业综合生产能力，保障了国内主要农产品的有效供给。新型农业经营主体通过实施社会化服务，在产前、产中、产后诸环节为农业生产提供专业支撑，既提高了农业生产的集约化水平，又实现了农业生产与市场营销的对接，在促进农村繁荣稳定方面产生帕累托改进效应，进而有利于巩固和完善家庭联产承包经营为基础的农村基本经营制度。从农业产业发展角度看，培育和壮大新型农业经营主体，有利于加快构建现代农业产业体系。农民专业合作社、农业产业化龙头企业、家庭农场、种养大户等新型农业经营主体，依托资金、技术和管理优势，改善农业生产条件，延长产业价值链条，优化产业要素配置，使农业生产综合效率提高，农业市场竞争力和抗风险能力增强，丰富和完善了现代农业产业体系的构建。在现代农业发展中，不同的主体有着不同的定位和功能。家庭农场、专业大户以规模生产为主要功能，在改进农业生产技术、从事农产品专业化生产、示范和带动小规模农户等方面发挥作用，是基层农业生产主体的先进代表，扮演着“第一产业中的纯第一产业”角色。农民专业合作社是组织和带动散户农民实行松散式、集团化的农业生产经营的新型经济组织，主要以组织生产、联结企业、对接市场的基本功能，兼具“第一产业中的第一产业和第二产业”的性质。农业产业化龙头企业在技术、资金、设备、人才等方面具有诸多比较优势，是集成农业先进生产要素的重要载体，更多地在农业生产装备研发、现代种业改良、农用物资供给、农产品加工和市场营销等方面扮演着“第一产业中的第二产业”的角色。农村经营性专业服务组织不直接从事养殖、种植等纯第一产业，而是通过提供产前、产中、产后等各类生产性服务，扮演着“第一产业中的第三产业”角色。随着传统农业向现代农业加快转变，承包农户、种养大户、家庭农场、农民专业合作社、农业产业化龙头企业、农村经营性专业服务组织等多种农村经济主体齐头并进、融合协作，各类新型农业经营主体发展空间广阔，一个具有中国特色的新型农业经营体系日益形成。

1.2.2 新型农业经营主体金融服务体系

关于新型农业经营主体金融服务体系概念的界定，目前国内外尚未给出明确统一的定义。为了便于探讨和研究问题，本研究在梳理农村金融、农村金融服务、农村金融服务体系基本概念和互相关系的基础上，给出概念界定，进而为本研究内涵与框架厘清边界。

首先，关于农村金融。绝大多数学者认为，农村金融即为农村资金融通，是一切与农村货币流通和信用活动有关的各种经济活动的总和。这个概念界定了三个内涵：一是“农字号”招牌。农村金融姓“农”，它限定了地理范围和产业范畴，它的一切活动既要为农村地区服务，也要为农村经济社会发展服务。二是“金融性”本质。农村金融的本质是金融，其运行机制和发展路径要遵循金融活动的基本规律。三是“结合体”概念。农村金融是“农村”与“金融”的结合体，既要立足于农村实际并服务于农村，也要从金融运行规律出发，在实现自身可持续发展的同时，实现对农村经济发展的外部性效应。其次，关于农村金融服务。金融作为服务行业，其主要职能是服务。农村金融也不例外，它在农村和农业发展中的主要功能在于服务，于是就有了农村金融服务的概念。关于农村金融服务的概念，学者们对其定位和内涵表述不一，但总体上讲，农村金融服务可以概括为：整个金融业发挥其功能为促进农村经济社会发展服务的过程。具体来说，农村金融服务是指金融机构通过开展业务活动为农村经济主体提供包括融资投资、储蓄、信贷、结算、证券买卖、商业保险和金融信息咨询等多方面的服务。农村金融服务具体包括：农业贷款，包括信用信贷、抵押信贷和各类融资；农业保险，包括种植保险、养殖保险、农村财险、农村寿险等；各类涉农证券、债券、基金的发行，包括承销和募集代理等；农业担保、承诺及农村征信；农村支付结算和清算服务，包括银行卡、银行汇票等务；金融衍生产品，包括但不仅限于期货和期权，汇率和利率工具运用，涉农资产证券化，其他金融资产和可转让票据；生成和传输农村各类金融服务机构提供的交易信息和金融数据处理，以及金融生产环境相关软件等。农村金融服务提供者指希望提供或正在提供金融服务的一系列成员的自然人或法人，具体包括涉农银行机构、保险公司、证券公司、基金公司、担保公司、金融资产管理公司及各类金融衍生服务提供者等。再次，关于农村金融服务体系。一般认为，农村金融服务体系是支撑农村金融服务活动的基础性系统，有狭义和广义之分。狭义的农村金融服务体系，主要是指一个国家的农村金融组织体系，即该国存在什么样的金融机构，它们在国家农业领域发挥着什么样的功能和作用。广义的农村金融服务体系，还包括农村金融制度、金融市场，以及金融产品、金融服务方式和金融技术等能够直接为农村金融活动提供支撑的基础系统。由于农村金融活动的开展具有很强的系统性，广义的农村金融服务体系更能体现农村金融服务活动的全貌，因此广义的农村金融服务体系是主流概念。综上，农村金融是个总概念，其内涵主要是从其本质界定的；农村金融服务是建立在农村金融之下的子概念，其内涵主要从农村金融的功能上体现的；农村金融服务体系则是建立在以上两者基础之上的第三层概念，其内涵主要是从农村金融活动的保障系统提出的，它既直接为农村金融服务活动的开展提供系统性支撑，又为农村金融本质属性的实现提供基础性保障。三者紧密联系又有所区别，是构成农村金融概念的核心元素。

基于上述概念和相应的逻辑关系，本研究将新型农业经营主体金融服务定义为：整个金融业发挥其功能促进新型农业经营主体生产发展的过程，它是农村金融服务中针对新型农业经营主体实际特点的重要内容之一。将新型农业经营主体金融服务体系定义为：支撑新型农业经营主体金融服务活动的基础性系统，即针对新型农业经营主体实际特点的农村金融服务体系，它是包含于农村金融服务体系的重要组成部分，它具体包括服务于新型农业经营主体经营发展的金融制度、金融市场、金融组织、金融产品、金融服务方式和金融技术等六大方面，其中，前三项处于宏观层面，后三项处于微观层面。构建高效有序的新型农业经营主体金融服务体系，有利于改进农村金融机构经营管理、增强农村金融竞争力，提高农村金融服务供给质效，对更好促进新型农业经营体系和现代农业发展具有十分重要的意义。

1.2.3　新型农业经营主体金融服务体系创新

关于新型农业经营主体金融服务体系创新的概念，目前国内外没有统一解释。为了方便研究的开展，本研究根据金融创新的相关理论，给出相对科学精准的界定。金融创新的大多数定义，是从著名的美籍奥地利经济学家约瑟夫·熊彼特（1883—1950）的观点得出的。熊彼特在 1912 年以其著名的“经济发展理论”（Theory of Economic Development）对创新的定义是：创新是创造一种新的生产功能，即企业家对企业元素的新组合。根据熊彼特经济创新理论，结合新型农业经营主体生产经营的特点，新型农业经营主体金融服务创新可以概括为：改变现有的金融服务体系，优化金融制度和组织机构，增加新的金融服务工具，以获得现有的金融服务体系、金融服务工具无法实现的潜在利润和运营效率，它是一个由利润动机驱动的缓慢、持续的发展过程。从思维层面来看，新型农业经营主体金融服务体系创新有三个意义：一是原创性的飞跃；二是整合现有的理解和使用理念；三是现有创作的结合。

（1）新型农业经营主体金融服务体系创新的基本目标

新型农业经营发展体系是加快中国特色社会主义农业现代化建设的重要组成部分。培育和加快发展新型农业经营主体离不开金融服务体系的有力支撑。基于当前新型农业经营主体普遍面临的金融困境，针对各地新型农业经营主体金融体系创新中存在的突出问题，本研究认为，推进新型农业经营主体金融服务体系创新的核心目的，就是以改进新型农业经营主体金融供给质量、更好地服务于新型农业经营体系持续健康发展为根本出发点，通过一整套全面深化农村金融供给侧结构性改革的系统性框架，与时俱进地改进契合新型农业经营主体生产经营新特征的金融体制机制，加快推进农村金融产品、服务方式和金融技术创新，着力满足现代农业领域多元化的金融服务要求，在有效缓解新型农业经营主体融资难、融资贵的基础上，让更多的新型农业经营主体得到更多、更实惠、更优质高效的现代化农村金融服务，更大范围、更高层次、更高质量地全面提升现代化农村金融供给能力和综合服务水平。

具体来讲，新型农业经营主体金融服务体系创新的基本目标，就是要通过改善供给体系，为新型农业经营主体提供更加准确、方便、高效的金融服务。方便是尽可能减少程序和链接，而不是时间和空间的限制，即提供全面、个性化的金融服务；准确是根据金融法规和内部控制制度，按照客户的指示，准确交付服务和业务，不会有丝毫错误；高效有两个层次的意义：一是增值，提高经济效益；二是快速，提高服务效率。从这个角度看，新型农业经营主体金融服务体系创新也可理解为：各级政府或金融当局、金融机构及参与各方，为适应新型农业经营主体的生产与发展，在内部矛盾的金融过程中，防止或转移经营风险，减少成本，逐步改变金融中介功能的过程，创造和组装新的高效资本运作模式或运作系统，以更好地实现金融机构的流动性、安全性和营利性的目标，进而改善新型农业经营主体的金融服务供给。

（2）新型农业经营主体金融服务体系创新的主要内容

根据前文的界定，新型农业经营主体金融服务体系创新主要包括六个方面：一是金融制度创新。一个制度体系的功能和运行机制发生了改变，制度体系的运行效率也会动态地随之变化。金融制度总是随着经济金融环境的变化，如政治、经济、信用制度、金融政策等的变化而逐渐演变的。金融制度创新主要手段是制度的变革与优化，它系统地影响和决定着金融产权、信用基础、各市场主体的交易行为及金融运行机制等方面的状况和运作质量。二是金融市场创新。主要是指金融主体根据内外部环境变化各自采取行动而导致市场运行效率提高的优化行为。现代金融市场大致包括：差异性市场，如按不同的内容划分的货币市场、资本市场、证券市场、抵押市场、保险市场等。时间性市场，按期限长短划分，短期的有资金拆借市场、票据贴现市场、短期借贷市场、短期债券市场等；长期的有资本市场，如长期债券市场、股票市场等。金融市场创新主要指的是微观经济主体开辟新的金融市场或宏观经济主体建立新型的金融市场。三是金融组织创新。也称金融机构创新，主要是从金融创新经营的内容和特征出发，以创造出新型的经营机构为目的，建立完整的机构体系。四是金融产品创新。主要是金融主体研发和推出比传统产品质量更优、性能更好、效率更高的新产品的过程。金融产品的核心功能是满足需求、提升效用，它包括金融工具和服务内涵的优化，其内在价值和生命力在于产品的种类、方式、特色、质量和信誉，使客户感到安全、方便和增值。在国际实践中，金融创新的大部分属于金融产品的创新。五是金融服务方式创新。主要是指金融服务方式方法的改进，其成果体现在金融服务讲究速度和效率上。六是金融技术创新。主要是金融机构在研发产品和提供服务时，采用新的技术手段、新的生产要素或要素重新组合、改进生产管理支撑系统的过程，以及科学技术在金融领域的应用。

全面推进新型农业经营主体金融服务体系创新，重点要抓好与新型农业经营主体金融需求相适应的金融制度、金融市场、金融组织、金融产品、金融服务方式和金融机制等六方面的创新。六者之间既有所侧重又紧密联系，六个方面互相协调、各司其能、有机统一，共同构成了新型农业经营主体金融服务体系的创新框架。由于金融制度、金融市场、金融组织同处于宏观或中观层面，为更好地厘清各个组成部分的逻辑关系，并使各个组成部分能够有机地统一在一起，本研究将新型农业经营主体金融制度创新、金融市场创新和金融组织创新集中在统一层面，“三位一体”构成了新型农业经营主体的金融服务体系创新的宏观框架；金融产品创新、金融服务方式创新、金融服务技术创新同处一个层次并相互关联，因此，将三者集中在一起，构成了新型农业经营主体金融服务体系创新的微观框架。

（3）新型农业经营主体金融服务体系创新的影响因素

新型农业经营主体农村金融服务体系是一个内生与外在因素相互作用的动态系统，其创新过程受到多种因素的影响。一是金融服务体系创新的外部驱动要素。金融服务体系创新的外部驱动要素主要来自金融管制、金融供给者与金融需求者关系、信息技术发展、竞争4个方面。第一，金融管制。金融管制，也即金融政策，对于金融服务创新而言是一把双刃剑，因此金融服务体系创新包括也受制于金融管制或政策。第二，金融供给者与金融需求者的变化。金融服务的本质是金融供给者与需求者之间的互动行为，没有金融需求者的参与，金融交易是不可能完成的。研究表明，金融需求者参与是提高服务创新成功率的关键。在金融服务的创新过程中，金融需求者已转变成交易价值的共同创造者，而不再是无所作为的被动角色。由金融需求者提供的市场信息、知识资源和行为导向，都孕育着未来的市场空间，因而越来越多的金融机构将金融需求者的需求、行为选择以及交易中的信息资源纳入了新产品研发流程，以抢占商机、创造需求，增强竞争力，实现更多的财务效应。第三，技术。金融服务业是一个信息高度密集型的行业，信息与通讯技术的发展提高了信息搜集、处理及分析的效率，使得金融市场参与者能够更高效地测量和管理风险敞口。第四，竞争。在市场经济竞争状态日趋充分的条件下，市场机制的功能越来越强大，涉农金融机构面临着来自非传统的竞争者、产能过剩、水平整合、战略联盟带来的日益巨大的竞争压力，创新成为金融机构谋求生存与发展的必由之路。二是金融服务创新的内部影响因素。第一，规模。规模对金融服务创新的影响可能是最具争议的。一些理论模型认为，最受限制的经济主体，以及最小最弱的经济主体最有可能创新。然而，创新与规模间的"马太效应"证实，金融机构的规模与其经营范围之间存在一定的正向相关关系，这意味着规模越大，金融机构可能的服务创新选择越多。第二，组织架构。布特和塞柯对不同组织架构可能引致不同水平的创新进行了建模，认为全能银行架构中的创新水平低于商业银行与投资银行相分离的架构，其原因在于竞争对创新的推动。弗雷姆等开展大型银行商业贷款组合影响的调查，发现银行采用这一流程创新的概率与银行分支机构的数量正相关，而与其子公司的数量负相关。这表明金融机构的组织结构与其采纳金融服务创新之间存在相关关系。阿克哈温等亦发现集中化程度更高的银行，即拥有少数分散授权银行，但分支机构较多的银行引入创新的速度更快，从而进一步强调了银行组织架构的重要性。另外，由于金融机构组织体系中新业务开发、新产品开发、新技术开发等职能的分离，诸如新产品开发团队合作、管理层支持、承诺以及新产品开发队伍的技能、服务规范化等组织结构要素对金融服务创新成功的影响举足轻重。上述因素，会不同程度地对新型农业经营主体金融服务的创新活动产生影响，本研究在构建新型农业经营主体金融服务体系创新框架的过程中充分考虑上述因素，有甄别地做出适用性选择和安排。

1.3　理论基础

1.3.1　农业规模经济理论

（1）农业规模经济理论的概述

近代以来，随着农业生产规模的扩大，农业规模经济学日益兴起，国内外均对本领域进行了理论研究，并与时俱进，不断深化，大体分为三个体系：

第一个体系，西方农业规模经济学理论。西方农业规模经济学的起源，可以追溯到古典经济学家关于土地报酬递减的研究。17 世纪初，经济学家威廉·配第"报酬递减粗略模型"中首次提出了"农业规模经济"，他认为，农业报酬递减和要素的不可分性是农业规模经济的基础。此后，亚当·斯密也注意到了“农业报酬递减”现象，他在研究中提出，通过专业分工和规模收益，可以极大提高农业劳动生产率。法国重农学派经济学家杜尔阁，采取边际分析法，运用生产函数模型，从投资和劳动等要素的增减变化，全面论述了报酬递减规律和最佳要素投入选择问题。在此基础上，随着专业化、分工理论的深化，以及计量供给的广泛应用，农业规模经济理论已成为了一个比较完整的理论体系。其中，包括农业经济学规模经济论、农业经营学规模经济论、农业生产经济学规模经济论、发展经济学农业规模经济论等众多分支流派。发展经济学农业规模经济论和农业经济学规模经济论，侧重于从理论上分析农业规模经济，主要涉及对农业企业规模结构、技术结构变革的相互关系，及其对经济社会发展的影响等；农业生产经济学规模经济论和农业经营学规模经济论，侧重于从实证和定量的角度分析农业生产要素的最佳利用和优化组合，测定农业企业最优或适度的经营规模。西方农业规模经济学认为，农业生产中，资源投入都是可变的，而资源投入变动就会发生农业经营规模的变动，产生后果，或者规模经济，或者不经济。当长期平均成本曲线下降时，表明长期平均成本下降，农业经营实现了规模经济；当长期平均成本曲线上升时，就产生了规模不经济。而长期平均成本曲线的最低点，就是农业要素最佳投入规模。这其中，包括比例规模经济和非比例规模经济两种模型，前者无要素溢出损耗，后者有外部规模经济效应。同时，西方农业规模经济学还认为，农业生产经营规模越大就越具有资源、信息、信贷、科技、市场以及抗拒风险等方面的优势，从而比小规模经营更能获得规模经济。他们把规模农业主体划分为公司农场、合伙农场和家庭农场三种形式，提出农业技术革命（包括机械技术和农艺技术，或者是节劳技术和节土技术）是导致农场规模扩大的重要原因。伴随着技术进步和农业现代化的实现，农业规模化经营是一种普遍现象，对促进农业生产发展、减少农业人口、加快城镇化、优化农村经济社会形态、改变人们生产生活方式等均具有积极意义。

第二个体系，马克思主义农业规模经济学理论。在马克思主义经济学中，并没有专门关于农业规模经济的论述，但在大生产和小生产关系的原理中，体现了他们对农业规模经济的思想，主要表现在小规模经营和大规模经营、家庭经营和非家庭经营的问题上。正是由于这些关于农业中大生产和小生产问题的论述，苏联、东欧和中国等社会主义国家才走上了一条与西方截然不同的农业规模经济道路。马克思主义农业规模经济思想，主要观点有四个方面：一是小规模农业经济规模弱小，具有初级、分散、封闭、隔离的自然经济特征。二是小农经济是一种落后的生产方式。三是农业中的大生产优于小生产，并将排挤和取代小生产；四是主张用社会主义的大生产来取代农业中的小生产，由此实现规模经济和综合收益。

第三个体系，中国特色农业规模经济学理论。中国农业规模经济的研究起步较晚，大体上是从新中国成立以后才开始的，主要是受特殊的政治环境所影响。改革开放以后，国内学术思想逐步解放，农业经营研究日益兴起。1978 年家庭联产承包责任制推出后，阶段性地解放了农业生产力。但到 1985 年前后，又再次出现了农业生产停滞徘徊，理论界围绕“什么是规模经营、为什么要规模经营、怎么实现规模经营”掀起了一场农业适度规模经营的大论战。论战的结果是，修正和补充了马克思主义关于农业中大生产和小生产关系基本原理在中国的绝对化和教条化，认为扩大农业经营规模要以经济和社会发展为前提，既要坚持我国农村基本经济制度，保护农民的基本生存生活权利，又要建立和完善土地流转机制，转移农业剩余劳动力，通过农户的合作扩大农业经营化、专业化、集约化规模，改善农业基础设施条件，保障农产品的有效供给和国家粮食安全。2004 年以来，中央连续出台以“三农”（农业、农村、农民）为主题的“中央一号”文件，对农业规模农业经济政策和理论不断进行实践创新，特别是十大、十八届三中全会，明确提出构建新型农业经营体系，加快推进中国特色农业现代化进程，中国特色规模经济理论日益成熟。

（2）农业规模经济理论对本研究的贡献

西方农业规模经济理论，从报酬递减、要素优化组合、投入产出法则等不同角度，在一定程度上揭示了市场经济条件下农业经济发展的普遍规律，对一切市场化农业具有指导意义。马克思主义关于大生产和小生产关系的基本经济思想大体上是正确的，特别是从矛盾运动内因的角度揭示了农业规模经济发展规律的必然性，对把握农业发展大势具有重大理论指导价值。但由于各国资源禀赋、政治制度、经济水平、文化传统、社会条件等存在较大差别，无论是西方农业规模经济理论，还是马克思主义农业规模经济理论，包括中国特色农业规模经济学理论在内，都有其历史局限性。因此，应辩证地吸收借鉴，而不能生搬硬套。这些理论学说的主要思想、理论框架和研究方法，对本书的研究起到了重要的理论支撑，特别是农业报酬递减、生产要素优化组合、农业大生产趋势等理论对本书的研究有着重要的参考价值。

1.3.2 金融抑制和金融深化理论

（1）金融抑制和金融深化理论的概述

金融抑制（Financial Repression）这一概念，是由美国两位著名经济学教授罗纳德·麦金农（Ronald. I. McKinnon）和爱德华·肖（Edward. S. Shaw）在 1973 年首次提出的。他们认为，经济发展与金融深化有着显著的正相关关系。一个国家经济之所以后是因为在其国内存在严重的“金融抑制”。所谓金融抑制，就是指金融市场受到各种因素制约发展不充分，资金价格扭曲，融资渠道受阻，市场中各种各样的错误信息，会误导投资者和生产者决策，金融需求者不能顺畅地以自身所希望的融资方式、价格和期限从金融市场获得金融服务，导致经济层面的资源配置效率低下。而导致金融抑制是多方面的，有时是金融市场外部开关环境造成的，有时是政策制度上人为因素造成的，情况错综复杂，多数是主客观、内外部综合因素的结果。金融抑制会制约经济的发展，只有金融机构、金融市场和金融产品得到的充分深化，经济才能实现长期的稳定发展。只有通过消除各种不恰当的干预和管制，充分地释放金融活力，深化金融供给，推行金融自由化，来满足各种经济主体和个人对金融的有效需求，于是就产生了“金融深化”（Financial Deepening）的概念。但是，“麦金农—肖学派”的理论也存在着一些缺陷。比如，在 20 世纪 70 年代，一些拉丁美洲国家推行根据该论说积极推行金融自由化，却出现了经济社会局面的动态，表明金融深化是需要理性约束的，无效的或失控的金融深化也会破坏经济发展的基础，造成经济停滞甚至是倒退。到了 20 世纪 90 年代，针对金融自由化弊端，人们基于内生增长机制提出了金融发展理论，这一学派认为，金融发展与金融自由化是两个概念，只要在科学有效监管制度框架下的金融自由化，才能真正实现有活力、有质量、有效率的金融发展，进而促进金融增长和社会稳定。基于这个理论，人们普遍认为，要增强金融市场活力，增强金融对经济发展的促进作用，就要按照“金融抑制—金融深化—金融发展”的逻辑关系，正确处理金融创新、金融自由化与金融监管的关系，恰如其分地制定适合本国经济社会发展需要的金融深化与发展政策，既要完善金融运行制度和交易规则，又要减少不必要的限制、充分释放金融活力，让金融市场在风险可控的规则下高效运行。

在金融抑制与金融深化理论中，有两个核心问题对金融意义重大。第一个是信息不对称（Information Asymmetry）。信息不对称会降低金融市场的运作效率，在交易关系中，一方对另一方的信息掌握不充分，从而交易主体无法做出准确的交易决策。因此，信息不对称是金融深化的根源。乔治·施蒂格勒（1960）认为，在金融交易市场中，借款人比贷款人更了解该笔借款在使用中的风险，从而就会增大了“逆向选择”和“道德危害”的风险。逆向选择（Adverse Selection）是一种因为信息不对称而形成的选择错配现象，也就是说，越是信用不好的借款人，越是积极地把自己标榜为光鲜靓丽，越是急于获取贷款，进而导致信用差的人反而增加了获取资金的机会，信用好的借款人反而得到了较少的贷款支持。这就是著名的“逆向选择”效益，也即“劣币驱逐良币”现象。这种现象增加了贷款人识别客户的难度和成本，进而加剧了金融抑制的程度。道德危害（Moral Hazard）则是，借款人拿到资金后，因为钱不是自己的而是他人的，为了赚取更高的回报，会利用这笔资金去从事贷款人所不希望看到的、风险更大的经营活动。同样地，因为道德危害增大了归还资金的风险，危害了贷款人的资金安全，降低了贷款人放贷意愿，进而也在一定程度上加剧了金融抑制的程度。因此，在本质上讲，消除信息不对称是金融深化的根源。第二个是交易成本（Transaction Cost）。所谓交易成本，就是市场主体完成整个交易行为所需的全部成本，包括广告费、信息费、搜寻费、合同签订等有形费用，也包括为交易而付出的时间成本、智力投入、心理感受等无形成本。交易成本低，可以促进各方交易的达成。反之，则会限制市场的活跃与效率。因此，交易费用的存在是金融深化的动力，这和新制度经济学关于交易费用的理论机制是完全一致的，既金融深化或金融制度优化的原动力在于降低交易费用。一般认为，解决金融市场逆向选择和道德危害最普遍的重要工具就是抵押和限制条款，但这需要完善的政策制度和法律环境加以保证。总之，信息不对称加剧了金融抑制，进而减少了金融市场对各个领域、各个环节主体的金融供给，阻碍了创造性活动，放慢了经济增长。只有有效地降低金融体系中的交易费用，提高资金配置效率，才能推动经济稳定增长。

关于金融深化，其基本内涵是指顺应经济发展对金融服务的要求，金融供给体系在机构、工具、功能等方面进行创新，可利用的金融资源被充分调动，金融业务规模不断扩大，专业化市场交易费用降低，金融供给效率和质量不断改进的过程。它包括金融制度、金融机构、金融市场、金融产品、金融技术等多方面的创新。这些创新既包含有机构数量的增加，也包括业务结构的优化；既包括运行效率的提升，也包含有发展质量的提高。目前，理论界对金融深化水平的测量方法很多，但最基本的衡量方法是“货币化模型法”，其核心指标是货币供应量在 GDP 中的占比。该比例越高，金融深化程度越大。其中，以西方经济增长理论中的“哈罗德—多马经济增长模型”最为著名，其基本公式关系为：

$G = S/k = V \times S$

G——代表国民经济增长率；

S——代表居民储蓄倾向；

k——代表投资系数或资本 × 产量比率，即产量与投资的比例关系；

V——代表资本 × 生产率（投资效率），即单位资本所能生产出的产量，即 k 的倒数。

罗纳德·麦金农（Ronald. I. McKinnon）提出，居民储蓄倾向是一个变量，而非常数，它对金融深化程度和经济增长率的敏感弹性很大。即：

$$S = S(G, P)$$

P——代表金融深化的指标和向量。依此，将“哈罗德—多马经济增长模型”修改为：

$$G = V \times S(G, P)$$

该模型表明，随着实际利率的上升，金融深化的程度加深，以及金融体系的发展，一国的储蓄倾向会得到增强，而其资本 × 生产率和国民经济增长率随之提高。

金融深化最直接的表现，就是金融机构数量增加，金融资产总规模扩大，金融市场分工专业化水平提高，金融交易方式更加多样便捷，经济活动的各种要素对金融的依赖程度加深，金融监管的效率更高，金融运行的法律环境更完善有效，等等。用信息经济学的分析方法和观点来看，金融深化表现为由于对一种新的金融交易方式的潜在需求和供给逐渐产生和扩大，使得新的金融机构、金融产品或金融市场得以出现，并能在满足该需求的过程当中使其自身能够生存和发展下去。这一深化的过程，有时则表现为金融交易的环境的改变，有时只是表现为直接的金融交易的变化。加快金融深化的主要措施：一是建立覆盖广泛、运行有效的征信体系，进而有效消除信息不对称。二是加强金融宏观调控和金融监管与调控，创造金融深化良好的政策制度环境。三是构建多元化的金融市场组织体系，增加金融供给侧的功能和覆盖面。四是设定抵押、限制条款和资本净值，约束交易主体履约行为。

(2) 金融抑制和金融深化理论对本研究的贡献

金融抑制和金融深化理论揭示了经济增长与金融供给之间的关系，即金融需求与金融供给之间的关系。本研究的逻辑关系也是这一关系。新型农业经营主体作为农业生产经营领域新兴事物，它的产生与发展对金融服务提出了更高的要求，迫切需要农村金融供给侧通过深化改革创新，增加金融产品供给，提高金融对现代农业发展的资金调动与资源配置效率。可以说，目前新型农业经营主体普遍存在融资困境，这在本质上，实际就是金融抑制在农业领域的具体表现，而推进农村金融服务体系的改革创新，就是金融深化的过程。在这其中，由于信息不对称而导致“贷款难、难贷款”等许多实现问题，都可以运用金融抑制和金融深化理论进行深入分析，进而从理论上深化对现实问题的认识，由现象上升到理论，由表面深入到机理，进而更加清晰地把握新型农业经营领域金融供给侧改革创新的基本思路、理论基础和路径选择。可以说，金融抑制和金融深化理论对本研究贡献既体现在观点上也体现在方法上。

1.3.3　新制度经济学理论

(1) 新制度经济学理论的概述

新制度经济学（New institutional economics）是一门用主流经济学的方法研究分析制度的经济学。美国制度主义代表人物康芒斯、加尔布雷斯以及舒尔茨是最先把制度作为经济学的研究的经济学家，但真正首次让该理论焕发生命力的是罗纳德·H. 科斯。人们普遍将科斯的 1937 年出版的《企业的性质》一书作为新制度经济的起源，他的原创性思想，将经济学从零交易费用的新古典世界走向正交易费用的现实世界，从而获得了对现实世界较强的解释力。此后，随着威廉姆逊、思诺等新制度经济学派的不断创新与传播，新制度经济学被各界广泛接受，目前已形成了交易费用、产权理论、契约理论、制度演化理论等多个支流。

关于交易费用理论，核心代表人有康芒斯、科斯、威廉姆斯等人。康芒斯认为，交易是人与人之间对物的所有权的让与和取得的关系，是人类经济活动的基本单元，也是制度经济学的基本分析单位，不同的具体交易合在一起就构成经济研究上领域所谓的“运行的机构”或制度，制度无非就是无数次交易活动的结果。科斯继承康芒斯交易一般化贡献的基础上，提出了交易费用概念，他指出交易是稀缺性的、可计量的，交易的成本和收益也是可以计量的、好比较的，具体包括为获取和处理市场信息的费用、市场上每一笔交易谈判签约的费用以及市场不确定性所产生的费用等等。按照科斯的分析框架，无论采取什么样的组织形式，市场交易都是有成本的，不可能交易为零，交易费用是社会制度优化调整的核心动力。衡量一个好的“生产的制度结构”主要看其交易费用是否相对低，如果一个社会制度结构交易成本过高，随着市场交易主体在运行中的不断博弈和创新，其必然会被另一个交易费用更低的社会制度结构所取代。威廉姆斯认为，组织制度问题可以表述为契约问题，可以在解约交易费用这个意义上进行探讨，他指出市场的充分性影响交易费用，频繁的交易比一次性交易更容易补偿交易的规则结构的确定和运行成本，相对降低交易费用，市场会因为有限理性、机会主义、未来不确定性和交易数目过小等综合因素导致交易费用过高而制度机制失灵。

关于产权理论，艾伦·瑞安、阿尔钦、思拉恩·艾格特森等人从不同角度对产权概念进行定义，但综合新制度经济学家的结论，一般都认为，产权不是指人与物之间的关系，而是指由物的存在及关于它们的使用所引起的人们之间相互认可的行为关系，产权不仅是人们对财产占有、使用、转让、消费等一系列权利，而且确定了人们的行为规范，是一些社会基础制度，具有排他性、可分割性、可转让性和安全性。产权的功能在于激励和约束，它是通过利益机制得以实现的，如果产权受到威胁和灭失，就会造成人们对未来预期的不确定性，由于获取未来收益的概率小，要求得到或创造资产的人就少，生产性资产的价值就会大大降低，在这个过程中，储蓄会向消费转移，从而导致经济增长率的下降。产权作为一种社会工具，它的重要性还在于他们能够帮助一个人形成他与其他人进行交易时的合理预期，它能够界定人们如何受益或如何受损，因为谁必须向谁提供补偿以使他修正人们所采取的行动，这就是产权的外部性内化。产权还有一个重要作用就是资源配置功能，在其他条件不变的条件下，任何资源的交换都取决于它所包含的权利束，资源中包含的这种权利束会进入决策者的效用函数并影响着人们的行为方式，进而影响资源的配置、产出的构成和收入的分配等。不同性质的资源需要有不同的产权形式与之匹配，只有合适的产权安排，才会使生产资源得以有效利用和优化配置。产权理论的核心思想是“产权清晰激励有效，产权模糊激励失灵”。

关于制度变迁理论，最早起源于早期的苏格兰哲学家，包括亚当·斯密、休谟、费格森及曼德维尔等人关于社会演化的研究，他们认为劳动分工和匿名系统是一种自发秩序，而理解个人财产权利、约束自由和法律制度则是这种秩序的先决条件和变化动因。黑格尔认为，社会是一个有机存在，而是某种简单的联合体，整体大于部分之和并决定部分的性质，只要将个体置于整体之中才可能理解其社会特征。孔德则将人类社会的演进概括为被超自然观念主宰的神学阶段、追溯抽象力解释的形而上学阶段和基于实践观察由科学定律主导的实验科学阶段。从社会演化过渡到制度演化理论，先后出现了凡勃仑、康芒斯的旧制度经济学，纳尔逊和温特的经济演化论，哈耶克的进化自由主义，熊彼特的创新理论以及晚期的诺思的制度变迁理论。在哈耶克看来，个人与内部规则之间、个人与组织之间、内部规则与外部规则之间均存在一种互动关系，这种个人、组织及内部规则之间的复杂互动关系构成社会演进的原动力。熊彼特认为，社会制度的演化就是人类行为选择价值体系的改变，适应性技术的变迁则会产生创新性的放大效应。诺斯修正和补充了新古典范式的缺陷，诺斯重新构建了以意识形态、国家和路径依赖等解释变量，以产权理论、国家理论和意识形态理论为内容的较为系统的制度变迁理论，提出了“强制性变迁”和“诱导性变迁”的制度变迁类型与路径。

（2）新制度经济学理论对本研究的贡献

从本质上讲，本研究的主体定位于新型农业经营主体的金融服务体系创新，其实质就是一个制度创新和“社会构造物”革命的问题。借助新制度经济学理论，从制度要素分析的角度，研究分析新型农业经营主体的融资困境与各种制约因素，有助于厘清事物矛盾的本质和内在之间的逻辑关系，找到分析问题、解决问题的突破口和着力点。比如，新型农业经营主体普遍面临融资难融资贵，其本质就是交易费用过高，不能适应现代农业发展需要。而突破制度瓶颈制约，构建适合新型农业经营主体新需要的金融服务体系就是要降低交易费用，提高金融供给效率。所以，农业金融服务创新的一切政策措施、业务技术和保障手段，都要围绕着交易费用的下降来进行安排。国家对农村承包土地实施了“三权分置”，农村土地权能得到了进一步放大，如何利用好这一政策，可以借助产权理论对其本质、重点和方法进行分析研究，进而对把握农村土地金融创新，特别是探索推广农村土地经营权抵押贷款业务，激活土地资源，推进土地适度规模经营具有重要的参考意义。同时，具有制度属性的农村金融服务体系的创新，其制度体系的变迁路径如何选择、内在动机如何释放、配套政策如何安排也都可以在新制度经济学理论分析框架的运用中得到回答和处理。

1.3.4　创新理论

（1）创新理论的概述

创新理论最早是由哈佛大学教授——奥地利经济学家熊彼特提出的。他在 1912 年公开出版的《经济发展概论》中构建生产函数，通过开发新产品、引进新工艺、改变生产条件、更换原料来源、开辟新市场、改组企业形式等手段对企业生产要素进行重新组合，从而实现了企业效益的提升。因此，他把创新定义为“利用已存在的资源创新新事物的一种手段”，他认为创新就是打破旧均衡、实现新均衡的过程，是引起经济增长和效率提升的内生力量，他主要强调的是创新的内在性而非从外部加强而产生。到了 20 世纪 60 年代，随着新技术革命的兴起，美国经济学家罗斯托提出了“技术创新理论”，他认为人们对知识的依赖性越来越强，技术创新逐步成为创新活动中的主要力量，发展先进技术有利于推动创新的活跃。在此基础上，罗杰斯提出了著名的“创新扩散理论”，他认为创新活动具有扩散性，它是技术进步与应用创新“双螺旋”演进的产物，受创新活动本身特征、时空条件、传播渠道和社会系统等因素的影响，创新成果被采用的程度与推广效果会存在差异性。随着创新理论的发展，创新理论的内涵不断深化，其理论体系也日益成熟，目前已经形成了四个创新学派分支。

关于新古典创新学派。该学派以索洛（R. Solow）为代表，他们运用新古典经济学的生产函数原理，推演出要素变化与经济增长的两种效应：一种是因要素数量增加而引发的经济增长的“规模效应”，一种是因技术水平提高引发的经济增长的“水平效应”。他们把这种因技术进步而形成的经济增量称为“索洛残差”。他们还提出当技术创新存在“市场失灵”时，政府可对技术创新活动进行宏观调控，从而保证创新活动对经济增长的有效性。

关于新熊彼特创新学派。该学派在继承熊彼特经济分析框架的基础上，注重包括创新的起源、动力、过程及方式在内的创新机制研究，通过系统而科学的方法搭建了技术创新的理论框架。爱德温·曼斯菲尔德在市场竞争充分、专利技术不易被模仿、技术推广过程中无变化、企业规模不影响新技术推广等四个假设前提下，对技术创新、技术模仿与技术推广之间的关系和变动速度进行了研究。施瓦茨、卡曼等人修正了爱德温·曼斯菲尔德假设前提的局限性，把企业规模、市场竞争程度和垄断强度作为考量因素，对技术创新与市场结构之间的关系进行讨论，提出“中等程度竞争的市场结构最有利于技术创新”。

关于制度创新学派。1971 年，美国经济学家诺斯和戴维斯将新制度经济学中的“制度”与熊彼特创新理论中的“创新”有机结合起来，提出了制度创新理论。他们利用古典经济学理论中的一般和比较静态均衡模型，以及新制度经济学中的产权理论，对技术创新机制进行了制度分析，认为产权的界定与变化是制度变迁的诱因，有效的产权安排有利于提高技术创新的效率，提出“制度创新就是对经营管理方式或经济组织形式进行革新的过程”。

关于国家创新系统学派。该学派以理查德·纳尔逊克和里斯托夫·弗里曼为代表。他们认为，技术创新不仅需要从企业层面发力，也需要国家创新体系推动，因为国家是影响创新资源配置效率与运行机制的综合系统，企业和其他组织的创新通过国家制度安排而相互作用和影响。建立国家创新体系，创造有利于企业等微观领域创新的政策与制度，可以促进国家各个层面和领域技术的引进、创新、扩散与应用，进而改进技术创新的整体绩效。

（2）创新理论对本研究的贡献

创新理论的四个学派，从不同角度揭示了经济社会变革与发展的内在动力。这些理论分析体系和研究方法，对本研究具有重大的理论启迪意义。首先，新型农业经营主体金融服务体系创新的本质，在于获得一个有利于改善金融服务供给质效的运行机制。创新既是一个技术概念，更是一个经济概念。创新理论的关注点不是具体的变革因素，而是这些因素所起作用的变革机制。新型农业经营主体金融服务体系创新的动力，源于该领域金融交易费用过高以及各参与主体对利益的追逐。新型农业经营主体金融服务体系创新的目的，就是要降低交易费用、提高各方福利、实现由旧的均衡向新的均衡过渡。其次，市场机制具有新型农业经营主体金融服务体系自我创新的激励功能。创新具有风险性，良好的市场机制和制度保障有利于激励创新活动的开展。新型农业经营主体金融服务创新离不开市场机制作依托，市场的优胜劣汰机制，既为可以高效率、高质量的创新提供了动力，又为创新活动所带来的总体福利的提升提供了保障，创新是市场选择的结果。再次，有效需求是新型农业经营主体金融服务体系创新的根本动力。创新理论认为，需求拉动型的创新具有可持续的现实意义。新型农业经营主体对金融服务提出新的需求，金融供给侧根据需求把握创新的方向、内容和结构，不仅可以改进金融服务供给质量，更大程度地满足金融需求，还能为金融供求双方实现利益上的“索洛残差”。因此，运用创新理论，有利于精准构建新型农业经营主体金融服务体系的创新框架，进而为提升新型农业经营主体金融服务提供理论支撑和措施保障。

第2章

新型农业经营主体金融需求新特征、面临的金融困境与因素分析

本章根据中国新型农业经营体系发展状况，综合考虑地域差异、经济社会发展水平、农业现代化程度、农村金融状况等因素，选取黑龙江、辽宁、山东、安徽、江苏、湖北等6个典型省份作为实证研究对象，通过问卷调查、实地走访等方式获取第一手资料，并结合文献检索与利用，采取统计分析、实证分析等方法，对新型农业经营主体金融需求的现状进行论证，找到新型农业经营主体金融需求中存在的突出问题和症结所在。本研究调查问卷采取简明扼要的直接问答法，依托有关机构并借助网络等手段，共对上述6省的农民专业合作社、种养大户、家庭农场、农业产业化企业、涉农金融机构发放问卷1800份，回收问卷1657份，问卷回收率93.06%。在回收问卷中

有效问卷 1449 份，其中，农民专业合作社 288 份，家庭农场 270 份，种养大户 649 份，农业产业化企业 168 份，涉农金融机构 74 份。本研究的第 2 章、第 3 章所涉及的问卷数据分析，均源于本调查问卷所获取的第一手数据，对此不再赘述。

2.1　新型农业经营主体金融需求的新特征

新型农业经营主体由传统农业向现代农业迈进过程中，通过独资、合作、租赁、入股、承包等方式，农业生产要素集中加速，不仅带来土地、劳动力的集约化经营，也对农村金融服务产生新的需求。通过对黑龙江等 6 个不同代表省份的 1375 户新型农业经营主体金融需求进行问卷抽样调查，结果显示其金融需求主要呈现出以下几方面新特征。

2.1.1　金融需求额度增大

与传统农业生产方式相比，家庭农场、农民专业合作社、种养大户等新型农业经营主体的最本质特征就是规模化、专业化经营。这一本质特性决定了新型农业经营主体需要通过扩大投入来实现土地流转和生产经营，由此导致资金缺口比例高，对金融机构贷款需求额度也随之增加。6 省被调查的 1375 家有贷款需求的新型农业经营主体样本中，贷款需求 20 万元以下的 305 户，仅占 22.19%；贷款需求 20 万—50 万元的 438 户，占 31.85%；贷款需求 50 万—100 万元的 257 户，占 18.69%；贷款需求 100 万元的 557 户，占 27.28%。见表 2－1。

表 2-1　新型农业经营主体贷款需求额度问卷调查汇总　（单位：户）

项目 地区	被调查总样本数	贷款需求20万元以下样本数	贷款需求20万—50万元样本数	贷款需求50万—100万元样本数	贷款需求100万元以上样本数
黑龙江	327	71	108	82	66
辽宁	249	65	62	40	82
安徽	184	28	79	31	46
山东	341	98	112	54	77
湖北	176	16	45	36	79
江苏	98	27	32	14	25
合计	1375	305	438	257	375

数据来源：问卷调查整理数据。

2.1.2　金融需求用途多元化

与传统农户简单化金融需求不同，新型农业经营主体的经营规模不断扩大，传统单一的农业生产逐步向综合经营的方向转变，金融需求由以往单纯的田间作业等传统生产需求转向加工、流通、商贸等综合需求。其资金用途相应由土地流转前的生产和消费为主转向生产、加工、消费、创业和投资转变，其金融服务需求贯穿于生产经营周期的各个领域和各个环节，与之相适应的资金用途也必然多元化。在被调查的6省1375户样本中，新型农业经营主体贷款需求用于生产领域的659户，占47.93%；用于加工领域的286户，占20.8%；用于流通领域的279户，占20.29%；用于消费领域的151户，占10.98%。见表2-2。

表2－2　新型农业经营主体贷款需求用途问卷调查汇总　（单位：户）

地区＼项目	被调查总样本数	贷款用于生产领域样本数	贷款用于加工领域样本数	贷款用于流通领域样本数	贷款用于消费领域样本数
黑龙江	327	173	63	42	49
辽宁	249	102	54	69	24
安徽	184	74	51	44	15
山东	341	183	63	59	36
湖北	176	86	35	36	19
江苏	98	41	20	29	8
合计	1375	659	286	279	151

数据来源：问卷调查整理数据。

2.1.3　金融需求方式更加灵活

相对于传统农户主要以短期融资需求为主，新型农业经营主体对融资期限的需求更加灵活，且长期化趋势更为明显。新型农业经营主体在农地多年连租、大型农机具购置、农田水利基础设施建设、农资及产品仓储等领域中长期贷款的需求迅速增长。农业生产经营的时令特征，也决定了新型农业经营主体在融资需求方面带有明显的季节性特点。同时，随着资金使用规模和收付频率的扩大，新型农业经营主体更加注重财务成本核算，对资金周转的灵活性和对融资成本的敏感性较强，多余资金被无效占用时需要及时还贷，生产经营资金短缺时需要随用随贷。被调查的6省1375户样本中，贷款需求期限在1年以内的618户，占44.95%；贷款需求期限1—3年的422户，占32.15%；贷款需求期限3—5年的220户，占16.00%；贷款需求期限5年以上的115户，占8.36%。1年期以上的贷款需求合计占55.05%。见表2－3。

表 2-3　新型农业经营主体贷款需求期限问卷调查汇总　（单位：户）

地区＼项目	被调查总样本数	贷款期限1年（含）以内样本数	贷款期限1—3（含）年样本数	贷款期限3—5（含）年样本数	贷款期限5年以上样本数
黑龙江	327	165	102	36	24
辽宁	249	76	99	53	21
安徽	184	81	63	32	8
山东	341	179	73	64	25
湖北	176	86	39	24	27
江苏	98	31	46	11	10
合计	1375	618	422	220	115

数据来源：问卷调查整理数据。

2.1.4　金融需求层次升级

现代农业发展对金融服务提出了更高的要求，特别是随着新型农业经营主体的发展，农业产业化链条不断拉长，相应的金融需求也越来越多地出现在农业产业链的各个环节，同时农业生产资料供应、农产品销售等紧密相连的上下游交易关系也为产业链金融创新提供了闭环保障和广阔的运作空间。新型农业经营主体经营理念和行为方式逐步向现代市场模式靠拢，其金融需求也不断升级，不局限于传统的现金存储、农业信贷和农业保险等传统业务，还在债券、基金、期货、理财管理、金融租赁、投融资顾问等方面有新的需求，对金融服务的普惠性和便捷性要求较高。被调查的6省1375户样本中，有信贷需求的1038户，占75.49%；有保险需求的577户，占41.96%；有债券需求的271户，占19.71%；有期货需求的175户，占12.73%；有金融租赁需求的168户，占12.22%；有财务顾问需求的149户，占

10.84%。尽管信贷需求仍然是新型农业经营主体第一大金融需求种类，但随着其生产经营规模化、组织化、市场化程度的不断提高，债券、期货、投融资顾问等其他需求也日趋旺盛。见表2－4。

表2－4　新型农业经营主体金融工具需求问卷调查汇总（单位：户）

项目 地区	被调查总样本数	有信贷需求样本数	有保险需求样本数	有债券需求样本数	有期货需求样本数	金融租赁需求样本数	财务顾问需求样本数
黑龙江	327	286	106	59	71	42	40
辽宁	249	195	119	43	13	14	35
安徽	184	132	87	23	8	28	18
山东	341	237	136	94	36	41	26
湖北	176	132	77	36	41	37	24
江苏	98	56	52	16	6	6	6
合计	1375	1038	577	271	175	168	149

数据来源：问卷调查整理数据。

2.2　新型农业经营主体面临的金融困境

顺应新型农业经营主体的加快发展，农村金融创新深化不断增强，对其支持力度也随之加大。但受各种因素影响，新型农业经营主体日益增长的金融需求和农村金融供给低效之间的矛盾依然突出，新型农业经营主体融资贵、融资难的问题较为普遍，主要表现为贷款额度偏小、贷款满足率偏低、贷款期限不合理、贷款利率偏高、金融产品和服务方式单一、投融资渠道狭窄、金融风险防控能力弱，制约了新型农业经营主体获得有效的金融服务。资料显示，截至2016年6月末，黑龙江等13省（市）新型农业经营主体贷款余额仅占全省涉农贷款的10.33%，破解新型农业经营发展中的金融困境已经成为当务之急。

2.2.1 农民专业合作社面临的金融困境

作为新型农业经营的重要组织形式，农民专业合作社在促进农业产业结构调整、推动农业现代化、增加农民收入、加快新农村建设等方面发挥着积极作用。但和发达国家相比，我国农民专业合作社发展仍存在着诸多问题，包括运作不规范、经营机制不健全、综合实力不强等，其中资金瓶颈正成为困扰合作社进一步发展的重要问题之一。据对黑龙江等6省288家农业专业合作社调查显示，农民专业合作社资金需求强烈，但普遍面临融资难问题。在调查样本中，有融资需求的188户，占总样本的65.38%。其中，有内部融资需求的84户，占有融资需求样本的44.69%；有外部融资需求的145户，占有融资需求样本的77.13%。在融资过程中，感到融资难的128户，占有融资需求样本的68.01%。目前，农民专业合作社融资渠道有内部融资和外部融资两个渠道。内部融资主要通过向社员筹集资金，但由于成员本身多处于中低收入阶层，可供筹集的资金有限，同时当合作社发展到一定程度需要新的投资时，由于小农思想作祟，绝大多数成员在合作社没有为其带来较大收益之前，没有追加投资的意识，从而导致合作社很难靠自身筹集更多资金用于发展。另外，虽然合作社在经营盈余中留存收益用于扩大再生产，但农民专业合作社大多以中小型为主，自身盈利水平有限，盈余大部分都要返还给社员，但靠合作社自我积累不能满足需要，进而产生了外部融资需求。外部融资是专业合作社做大做强的重要支撑，但从调研情况看，合作社获得金融支持的数量不多，缺口较大，反映出农民专业合作社贷款需求满足率较低。见表2-5。

表2-5　农民专业合作社金融需求状况问卷调查汇总　（单位：户）

项目/地区	被调查合作社总样本数	有融资需求样本数	有内部融资需求样本数	有外部融资需求样本数	感到融资难样本数
黑龙江	93	62	24	47	41
辽宁	63	41	18	35	29
安徽	25	12	7	9	9
山东	38	24	14	19	17
湖北	37	27	13	18	13
江苏	32	22	8	17	19
合计	288	188	84	145	128

数据来源：问卷调查整理数据。

2.2.2　家庭农场面临的金融困境

作为新型的农业经营主体的组织形式之一，家庭农场在2013年中央“一号文件”中首次提出，经过几年的发展，已经营初具规模，对实现集中连片种植、促进规模化养殖、带动集约化生产经营产生了积极的促进作用。由于生产规模上的不断扩张，自有存量资本已经很难满足家庭农场的生产经营需要，资金缺口成为家庭农场生产经营的最大瓶颈。据对黑龙江等6省270户家庭农场资金需求情况调查显示，家庭农场普遍面临融资困境。一是融资需求强烈。在被调查样本中，有233户希望得到银行贷款支持，占总样本的86.30%，其中资金缺口在50万—100万元的168户，占希望获取银行贷款样本的72.10%。二是融资难较为普遍。被调查样本中，认为获取银行贷款难的190户，占希望获取银行贷款样本的80.19%。三是融资贵问题突出。调查中，认为融资成本偏高的219户，占希望获取银行贷款样本的

81.55%。四是贷款期限不匹配。调查中，多数家庭农场普遍反映，银行贷款期限与其生产周期不对应。多数家庭农场有1年以上的中长期贷款需求。但目前金融机构对家庭农场多以1年期贷款为主，1—3年的贷款较少，3—5年贷款几乎没有。五是部分家庭农场从民间借贷获取融资。一些家庭农场的经营资金缺口通过民间借贷解决，尽管利率较高，有的年化率高达12%—15%，但借贷手续简便，也得到了部分家庭农场的认可。六是农业保险发展滞后。调查中，家庭农场普遍反映，自身保险需求较大，但农村地区保险机构不足、保险覆盖面窄、农业保险险种较少、承保赔付标准低、服务不完善，政府对农业保险补贴力度偏弱，不能满足规模化需要。见表2-6。

表2-6　家庭农场金融需求状况问卷调查汇总　（单位：户）

项目 / 地区	被调查总样本数	希望得到银行贷款样本数	资金缺口50万—100万元样本数	认为获取银行贷款难样本数	认为融资成本偏高样本数
黑龙江	61	58	45	51	46
辽宁	53	47	36	40	35
安徽	47	41	32	35	35
山东	56	46	29	31	24
湖北	37	30	18	24	19
江苏	16	11	8	9	10
合计	270	233	168	190	169

数据来源：问卷调查整理数据。

2.2.3　种养大户面临的金融困境

随着农村生产经营关系调整和结构发生变化，农村种养大户作为新型农业经营主体之一，其规模化、集约化水平不断提升，但随着而来的融资问题也在困扰着其发展壮大。问卷调查结果显示，黑龙江等6省（市）有融资需求的649户种养大户中，有融资需求的504户，占总样本法人77.66%。其中，从正规金融获取的融资的229户，占有融资需求样本的35.29%；认为有融资困难的415户，占有融资需求样本的占82.34%。可见，种养大户普遍面临融资困难，金融抑制现象较为突出。种养大户经营规模扩张，对资金的需求也变得更大，但抵押担保不足，金融机构为了控制风险，对种养大户贷款一般期限较短、金额较小，不能完全满足其融资需求。小额信贷公司和其他非正式金融机构贷款利息普遍较高，大大增加了融资成本，而新型农村合作金融组织刚刚兴起，对种养大户的支持程度有限。根据贷款抵押担保方式，可将种养融资方式分为有抵押物、有稳定订单关系、五户联保三类。在种养大户发展初期，流转土地、构建厂房、购置农机等生产经营活动已消耗掉种养大户大量原始资金，随着规模化生产进程逐步加快，资金供求缺口不断加大，同时，受经营产业为弱质性农、合规抵押物缺乏等因素限制，现阶段种养大户资金供求矛盾加剧，融资难制约了种养大户发展。被调查样本中，因抵押担保不足而导致融资困难的352户，占有融资困难样本数的87.23%。见表2-7。

表2-7　　种养大户金融需求状况问卷调查汇总　　（单位：户）

项目 地区	被调查总样本数	有融资需求样本数	在正规金融机构获取贷款样本数	认为融资困难或很困难样本数	因缺乏抵押担保而融资难样本数
黑龙江	123	86	41	75	67
辽宁	95	79	32	63	52
安徽	89	73	35	68	59
山东	226	176	83	144	129

续表

项目 地区	被调查总样本数	有融资需求样本数	在正规金融机构获取贷款样本数	认为融资困难或很困难样本数	因缺乏抵押担保而融资难样本数
湖北	78	64	29	46	38
江苏	38	26	9	19	17
合计	649	504	229	415	362

数据来源：问卷调查整理数据。

2.2.4　农业产业化企业面临的金融困境

农业产业化企业是指从事农业生产、加工、流通等以及其他与农业生产相关的企业。农业企业是联结农业生产与市场营销的桥梁纽带，在现代农业发展中起着重要作用。通过对黑龙江等13省（市）165家农业产业化企业调查数据的分析，由于农业产业化企业的基础相对薄弱，信用评级相对较低，风险相对较高，导致金融供需结构不平衡，农村金融服务和农业企业融资需求之间存在较大差距。问卷显示，被调查的6省163户农业产业化企业中，存在资金缺口的129户，占79.14%；存在融资难问题的农业产业化企业97户，占有资金缺口企业的占75.19%。被调查企业普遍反映，涉农金融机构农业信贷供给总量偏少，现有融资规模不能满足其生产经营需要。被调查样本反映，信贷融资是外部融资的主要渠道，股票、债券、基金等直接融资很少，75.97%的有融资需求样本认为金融市场的融资渠道单一。64.29%的被调查样本认为，目前服务于农业产业化企业的金融服务创新不足，政策性信贷机构对农业企业信贷支持力度不够，建议商业金融与政策性金融都要加大对农业产业化企业的信贷投放，特别是希望政策性银行在农业综合开发、标准农田改造、农田水利建设、新产品加工等方面发挥更大作用。此外，一些企业反映，涉农金融机构对其贷款的结构不合理，不是额度小就是利率高，再就是期限与生产经营周期不匹配，增加了企业融资成本和经营管理的难度。见表 2－8。

表 2－8　农业产业化企业金融需求状况问卷调查汇总　（单位：户）

地区＼项目	被调查样本数	存在资金缺口样本数	存在融资难问题样本数	认为融资渠道单一样本数	认为金融服务创新不足样本数
黑龙江	50	39	19	26	27
辽宁	38	27	25	21	25
安徽	23	17	14	12	13
山东	21	16	14	14	15
湖北	24	20	17	18	19
江苏	12	10	8	7	9
合计	168	129	97	98	108

数据来源：问卷调查整理数据。

2.3　新型农业经营主体金融困境的因素分析

问卷调查和相关资料显示，新型农业经营主体在中国现代农业发展历程中属于新生事物，其所面临的金融困境是多方面因素叠加导致的结果，既有需求侧的问题，也有供给侧的原因以及政策方面的因素，需要客观立体化地加以分析，进而找到问题的症结所在。

2.3.1 需求侧因素分析

新型农业经营主体刚刚兴起，其自身发展处于初级阶段，对金融资源的吸引和承载能力不足，在一定程度上导致其面临融资困境。一是组织治理结构不健全。新型农业经营主体处于发展的初期阶段，一些经营不规范，市场意识、信用意识、持续发展意识、银政企对接意识都较弱，一些组织治理不健全，资产负债和运营管理缺失，发展模式不确定，介入有风险。尤其是处于孕育探索阶段的农民专业合作社具有松散型关系合作关系的本质特征，分散在社员手中的产权尚没有通过紧密的连接机制成为有效的法人产权，从而使得农民专业合作社很难成为满足银行要求的承贷主体，导致新型农业经营主体在向金融机构申请贷款时困难重重，形成了金融机构与合作社“借贷两难”的尴尬局面。在黑龙江等6省1449户被调查的样本中，有53.90%被调查样本认为新型农业经营主体组织治理结构不健全是导致其金融服务供求失衡的原因之一。二是财务管理不规范。在现代技术催生农业产业化的大背景下，新型农业经营主体发展迅速，但发展不够规范，大部分存在“体制不明、管理不强、积累不足”等问题，主要表现在内部章程不够规范、管理机制和内控机制不完善、财务制度不健全，其生产经营财务数据获取困难，信息不对称问题较为突出，金融机构难以依据其不完整的财务报表作出风险识别和信贷决策。一些管理松散，特别是财务管理不规范加上由于农村信用评级结果不能共享，金融机构难以全面掌握产销、成本、盈利及风险等全面信息限制了金融支持。在黑龙江等6省1449户被调查的样本中，有73.29%的被调查样本认为财务管理不规范导致了新型农业经营主体融资难问题的存在。三是抵押担保物不足。新型农业经营主体信贷需求呈现大额化、长期化特点，单凭信用授信难以满足贷款需求，在申请融资时普遍缺少金融机构认可的抵押物，而自身虽然有大量农业生产资源，但由于其中的绝大多数资源如农地、农房、农机等，普遍存在流动性较低、内涵现金流不足等问题，导致抵押困难，制约了金融机构信贷资金的广泛介入。特别是农民专业合作社，其社员财产总量有限、形态良莠不齐且产权分散，设定抵押权十分繁杂，且债权实现较为困难，制约了其融资行为的实现。在黑龙江等6省1449户被调查的样本中，有73.02%的被调查样本认为新型农业经营主体融资中普遍存在抵押担保不足问题。四是农村信用水平偏低。正是基于新型农业经营主体发展的初级阶段，农业生产经营市场中良莠不齐、鱼龙混杂问题突出，主观赖账与客观无力偿还借款交织在一起，使得农村信用体系相对薄弱，成了农村金融介入的挡板。在黑龙江等6省1449户被调查的样本中，有63.91%认为农村信用水平偏低制约了新型农业经营主体融资。见表2－9。

表2－9　新型农业经营主体金融需求困境的需求侧因素调查汇总

（单位：户）

项目 主体	被调查样本数	认为组织治理结构不健全样本数	认为财务管理不规范样本数	认为抵押担保不足样本数	认为农村信用水平偏低样本数
种养大户	649	331	524	493	436
家庭农场	270	184	204	191	192
农民专业合作社	288	193	215	230	173
农业产业化企业	168	32	67	83	73
涉农金融机构	74	41	52	61	52
合 计	1449	781	1062	1058	926

数据来源：问卷调查整理数据。

2.3.2 供给侧因素分析

面临新型农业经营主体新的金融需求，金融供给侧的创新和改进没有跟上。一是农村金融制度安排与供给不足。中国农村金融制度是基于城市工商金融体系发展起来的，农业金融发展理念和体制机制过渡依赖于抵押担保，还不能完全适应抵押担保相对不足的农村经济特别是新型农业经营主体发展的需要。而农村土地经营权、农业生产资料物权、农村知识产权等农村产权的有限性，以及其内涵现金流的偏弱性，都决定了农村金融制度安排需要加快创新。特别是依托中国家庭联产承包责任制内核的农地金融制度创新严重不足，制约了新型农业经营主体借助金融的力量实现土地集中流转和适度规模经营的步伐。据对黑龙江等6省问卷调查显示，有69.15%的被调查样认为农村金融制度供给不足，是新型农业经营主体金融服务供给失衡的重要原因之一。二是农村金融服务市场的多样性不足。农村农业和农村经济市场主体的多元化，发展阶段的多样性，以及盈利能力的可持续性的差异，都决定了农村金融服务市场需要多样性存在和多层次性发展。随着农业形态的演化进步，中国农村金融服务体系不断健全，农村金融覆盖面有了长足进步。但受经济发展阶段和体制机制障碍等多种因素影响，农村金融服务市场无论是规模、机制、种类还是金融服务功能上都还有较大差距，农业领域内的银行、证券、保险市场的发育程度有待提高。据对黑龙江等6省问卷调查显示，有63.42%的被调查样本认为农村金融服务市场的多样性不足，是新型农业经营主体金融服务供给失衡的重要原因之一。三是农村金融组织体系的差异化不足。农业生产资源禀赋与自然生产约束决定农村经济天生具有弱质性，因而农村金融服务成本高、回报低、风险大等特点的客观存在，需要农村金融在市场机制与政府调控之间求得平衡，这就要求农村政策性金融、商业性金融、合作金融必须分工协作、共同发展，来适应不同地区、阶段、形态、行业和性质的新型农业经营主体生产发展的金融服务需求。从中国农村金融组织体系发展现状看，农村政策性金融的服务领域和介入深度不够，还不能适应现代农业发展要求；农村商业金融的机构数量、功能、层次及分布不够合理，商业性金融在农业领域的主导地位发挥得不够充分；传统农村合作性金融股份化而新型农村合作金融机构方兴未艾，合作性经济组织的融资需求亟待合作性金融对接。同时，中小金融机构少仍是农村金融供给不足的重要因素。从国际经验来看，立足当地、特色鲜明的中小金融机构，对改善农户、小微企业金融服务能够发挥重要作用。近年来，中国村镇银行、小额贷款公司等微型金融机构虽然发展较快，但准入门槛仍然偏高，市场竞争的充分性与供给活力不足。在黑龙江等 6 省 1449 户被调查样本中，有 54.52% 认为农村金融服务组织差异性不足在一定程度上导致了新型农业经营主体金融服务供给失衡。四是农村金融微观运行创新不足。适应现代农业生产发展的农村金融产品不够丰富，适合新型农业经营主体生产经营特点的农村金融服务方式不够有效，能够确保农村金融资源有效投入与防范农村金融风险的金融技术不够先进，导致现代农业供给的有效性不足，新型农业经营主体融资难融资贵问题难以从微观层面突破。在黑龙江等 6 省 1449 户被调查样本中，有 72.74% 认为农村金融微观运行创新不足，导致了新型农业经营主体金融服务供求失衡。见表 2 - 10。

2.3.3　政策面因素分析

农村金融创新的政策配套体系不健全，对促进新型农业生产经营金融供求平衡的作用有待发挥。一是政府对农村金融的正向

表 2－10 新型农业经营主体金融困境的供给侧因素调查汇总 （单位：户）

项目 主体	被调查样本数	认为金融制度安排与供给不足样本数	认为金融服务市场多样性不足样本数	认为金融组织体系差异化不足样本数	认为农村金融微观运行创新不足样本数
种养大户	649	516	493	324	493
家庭农场	270	183	176	169	207
农民专业合作社	288	164	105	159	179
农业产业化企业	168	86	98	102	118
涉农金融机构	74	53	47	36	57
合 计	1449	1002	919	790	1054

数据来源：问卷调查整理数据。

激励不足。有63.84%的被调查样本认为，各级政府应在改善新型农业经营主体金融服务中进一步发挥政策激励作用。财税优惠政策方面，主要表现为实行税收优惠政策欠持续，且可优惠的农业贷款金额低，不能覆盖新型农业经营主体贷款款需求额和实际发生额；农业贷款损失审核程序复杂，有的地区财政资金紧张，支农奖励政策兑现不及时甚至不到位。贷款风险补偿方面，尽管已经建立了农业贷款风险补偿制度，但从实践看，仍存在着贷款风险补偿的对象范围偏小，农业贷款风险补偿范围较窄、农村产权抵押融资风险补偿要求过高等问题，不利于激发金融机构对农业领域信贷投放的热情。农业信贷担保方面，有实力的政策性农业信贷担保机构偏少，担保基金总量相对偏低，农业担保机构风险识别和控制技术偏弱，对新型农业经营主体的融资担保范围和业务拓展有限。二是农村产权抵押融资的法律体系不健全。虽然党和国家政策赋予了农村土地的权能，这对深化农村改革、发展现代农业指明了道路，但现行的《担保法》《物权法》《农村土地承包经营法》等法律修改相对滞后，不利于尽快建立起功能完备、配套有力、运转顺畅的农地金融服务体系。有59.14%的被调查样本认为，农村产权抵押融资法律体系不健全，制约了新型农业经营主体融资行为的实现。三是农村产权交易市场建设滞后。新型农业经营主体拥有种类繁多、特征多样的农村物权，但由于农村产权登记、评估、交易体系不健全，限制了农村产权的盘活利用。同时，基层农村管理服务跟不上，现代化理念和手段不足，农村产权登记部门抵押登记手续繁琐，办理土地承包经营权抵押登记机关和流程不理顺；农村土地流转和农村住房交易受到政策性的区域限制，银行机构对农村抵押产权的处置变现比较困难，制约了农地金融服务的创新。有68.60%的被调查样本认为，农村产权交易市场滞后是新型农业经营体系金融服务供求失衡的重要原因。四是金融政策的调控力度有待加强。涉农金融机构对基本属性偏于弱质的农业发放贷款，存在较大程度上的市场失灵，需要金融政策给予差别化支持。目前，央行、银监、证监等部门对涉农金融机构在货币政策、金融监管等方面给予了差别化对待，但新型农业经营主体对农村金融服务需求的升级，需国家有关部门在差异化存款准备率、央行常备借贷便利、借助资本市场融资、差异化金融监管政策等方面给予进一步的政策倾斜。有58.66%的被调查样本认为，货币政策、金融监管等金融政策实施的精准度不够，对引导和鼓励涉农金融机构实施金融创新还不够到位。见表2－11。

表 2－11　新型农业经营主体金融困境的政策面因素调查汇总　（单位：户）

项目 主体	被调查样本数	认为政府激励措施不到位样本数	认为农村产权法律体系不健全样本数	认为农村产权交易市场滞后样本数	认为金融政策调控不够样本数
种养大户	649	467	516	481	496
家庭农场	270	184	127	193	129
农民专业合作社	288	146	142	196	131
农业产业化企业	168	87	43	81	45
涉农金融机构	74	41	29	43	49
合 计	1449	925	857	994	850

数据来源：问卷调查整理数据。

第3章

新型农业经营主体金融服务体系创新的基本现状、经验总结与主要问题

3.1 新型农业经营主体金融服务体系创新的基本现状

在新一轮农村金融改革稳步推进的大背景下，顺应新型农业经营主体发展的金融新需求，国家出台了一系列金融支农政策文件，对加快农村金融服务体系创新、推动农村金融供给侧改革进行整体安排和全面部署，为提高农村金融服务的满意度、便利度和可获得性提供政策保障。2013 年以来，中央连续出台“一号文件”，提出要进一步加快农村金融制度创新，采取多种政策措施支持新型农业经营主体发展。随后，国务院下发《金融服务“三农”

发展若干意见》，提出要构建新时期多元化农村金融服务体系。在党中央、国务院的统一部署下，2014 年和 2016 年，国家农业部分别下发了《关于推动金融支持和服务现代农业发展的通知》和《关于开展金融支农服务创新试点的通知》，对农村金融服务创新做了具体安排。人民银行、银监会等部门及各地政府也相继出台政策，采取有效措施，不断完善金融支农政策体系，在货币调控、财税扶持、金融监管等方面建立正向激励政策，积极引导各地金融机构创新农村金融服务体制机制，加快推进覆盖广、成本低、能复制、可持续的农村金融服务供给体系创新。见表 3－1。

表 3－1　2013—2017 年中央“一号文件”农村金融创新政策概要汇总

内容 文件	农村金融服务创新政策概要
2013 年“一号文件”	改善农村金融服务；创新金融产品和服务，有限满足农户信贷需求；加大新型生产经营主体信贷支持力度；稳定县（市）农村信用社法人地位，继续深化农村信用社改革；开展农作物制种、渔业和重点国有林区森林保险保费补贴试点；推进建立财政支持的农业保险大灾风险分散机制；支持符合条件的农业产业化龙头企业和各类农业相关企业通过多层次资本市场筹集发展资金。
2014 年“一号文件”	加快农村金融制度创新；稳定大中型商业银行的县域网点；对小额贷款公司，要拓展融资渠道，完善管理政策，加快接入征信系统，发挥支农支小作用；支持符合条件的农业企业在主板、创业板发行上市；推动证券期货经营机构开发适合“三农”的个性化产品；发展新型农村合作金融组织；加大农业保险支持力度。

续表

内容 文件	农村金融服务创新政策概要
2015 年“一号文件”	推进农村金融体制改革；综合运用财政税收、货币信贷、金融监管等政策措施，推动金融资源继续向“三农”倾斜；做好承包土地的经营权和农民住房财产权抵押担保贷款试点工作；鼓励开展“三农”融资担保业务；加大小额担保财政贴息贷款等对农村妇女的支持力度
2016 年“一号文件”	推动金融资源更多向农村倾斜；加快构建多层次、广覆盖、可持续的农村金融服务体系。发展农村普惠金融；突出农户贷款、新型农业经营主体贷款、扶贫贴息贷款；完善农业保险制度
2017 年“一号文件”	强化激励约束机制，确保“三农”贷款投放持续增长；规范发展农村资金互助组织，开展农民合作社内部信用合作试点；推动国开行、农发行等政策性金融创新；给农行、邮储银行“三农金融事业部”更多优惠政策；加快省联社改革，优化农村金融生态与机制；持续推进农村金融产品和服务方式创新；推动涉农企业的直接融资，鼓励涉农金融机构之间的异业协同；严厉打击农村非法集资和金融诈骗，积极推动农村金融立法

数据来源：中华人民共和国中央政府网站。

3.1.1　金融制度创新基本现状

在农业信贷制度方面，农村“两权”抵押贷款政策的出台，为新型农业经营主体加快农村土地流转提供了重要支撑。为落实十八届三中全关于“赋予农户对承包地承包经营权、农民住房财产权抵押担保权能”的改革要求，2015 年，国务院出台《关于开展农民住房财产权抵押贷款试点和农村承包土地的经营权的指导意见》，要求依法稳妥规范推进农村“两权”抵押贷款试点。2016 年 3 月，人民银行会同相关部门联合印发《农民住房财产权抵押贷款试点暂行办法》和《农村承包土地的经营权抵押贷款试点暂行办法》，从贷款对象、业务管理、风险补偿、配套支持措施、试点监测评估等方面，对试点地区、相关部门和金融机构推进落实“两权”抵押贷款试点明确了政策要求，各地农村“两权”抵押贷款业务已全面启动。

在农业保险制度方面，国家保险制度体系不断完善，为新型农业经营主体扩大农业保险覆盖提供了制度保障。2012 年，国务院出台了《中华人民共和国农业保险条例》，这是我国第一部国家层面的农业保险法规，通过法律的形式明确了农业保险的发展原则、目标任务、支持政策、经营规范和监管要求等内容，为农业保险规范健康发展奠定了法律基础。2014 年，国务院下发了《关于加快发展现代保险服务业的若干意见》，明确提出要大力发展“三农”保险，创新支农惠农方式，完善对农业保险的财政税收支持政策，规定农业保险实行“政府引导、市场运作、自主自愿、协同推进”的原则，即政府通过保费补贴和税收优惠等支持政策，引导农户投保和鼓励保险机构承保。2015 年，国务院在完善支持政策促进农民增收的意见中提出，稳步开展主粮作物、蔬菜和生猪几个保险试点，积极构建农业补贴、农业信贷、农业保险、农业期货联动机制，加快推出农业天气指数保险，通过“基本险和附加险”模式提高保障水平。目前，中央、省、市区对农业的政策补贴体系初步形成，对涉及国计民生的 15 类主要品种保费，采取分地区分品种的方式，分别给予中央财政 30% –50%、省级财政 25% –30%、县两级财政 10% –15% 的分级配套补贴，降低了新型农业经营主体投保成本，提高了投保积极性。各地也都开始根据当地农业特色，自行出台补贴政策，因为制宜开展特色农险试点，适当增加农险补贴种类和比例，新型农业经营主体的投保率有所上升。

在直接融资制度方面，资本市场服务新型农业经营主体政策陆续出台。近年来，人民银行、发展改革委、证监会等部门加强政策引导，积极采取有效措施，支持农业企业等新型农业经营主体借助资本市场的融资功能，拓宽农村金融市场的股票、债券等多元化融资渠道，促进农村金融的融资模式逐步由间接融资向直接融资扩展。一是鼓励符合条件的农业产业化企业发行股票、公司债、企业债和中小企业私募债等资本工具，支持其利用资本市场扩大融资规模、优化融资结构、降低融资成本。二是针对农业特点制定了涉农企业准入标准，支持涉农企业扩大超短期融资券、短期融资券、中期票据等非金融企业债务融资工具的发行规模。三是对符合条件农村金融机构发行优先股和二级资本工具，在适度扩大发行规模、加快审查审批等方面给予了政策倾斜；建立了农业信贷评估框架，推出了商业银行“三农”专项金融债券发行工作，支持其通过扩充资本来源，放大农贷投放规模、提高风险覆盖能力。

3.1.2 金融市场创新基本现状

适应新型农业经营主体发展的需要，在法律允许、权益清晰、风险可控的前提下，农业信贷市场、农业保险市场、直接融资市场等农村金融服务创新齐头并进，成效显著。

一是农业信贷市场规模不断扩大。2014 年，人民银行针对新型农业经营主体和适度规模经营的新特点新需求，出台了《关于做好家庭农场等新型农业经营主体金融服务的指导意见》，鼓励引导银行业金融机构扎实做好家庭农场、农民专业合作社、农业产业化龙头企业、专业大户等新型农业经营主体各项金融服务工作，要求金融机构加大对家庭农场等新型农业经营主体的信贷支持力度，对有一定生产经营规模、主要从事农业生产、经营管理比较规范、收益相对稳定的家庭农场等新型农业经营主体，采取灵活方式确定承贷主体，按照“宜户则户、宜场则场、宜社则社、宜企则企”的原则，合理设计信贷产品，简化审贷流程，重点支持新型农业经营主体受让土地承包经营权、购买农业生产资料、购置农机具、从事农田水利、农田整理、大棚种植等基础设施建设维修等农业生产用途，确保其有效信贷需求得到有效满足。据中国人民银行门户网站公布的统计数据显示，截至2015年末，中国金融机构全口径涉农贷款余额26.4万亿元，占全部贷款的28.1%，比上年增长11.86%，比全部贷款增速高6.7个百分点。其中，农户、新型农业经营主体信贷指标都有了较大增长。见表3-2。

表3-2　　2011—2015年全国金融机构涉农贷款发展情况　　（单位：万亿元）

项目 \ 年份	2011年	2012年	2013年	2014年	2015年
涉农贷款余额	15.2	18.7	20.9	23.6	26.4
其中：农户贷款余额	2.9	3.7	4.6	5.4	6.1

数据来源：中国人民银行网站、金融时报（2017.03.03）。

二是农业保险市场加快发展。2012年以来，中国农业保险实现了跨越式发展，覆盖面不断扩大，保险服务新型农业经营主体的力度和功能不断增强。2015年，中国农业保险主要农作物承保面积达到14.56亿亩，约占全国播种面积的59.32%，承保农作物达189种，惠及农户和新型农业经营主体2.3亿户。三大主粮作物农业保险覆盖面达到71.58%。其中，水稻保险覆盖率

68.67%、玉米保险覆盖率 69.49%、小麦保险覆盖率 49.26%，惠及各类新型农业经营主体 61.4 万个；农业保费收入 375.09 亿元，提供风险保障 1.96 万亿元。目前，中国农业保险市场业务规模仅次于美国，居全球第二、亚洲第一，其中养殖业保险和森林保险业务规模居全球第一。农业保险风险保障水平不断提高，全国农业保险风险保障规模由 2007 年的 1126 亿元增长到 2014 年的 1.66 万亿元，八年增加 13.7 倍，年均增速达到 57.09%，累计提供风险保障 5.72 万亿元，累计保险理赔总金额 958.62 亿元，在降低农业生产经营风险、促进农民增产增收、加快新型农业经营发展、保障国家粮食安全等方面的作用越来越突出。见表 3-3。

表 3-3　　2015 年全国农业保险市场发展情况

项目＼概况	内容概要
农业保险投保与承保	保费总收入 375.09 亿元，风险保障 1.96 万亿元。农作物承保面积 14.56 亿亩，承保农作物达 189 种，惠及新型农业经营主体 2.3 亿户。水稻保险覆盖率 68.67%、玉米保险覆盖率 69.49%、小麦保险覆盖率 49.26%，惠及新型农业经营主体 61.4 万个。
农业保险服务网络体系	全国共建立农业保险服务站 30.3 万个。其中，乡镇级农业保险服务站 2.3 万个，占服务站总数的 7.59%；村级农业保险服务点 28 万个，占服务站总数的 92.41%，覆盖了全国 48% 的行政村。各级农业保险协保人员近 40 万人。

数据来源：《中国农村金融服务报告（2014）》、金融时报。

三是农业证券市场取得新进展。证券交易所的数据显示，2009—2015 年，有 21 家涉农企业实现首发上市（IPO），融资总规模159亿元；有31家农业类上市公司实现再融资，融资总规模332亿元。截至2014年末，共有66家涉农非上市公众公司在全国股份转让系统挂牌。其中，2013年，新增公司4家，1家涉农公司发行股份649万股、募集资金5841万元；2014年，新增公司55家，5家公司共发行股份4556.9万股、募集资金12511.45万元。在银行间市场，截至2014年末，累计共有农林牧渔业、农产品加工业等218家涉农企业，发行直接债务融资工具782只，总金额7233.39亿元，期末余额2953.58亿元。在期货市场，2013—2014年，商品期货交易所新挂牌了粳稻、鸡蛋、胶合板纤、维板、玉米淀粉和晚籼稻6个农产品期货品种。根据全国基金业协会登记备案数据，截至2014年末，全国各类私募基金投资农林牧渔等涉农行业投资余额172亿元。据有关部门统计，目前国内专注农林牧渔行业投资的基金共计62只，总规模约176.97亿元，直接融资服务现代农业的力度也在加强。见表3－4。

表3－4　　2009—2015年全国新型农业经营主体直接融资情况　　（单位：亿元、个）

项目＼年份	首次发行股票并上市	资本市场再融资	上市公司重大资产重组	定向融资
新型农业经营主体（涉农企业）个数、项目	21	27	22	27
直接融资金额	159	332	360	372.47

数据来源：金融时报（2017.03.03）。

3.1.3　金融组织体系创新基本现状

在商业性金融机构方面，主要推进了农业银行和邮政储蓄银行“三农”事业部改革。农业银行三农事业部改革试点开始于2008年，通过建立“三级督导、一级经营”的事业部经营管理体制，将农业金融业务的经营下沉，在资本管理、业务经营、风险拨备等6个方面实施“独立核算、单独管理”。2013年，在两次试点扩容的基础上，国家又将农业银行三农事业部改革将试点范围扩大到全国的19个省、20家一级分行辖下的所有县域支行。2015年4月，国务院正式批准，将农业银行三农金融事业部改革试点范围拓展到全国所有的县域支行，通过深化事业部管理体制机制，形成了一整套商业性农业金融专营体系。邮政储蓄银行三农金融事业部成立于2016年9月8日，先期选取在安徽、内蒙古等5家试点省级分行进行设点，目前改行三农事业部改革已在全国全面推开。邮政储蓄银行三农事业部采取农业金融专业化财务核算体制，实行独立的业绩考核机制、专门的资源配置政策，建立垂直统一的农业贷款审批体系，大力拓展公司类农业金融业务，改变以往以农户贷款为主要业务品种的局面。这两家涉农金融机构的改革，进一步增强了包括新型农业经营主体在内的金融支农力度。

在政策性金融机构方面，主要是启动了中国农业发展银行的改革。2015年4月12日，经国务院批准，《中国农业发展银行改革实施总体方案》（以下简称《总体方案》）正式出台，标志着新一轮政策性金融改革进入了新的历史阶段。《总体方案》中确定的中国农业发展银行总体改革思路是，坚持以政策性业务为主体的职能定位，实行政策性业务与商业性业务分账核算、分类管理，通过建立业务责任与风险隔离机制，实现政策性与商业性业务的有机协调，确定的改革目标是把中国农业发展银行建设成为具备可持续发展能力的农业政策性银行。目前，中国农业发展银行改革方案的各项措施正在稳步落实，在巩固粮棉油收购信贷业务的基础上，经营范围已经拓展了对新型农业经营主体规模化经营、农业商贸流通体系建设、农田水利建设、农产品深加工等新的农业领域，其农业政策性银行的功能得到了进一步的发挥。

在合作性金融机构方面，国家积极鼓励发展各类中小新型农村金融机构，在其中包括积极创新发展农村合作性金融组织。2009 年，中国银监会联合农业部出台文件，积极支持各地因地制宜地探索发展农民资金互助社，并鼓励有条件的农业专业合作社开展信用合作。2014 年 3 月，中国银监会发布关于规范发展农民专业合作社信用合作的通知，同年 9 月份又下发了相应的配套措施，明确了农村合作金融的政策界限。2015 年，经国务院批准，中国银监会在山东省开展新型农业合作金融机构试点。截至 2016 年末，山东省已有 170 多家农民专业合作社参与了试点，有 2 万多人累计办理了 4000 多万元的信用合作业务。见图 3 - 1。

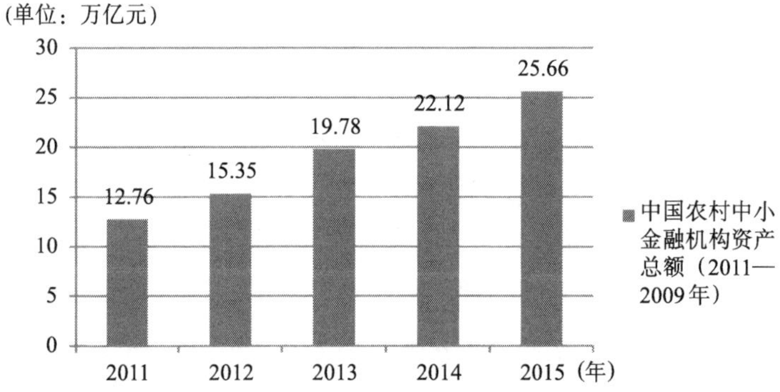

图 3 - 1　2011—2015 年中国农村中小金融机构中资产增长情况

数据来源：金融时报（2017. 03. 03）。

3.1.4 金融产品创新基本现状

近年来，“一行三会”出台多项政策措施，加快推动农村金融产品创新，引导金融资源更多投向农业领域。各地、各金融机构针对新型农业经营主体实际需求，开展了形式多样的金融产品创新。创新类金融产品的种类明显增加，业务覆盖范围不断扩大，农村金融创新产品多达 670 个，涉农贷款余额和占比不断上升，金融支持新型农业经营主体的成效显著。

在信贷产品创新方面，2013 年人民银行出台了《关于加大金融创新力度支持现代农业加快发展的指导意见》，着力推动涉农信贷产品创新，力争做到“一行一品、一地一品”，因地制宜、分类施策做好农村金融服务工作。全国各地涌现了大量的农村金融创新产品和服务方式，积极满足新型农业主体信贷融资需要。安徽、黑龙江、湖北、山东等各地涉农金融机构，结合农民专业合作社、家庭农场、农业产业化企业的生产经营模式特点，针对当地种养产业生产、农产品加工与流通、农业生产装备制造等特色农业产业优势的实际，创新推出了“种养贷”“加工贷”等一系列农业产业化的专属信贷产品，缓解了规模化专业化农业生产领域融资难、融资贵问题。人民银行、银监会联合农业部及地方政府有关部门，持续深入推进“富民惠农”金融创新工程，坚持以市场为导向，以服务现代农业发展为目标，加快建立健全符合新型农业经营主体需求特点的金融产品体系，简化金融服务手续，优化审批流程，规范服务收费，合理确定贷款额度、放款进度和回收期限，增强金融产品供给契合度。

在保险产品创新方面，农产品目标价格保险试点范围逐步扩大，在黑龙江、河北、湖南、河南分别启动了水稻、玉米、小麦目标价格保险试点。蔬菜价格保险试点在上海率先试点，目前已经扩大到广东、山东、江苏、宁夏等省（区）。生猪价格保险试点起步于北京，目前已经扩大到重庆、湖南、四川等地。此外，气象指数保险、水文指数保险等创新型产品也不断涌现。小额贷款保证保险业务得到较快发展，在扩大农村信贷的规模，缓解涉农企业的融资难等问题作用日益突出，有助于解决银行对涉农企业放贷的后顾之忧。充分发挥保险机制，推动生猪保险与病死动物无害化处理联动，引导农户主动将病死猪集中无害化处理，协助政府部门解决病死猪乱丢弃或流入市场现象，维护农村公共卫生环境，确保食品卫生安全。积极引入人工干预天气、GPS 定位、无人机航拍等新科技手段，农业保险科技含量显著提升。各地保险机构不断加强产品创新，先后推出了农机装备保险、畜牧活体保险、设施农业保险等符合新型经营主体需求的专属保险产品，推动涉农保险和涉农信贷的合作，通过“保险 + 信贷”模式，协助农民专业合作社等主题解决农村“贷款难”问题。

在证券产品创新方面，证券交易所积极支持涉农企业发行公司债券、中小涉农企业发行私募债券，推广涉农小额贷款资产支持专项计划；银行间债券市场积极支持涉农企业发行超短期融资券（SCP）、短期融资券（CP）、非公开一年及一年以下定向债务融资工具（PPN - CP）、一年以上非公开定向债务融资工具（PPN - MTN）、中期票据（MTN）和中小企业集合票据（SMECN）。期货交易市场加快了农产品期货新品种研发，拓展了农产品期货业务范围，完善了农产品期货交易机制，加强对广大农村的期货市场咨询服务，适时推出“二次点价 + 复制期权”场外衍生产品，鼓励涉农企业利用期货市场开展套期保值业务，向农民专业合作社等新型农业经营主体推广运用期货交易，充分发挥农产品期货市场价格发现和风险规避功能，为新型农业经营主体锁定风险、扩展套期保值渠道提供了广阔空间，受到了市场的普遍好评。见表 3－5。

表 3－5　部分省份新型农业经营主体金融产品创新情况

省份＼项目	内容概要
黑龙江	全省各金融机构针对新型经营主体需求特点，创新开展了以农村土地承包经营权、集体林权、大型农机具以及各类粮食补贴资金等农村各类权益类资产为抵（质）押物的信贷产品创新研发，相继开展了大豆价格保险试点、水稻价格保险试点、玉米价格保险以及涉农贷款保证保险、农村借款人意外伤害保险等。截至 2016 年 6 月末，全省新型农业经营主体贷款余额为 817.8 亿元，获得贷款的新型农业经营主体共 13.9 万个。其中，农业产业化企业贷款余额 539.5 亿元，获得贷款的企业 526 家；农民专业合作社贷款余额 70.6 亿元，获得贷款的合作社 24169 家；种养大户贷款余额 198.4 亿元，获得贷款的种养大户 10.79 户；家庭农场贷款余额 9.3 亿元，获得贷款的家庭农场 6564 个
山　东	全省重点推广农村土地承包经营权抵押贷款等 11 类农村金融创新产品，截至 2014 年 11 月末，山东省 4.6 万户新型农业经营主体贷款余额 1193.4 亿元，同比增长 15.5%。涉农金融机构与农业担保公司合作创新推出“信保农村产权贷”，金融机构向农业产业化龙头企业、农民专业合作社、家庭农场、种养大户等新型农业经营主体发放的贷款，由农业担保公司对贷款进行担保，借款人以农村产权向农业担保公司设定反担保抵押
江　苏	全省各地、各金融机构共创新推出“一权一房”抵押贷款、“农机购置补贴”专项贷款等 72 种适应新型农业经营主体需求的典型金融产品。如，推出了以农村土地承包经营权为抵押的支农“阳光再贷”“高效农业贷”等金融新品；针对专业合作社、家庭农场等新型农业经营主体推出了“金农贷”“富农贷”产品，2016 年仅泰州市农村金融机构就向近 2000 户新型农业经营主体发放此类贷款 40 多亿元

数据来源：国际互联网。

3.1.5 金融服务方式创新基本现状

央行等部门密集出台政策，对加快推进农村金融服务方式创新进行了整体部署。2008 年 10 月，央行会同银监会下发了关于加快农村金融产品和服务方式创新的通知。2010 年 7 月，“一行三会”联合下发文件，要求全面推进农村金融产品和服务方式创新。2011 年 7 月，央行下发文件，要求建立农村金融产品和服务方式创新定期监测制度。2012 年 6 月，央行组织召开全国农村金融产品和服务方式创新工作会议。2014 年，央行下发做好家庭农场等新型农业经营主体金融服务工作的通知，要求加快适合新型农业经营主体和适度规模经营的新特点的金融产品和服务方式。这些政策措施的出台，在促进各地、各金融机构创新农村金融产品的同时，也加快了新型农业经营主体金融服务方式创新步伐的加快。

在业务模式再造方面，各地金融机构顺应现代农业发展要求，扎实有效地开展了一系列金融服务方式创新活动。黑龙江、山东等地创新推广“新型农业经营主体 + 科技 + 信贷 + 农户”等各类农业供应链金融服务模式，利用信用共同体提升客户信用评级。辽宁、河南等各地鼓励开展农业机械设备、农田水利设施等方面的金融租赁业务，加大农业担保方式创新，推动建立各类涉农融资担保基金，加强与担保机构、保险机构的合作，出台将涉农保险作为借款人评信授信因素等多项农贷政策，积极满足新型农业经营主体多元化金融服务求。通过创新农村金融服务模式，让新型农业经营主体获得了更多、更便捷、更优质的现代化金融服务。

在创新应用新模式方面，一些金融机构开始尝试利用“互联网 +”、PPP 模式等新技术来改进对新型农业经营主体的金融服务方式。如，中国农业银行利用互联网技术，建立了“E 商管家”电子商务平台，将新型农业经营主体的上下游信息流、物流和资金流整合在一起，大力发展创新型业务模式和金融产品，取得了良好效果；中国农业发展银行借助政府平台和财政扶持政策，通过委托代建、特许经营等方式，将联合增信与项目融资结合起来，对现代农业装备技术推广、高标准农田建设、中低产田改造、水利基础设施建设等项目，创新应用农业 PPP 融资模式，支持新型农业经营主体流转土地和适度规模经营，助力现代农业加快发展。

截至 2015 年末，农村金融服务方式创新在全国 31 个省市区全面推开，加入创新行列的金融机构及其网点达 1.3 万家，创新农村金融服务方式达 260 余项，共有 2600 多万农户直接从农村金融服务方式创新中受益，受益的新型农业经营主体达 7.6 万家。见表 3－6。

表 3－6　部分省份新型农业经营主体金融服务方式创新情况

项目 地区	内容概要
黑龙江	全省各级金融机构推广农业供应链融资模式，发展与订单、保单相结合的金融产品，探索开展“订单＋期货”“保险＋信贷＋担保＋新型农业经营主体”等特色融资模式试点，积极支持新型农业经营主体加快发展。
辽　宁	中国农业银行辽宁省分行不断探索以龙头企业为核心的全产业链金融扶贫模式，为以龙头企业为核心的相关产业链、供应链上的农民合作社、家庭农场、专业大户、创业妇女、贫困户等客户提供综合金融服务，依托政府增信机制激活龙头企业，搭建致富平台，实现了商业化运作与履行扶贫社会责任的有效结合。

续表

地区＼项目	内 容 概 要
山 东	全省各地创新推出了“政府＋银行＋保险＋新型农业经营主体”“订单＋信贷＋保险”、农业 PPP 服务模式等 47 种金融服务模式，支持现代农业发展；德州、济宁、滨州市推动开办了种养大户、家庭农场小额贷款保证保险业务，贷款利率和保险费率配套下调，银行与保险机构按比例分摊贷款本金损失
江 苏	省联社开发的“96008”电话贷款系统和泗洪农商行的“E 网情深”贷款申请服务系统，新型农业经营主体和农户可以足不出户，通过互联网或电话就办理贷款申请、审批，有利于新型农业经营主体金融服务面的拓展
浙 江	蚂蚁金服和小贷公司进行了战略合作，联手打造互联网小额贷款服务平台。截至 2017 年 2 月底，蚂蚁金服在支付、保险、信贷方面服务的“三农”用户数分别达到 1.67 亿户、1.42 亿户、3824 万户。其中服务了 166.9 万家农村小微企业、农村个体工商户、农村种养殖户。旺农贷贷款余额 5.46 亿元，余额用户数 3.5 万人，户均贷款额 1.56 万元，旺农贷已经覆盖了全国所有省市区（港澳台除外）的 231 个市、557 个县
新 疆	2016 年，新疆克州首个农业类 PPP 项目落地。该项目采用 ROT 模式，项目总投资 9480 万元，其中政府投资 7326 万元，引入社会资本方一期投资 2120 万元，占地面积 7100 亩。通过这一项目的启动实施，引入社会资本方各类分项资金的注入及项目实施的拉动，打造出集现代化科技种植养殖、生态化休闲观光旅游、绿色特色餐饮三大产业为主的农业示范园，全力激发阿图什市现代化农业长足发展的后劲

数据来源：国际互联网。

3.1.6 金融技术创新基本现状

农村金融服务活动的有效开展，离不开金融技术的基础支撑。近年来，人民银行等部门在推进农村金融服务创新过程中，要求金融机构针对农业实际创新应用先进的金融技术，努力为新型农业经营主体提供更为安全、便捷、高效的金融服务。在信贷定价技术创新上，一些金融机构建立了利率定价模型，采取差别化定价技术，合理确定新型农业经营主体贷款的利率水平，对符合条件的新型农业经营主体贷款差别化利率优惠。在信贷决策技术上，一些金融机构加快推广应用供应链金融等适合现阶段农村金融需求特点的信贷技术，积极拓宽抵质押担保物范围，适当延长贷款期限，针对不同经营规模、不同类型家庭农场等新型农业经营主体的不同资金需求，提供差异化、多样化的融资方案。在征信技术创新上，辽宁、黑龙江等地加大了农村信用体系建设力度，将新型农业经营主体纳入征信体系，进一步扩大了金融信用信息基础数据库的信息采集和使用范围，推动信用信息共享，营造良好的农村金融生态环境。一些地方的农村信用社、邮储银行分支机构通过建立健全农民专业合作、种养大户、家庭农场等新型农业经营主体的电子信用档案，科学设计有效的信用评价指标体系，建立完善的信用评级标准和信用积分制度，通过征信技术的改进，提高了风险识别能力和水平，为有效筛选客户、更大限度地满足新型农业经营主体有效信贷提供了有力支撑。见表3-7。

表3-7　部分省份新型农业经营主体金融技术创新应用情况

项目 省份	内容概要
黑龙江	农村信用社等地方金融机构创新授信技术，对于处于不同发展阶段的农民专业合作社，在授信方式、支持额度、服务价格、办理时限等方面，提供差异性的金融服务

续表

项目 省份	内容概要
山东	省农业融资担保公司与金融机构合作，根据新型农业经营主体生产经营周期需要，创新风控技术，改进绩效考核和风险问责机制，提高对新型农业经营主体融资担保贷款的风险容忍度，为新型农业经营主体提供与之匹配的贷款和担保服务，并向其执行优惠利率和优惠担保费率，少收甚至不收贷款保证金
辽宁	将农民专业合作社等新型农业经营主体纳入征信体系，是通过对借款主体进行信用评价，根据具体信用等级发放相应额度的信用贷款，主要创新包括新型农业经营主体资信档案评定、“新型农业经营主体信用评价体系+信贷”等，既解决了新型农业经营主体缺乏贷款抵押物的问题，又促进农村整体信用意识的提高
重庆	重庆农商行将“三农”业务与城市业务授信审批分离，成立专门的涉农贷款授信审批部门，配备专职审贷人和独立检查人；制定“新型农业经营主体”信贷业务单独准入标准，完善利率定价模型，合理确定利率，提高利息收入覆盖风险的能力

数据来源：国际互联网。

3.2 部分省份新型农业经营主体金融服务体系创新的实践探索

3.2.1 部分省份新型农业经营主体金融服务体系创新的基本模式

（1）黑龙江农村金融综合改革试验模式

资料显示，黑龙江省作为中国最重要的农业主产权之一，2014 年以来，当地政府、中央银行和金融机构抓住黑龙江省现代农业快速发展的历史机遇，以加快实施“两大平原”现代农业综合配套改革试验为重要抓手，把改善适应土地适度规模经营及各类新型农业经营主体的金融服务为出发点和立足点，积极创新农村信贷产品和服务方式，取得明显成效。一是大力推进“两大平原”现代农业金融配套改革，着力完善农村金融服务组织体系。2014 年，人民银行、发改委等部门联合出台政策，全面启动黑龙江现代农业金融配套改革，大力发展适应现代农业法发展各类农村金融服务机构。截至 2015 年末，黑龙江省内各金融机构设立涉农专业服务部和专业支行 544 个，同比增长 4.03%。其中，新设立村镇银行、农业担保公司、小额贷款公司等地方性金融机构 57 家，5 家农信社改制农村商业银行，各地（市）、县（区）农村民间借贷服务中心、农村资产登记融资中心、农村产权融资服务中心等配套服务机构不断涌现，多元化的金融组织体系逐渐形成。二是着力拓宽抵质押担保物范围，积极创新推出农业金融产品。针对新型农业经营主体对金融服务产品的现实需求，各金融机构创新推出 40 余种农业信贷产品，将农村承包土地的经营权、农资补贴、农民住房财产权、农业订单、大型农机具、畜牧活体、棚室设施等潜在现金流特征显著的农村物权纳入抵押担保物范围。截至 2015 年末，黑龙江省各金融机构已累积办理各类农村物权抵（质）押贷款 981.4 亿元，惠及新型农业经营主体 7812 家、农户 584.1 万户。全省金融机构办理农村土地经营权权步伐加快，县区覆盖面达到 75.6%，贷款余额达到 163 亿元，同比增长 23.4%，贷款规模位居全国第一位；农村房屋抵押贷款已在 15 个县推广，贷款余额 17.6 亿元，同比增长 39.5%；土地未来收益权、涉农直补资金及大宗农副产品存货等创新质押类信贷产品贷款余额达53.2亿元，同比增长30.1%。三是创新农村投融资体制，发挥金融对农业资源的撬动作用。人民银行哈尔滨中心支行积极推动完善农村投融制度体系，加强银、政、保、担、信之间的合作，形成金融财政支持新型农业经营主体加快发展的合力。截至2015年末，累计向耕地面积1000亩以上的2463户种粮大户投放贷款18.2亿元，向17.8万农户投放粮食补贴质押贷款104.9亿元，向188户种粮大户及种植业合作社发放种粮大户直供生产资料贷款5644万元。创新推出“金融机构+担保公司+新型农业经营主体+农户”融资模式。截至2015年末，各金融机构累计向100余家优质合作，社投放贷款超过7000万元。推动涉农信贷资金与保险资金配合。加快发展农业保险，保险业务和保费补贴想新型农业经营主体倾斜。截至2015年末，黑龙江省通过农业保险实现增信的农业贷款余额达到41.26亿元，同比增长36.3个百分点。其中，哈尔滨市呼兰区、阿城区等地以“政府农业发展基金担保+银行贷款+保险保证”模式为新型农业经营主体发放小额保险保证贷款业务，实现了黑龙江省在涉农信贷与保险合作支持新型经营主体融资的创新突破。一系列的农村制度体系、金融产品和服务方式创新举措，有力地促进了信贷资金在现代农业领域的投放。截至2015年末，黑龙江省涉农贷款余额达到7314.3亿元，同比增长27.8%，增速高于全部贷款平均增速7.2个百分点。新型农业经营主体融资成本持续降低。2015年末，全省金融机构涉农贷款加权平均利率6.73%，下降2.75个百分点，现代农业金融综合改革红利逐步释放。

（2）辽宁“主体征信+农业信贷”模式

辽宁省辽阳市以创新征信体系为突破口，针对农业生产领域信息严重不对称的实际，积极支持农民专业合作社等新型农业经营主体加快发展。当地人民银行会同政府金融办出台专项措施，科学开展农民专业合作社信用体系建设，找准了新型农业经营主体金融服务的突破口。一是科学制定评级指标体系，合理组织推进联合评级机构、政府各有关部门及涉农金融机构共同研究制定指标体系。充分考虑农民专业合作社的属性以及发展初期不规范性，指标设计充分体现人民银行征信系统功能和政府扶持作用，确保定量分析的主导地位。形成一级指标 4 项、二级指标 14 项、三级指标 24 项，适当降低了财务指标比重，注重考察实际控制人素质和合作社的示范性影响。最终形成定量分析与定性分析相结合、以定性分析为主的评级指标体系，确保评级结果能够准确揭示合作社的真实信用状况。同时，人民银行辽阳市中心支行联合涉农金融机构、政府部门进行广泛宣传，引导农民专业合作社积极参加信用评级。引入三家评级公司，以竞争机制促进评级业务开展。截至 2015 年末，完成 40 家农民专业合作社信用评级。二是建立信用信息数据库，开发搭建信用服务平台。整合银行及政府部门信息资源，将农民专业合作社纳入农村信用信息基础数据库征集范围。同时，利用互联网平台的辐射作用，将农民专业合作社信用信息、涉农金融机构信贷产品及政府部门奖补政策等在平台上进行展示，解决信息不对称问题。2015 年末已建立包括 65 项内容、涵盖全市 1400 余家合作社的农民专业合作社信息基础数据库，可以满足信用评级以及评先选优等信用把关方面的基本要求。三是加强政策引导与激励，增加信贷支持新型农业经营主体的力度。充分发挥再贷款、差异化存款准备金等政策引导作用，鼓励涉农机构加大对农民专业合作社贷款投放，降低其融资成本。2015 年，辽阳市累计为农民专业合作社发放贷款 25454 万元，较上年增长 77%，较 2013 年增长 285%，评级结果好的多家农民专业合作社已享受到不同的信贷优惠政策，如贷款审批手续更加简便，抵押担保条件被适当放宽，贷款额度得到增加，利率获得10% –25%的优惠等。推动涉农金融机构采信合作社评级结果，对评定等级较高的合作社给予循环授信、降低利率等方面的优惠，为农民专业合作社积极参与信用评级提供了持续的动力。同时，推动政府部门认可应用评级结果，将评级结果和信用报告作为政府评选各级示范社、分配国家和地方奖补资金的重要参考，有力促进了农民专业合作社的规范发展。

（3）山东“主办行＋综合创新”模式

资料显示，近年来，山东省各地就金融支持新型农业经营主体进行了创新和探索。一是建立新型农业经营主体“主办行”监测制度。东省重点支持的新型农业经营主体有529家，涵盖全省119个县（市、区）。人民银行济南分行建立了全省新型农业经营主体“主办行”金融支持情况数据库，对“主办行”制度定点支持对象主要经营情况、负责人、主办金融机构、主办信贷员等信息登记造册，定期对名单内新型农业经营主体的生产经营、金融需求、市场变化等情况进行专项监测分析。根据监测情况，及时加强统筹协调、分类督导，确保新型农业经营主体“主办行”工作取得实质性进展。二是步完善各涉农机构工作机制。涉农金融机构高度重视新型农业经营主体金融服务工作，根据自身特点制定了新型农业经营主体“主办行”制度实施办法。农业发展银行山东省分行重点通过“产业化龙头企业＋家庭农场”等模式促进新型农业经营主体做大做强，力争年内实现支持新型农业经营主体贷款增速不低于全部贷款平均增速的工作目标。农业银行山东省分行要求每个县支行至少支持3户家庭农场，每个“121”支行至少支持5户家庭农场，每个融资增信试点县支行至少支持10户家庭农场并提供全流程金融服务；优先安排家庭农场贷款规模，省分行按一定比例承担二级分行存量农户贷款和增量农户贷款占用的经济资本，调低二级分行最低利率审批权限；将专业大户、家庭农场贷款作为非小额农户贷款纳入考核奖励，适度提高家庭农场和专业大户贷款经营利润奖励比例。邮储银行山东省分行推出“农民专业合作社贷款”和“家庭农场（种养大户）贷款”产品，扩大贷款额度，延长贷款期限，降低贷款利率。省农联社要求各法人机构按照试点名单，切实达到帮扶目的，将“一对一”的全方位跟踪服务客户以每季度增加 1－2 户的速度逐渐推广，将支持新型农业经营主体情况作为加分项纳入指标考核。三是引导基层涉农机构增强提供全方位金融服务的主动性。各涉农金融机构初步建立了“主办行”管理框架，及时将试点主体的相关信息登记造册，随时了解农业规模经营主体的经营和融资情况，进行跟踪服务和管理。农业发展银行各分支行除对试点新型农业经营主体提供授信扶持、多元化结算服务外，还给予试点主体政策倾斜，简化信贷流程，提高办贷效率，加强信息服务，开通承兑业务绿色通道。农业银行各分支行对专业大户、家庭农场、农民专业合作社等试点主体开展调查，结合农业政策环境、市场环境、信用环境和土地流转、贷款抵押政策不断加强和改进金融服务，提供了包括贷记卡、结算、理财、网银、贵宾服务等一揽子金融服务。邮储银行各分支行根据试点主体的金融需求，结合该行金融产品特色，提供“一对一”金融服务，建立营销台账，便于后续跟踪合作。各地农合机构为试点主体提供信贷、票据、结算、现金收付、电子银行等综合金融服务，并且在贷款审批、利率、创新产品等方面给予优惠，如平原农联社邀请省农科院专家为支持的试点主体进行授课，宁津农联社对试点主体富民畜牧养殖合作社的财会制度、融资知识、生产管理等方面无偿提供规范化指导，成武农联社为试点主体提供“融智＋融资”的“金融管家”服务。截至 2014

年末，各金融机构对山东省 47205 户新型农业经营主体授信 1636.6 亿元，贷款余额 1200.3 亿元，同比分别增长 22.5% 和 15.3%；2015 年，新增新型农业经营主体贷款 264.6 亿元，累计发放新型农业经营主体贷款 1178.3 亿元，同比分别增加 18.2 亿元和 277.5 亿元，极大缓解了新型农业经营主体的融资难题。

（4）江苏“主办行 + 财政支持”模式

江苏省金融支持新型农业经营主体的创新和探索：一是认真落实主办行制度。精心遴选重点支持对象，建立了包括 319 户新型农业经营主体的省级首批重点支持名单，并对名单主体的重要信息逐一核实，为推进主办行制度奠定基础。明确主办行制度工作任务，要求省农业发展银行、农业银行、邮政储蓄银行和省农联社对省级重点支持新型农业经营主体实行转岗专人服务。二是强化重点项目示范作用。遴选“金融支持转型升级系列工程”和“小微企业金融服务升级扩面计划”省级重点示范项目，并给予货币政策工具支持。其中，涉及新型农业经营主体的项目共计 31 个，2014 年给予 7.35 亿元支农支小再贷款以及 2.3 亿元再贴现额度支持，撬动承办金融机构贷款累计发放 834.28 亿元，支持户数 6747 户，其中首贷户 2278 户。三是完善规划和制度建设。南京市出台《关于做好金融支持家庭农场试点工作的通知》，加强了金融支持新型农业经营主体的规划和制度建设。完善地方发展规划，连云港市市委、市政府印发了《关于银行业金融机构支持新型城镇化建设促进城乡一体化发展的实施意见》，将支持家庭农场等新型农业经营主体作为五大重点支持领域之一，提出“全年首贷户不低于 100 户的工作目标”。海安农商行出台了《关于支持“全托管”等新型农业经营主体发展的指导意见》，提出用三年时间，向各类新型农业经营主体发放贷款超过 10 亿元，户数超过 500 户（各年按 3:3:4），为全县农业现代化、农村城镇化、农民职业化的“新三农”经济发展提供强有力的金融支撑。四是完善信贷制度建设。江南农商行、紫金农商行、溧水农商行等地方法人金融机构建立了家庭农场金融服务（贷款）管理办法，实行名单制管理；在贷款额度比例、贷款期限、贷款利率、担保方式、还款方式、信贷审批等方面予以政策支持。五是创新金融产品和服务。创新开发“家庭农场贷款”，突破了农户贷款的限制，将贷款用途拓展至受让土地承包经营权、农业基础设施建设维修以及固定资产购置等，贷款期限相应可延长至 3 年以上。截至 2014 年末，仅泗阳农商行就为 45 户家庭农场发放贷款 1937 万元。积极发展产业链金融，探索出了“农业产业化企业 + 农民专业合作社 + 农业产业园区 + 农户”等多种农业产业链融资模式，提升家庭农场等融资获取能力。引入成熟模式支持家庭农场，东农海商行采取“阳光信贷”操作模式，动态获取家庭农场信息，实行名单制管理，从中筛选一批运作规范、发展意愿强的家庭农场作为信贷支持重点，发放“易贷通”卡，“一次授信、余额控制、随用随贷、周转使用”，并且优先授信，优先放贷，2014 年已经累计对家庭农场发放贷款 137 万元。六是积极争取财政支持。农业银行江苏省分行、邮储银行江苏省分行先后与省财政厅、省农委签订合作协议，分别推出“金农贷”和“富农贷”产品，支持新型农业经营主体融资需求。省财政部门设立 4500 万元农业贷款风险补偿基金，要求分别按照 25 倍和 20 倍的规模放大，对农委系统推荐的家庭农场、专业大户、农民专业合作社等发放贷款。徐州市探索“财政 + 保险 + 银行”模式，以 500 万元政府专项担保基金为基础，合作银行按基金规模放大 10 倍向家庭农场主提供单笔不超过 20 万元的资金支持，承保机构为客户办理小额贷款保证保险。贷款损失由政府担保基金、保险公司、银行三方按照 1:2:7 比例共同承担。贷款利率为9%，保险费率2.2%，综合成本低于同类无担保抵押贷款成本。首批16户家庭农场累计获得授信300万元；截至2014年末，122户家庭农场已用信102万元。

（5）安徽“两权抵押+土地信托”模式

安徽省是农业大省，在培育和发展新型农业经营体系过程中，探索开展“两权”抵押贷款业务，并创新推出农村土地信托模式，积极支持农村土地流转和适度规模经营，截至2014年末，安徽省农村“两权”抵押贷款余额2.7亿元，贷款累计投放18.3亿元。

在创新推动农村“两权抵押”方面，一是合理界定“农村两权抵押”贷款对象与用途。农村土地承包经营权抵押贷款对象主要为土地流转规模较大、有产业特色的规模经营主体。农房抵押贷款对象主要为当地农村居民，用于农民建房与生产经营，其中用于个体工商经营占59.3%，用于农业经营占32.9%。二是科学设定“农村两权抵押”贷款发放条件。抵押贷款需满足五个条件：生产经营项目未改变土地的农业用途；第一还款来源可靠，具备偿还本息能力；自有资金投入比例不低于借款项目所需资金的50%；依法取得的承包土地经营权或通过流转方式取得的土地经营权，权属清晰；资信良好，农房抵押贷款条件相对简单，需具备按期偿还贷款本息能力及无不良信用记录。规范制定“农村两权抵押”贷款操作流程，从贷款受理、调查、审批、发放和贷款管理等各个环节作出明确规定，并在土地价值评估、抵押登记、抵贷处置等方面建立了配套措施。探索开展“农村两权抵押”价值评估方法。由于缺乏专业的评估中介，经办银行对“两权”抵押物价值评估进行了相应探索。淮北农商行简化贷款程序，金额在100万元以内的抵押物不需专业机构评估，由借贷双方协商确定，一般按“土地流转剩余期限的一半×土地附属物价值的一半 ×60%”确定。宣城农商行在对农村房屋价值进行评估时，参照当地建安成本，按照 2000 元/平方米为评估基准，按不高于评估金额的 50% 发放贷款。三是政府建立“农村两权抵押”风险补偿机制。蚌埠市五河县专门设立涉农（包括两权抵押）贷款风险补偿资金 1000 万元，对银行发放新型涉农贷款形成的损失给予 30% 的补偿，单户最高达 80 万元。黄山市对土地流转面积较大、期限较长的项目实行以奖代补，对当年新增连片流转耕地、茶园 100 亩以上的，且流转期限 5 年以上并从事农产品生产的经营主体，市财政给予每亩 30 元的一次性奖补，县（区）财政按不低于 1∶1 的比例配套；对土地确权试点村，除国家、省给予的补贴外，市财政按每亩 5 元标准给予补贴。四是积极引入“农村两权抵押”担保和保险参与。银行在开办“两权抵押”贷款时，深度挖掘其他抵押物，如有其他物权抵押可优先选择，土地承包经营权可作担保补充。同时银行要求保险机构积极参与，为农业经营主体提供农业保险，降低贷款风险。

在创新农村土地流转的信托模式方面，2013—2014 年，安徽省宿州市与中信信托公司合作，成立了 2 期农村土地承包经营权集合信托计划，这是国内首个也是目前全国规模最大的农村土地流转信托产品。以宿州土地信托计划为例，其基本制度设计：“安徽宿州农村土地承包经营权信托计划”期限为 12 年，采用结构化设计，有 A 类、B 类、T 类三类委托人，三类信托财产共同集合构成信托计划的信托财产。通过宿迁当地政府将信托农地经营权流转给中信信托公司。此信托计划结构化集合信托计划，由 A 类委托人交付的信托财产及受托人发行的 B 类受托权、T 类受益权募集的信托资金。A 类委托人为宿州市桥区人民政府，委托财产为 A 类信托财产，标的是其辖下朱仙庄镇塔桥村和朱庙村的农村土地经营权，其中农户将土地委托转包给村委会，村委会与镇政府建立委托管理关系，之后再与桥区政府签署《农地承包经营权的委托管理合同》。政府将信托土地交付给中信信托公司后，再由信托公司整体或分开转租给新型农业经营主体，进行集中规模经营。在该信托计划存续期内，中信信托可以根据需要发行B类、T类信托单位募集资金，满足信托项目流动性。此类信托的委托人即受益人，受托人为中信信托公司，项目的服务商和土地承租人为某农业投资发展公司，保管人和监督人为某国有银行。农户作为委托人和受益人，其收益有基本收益和增值收益组成。其中，基本收益是在以支付土地租金为最低保障标准的基础上，根据单位土地面积的基本产量、中等质量和当期价格折算形成价值，按照两者孰高原则向农户支付；增值收益则是按照受托人规模化土地经营总收入，扣除各种农业生产必要合理投入后，按7:3比例将7分配给受益人。这种信托模式可实现多赢：一是对农民有兜底收入，无论信托项目经营盈亏，农民均可获得土地租金；二是信托公司通过信托计划运作实现项目运营收入，并且资金周转不足时还可以发行B类、T类信托单位保持流动性；三是扮演服务商和承租人的新型农业经营主体通过规模化经营实现剩余价值；四是政府通过土地信托计划加快了当地土地有序集中和规模经营，对促进当地现代农业发展启动积极的推动作用。

（6）湖北“两权抵押+风险补偿”模式

湖北省积极推进“两权”抵押贷款创新和探索，加快土地流转进程，培育发展新型农业经营体系。一是出台农地金融相关政策办法。湖北省人大发布了《农村土地承包经营条例》，湖北省武汉市政府会同当地中央银行出台了《农村土地经营权抵押贷款操作指引》，积极创造法制和政策条件，对此贷款的服务对象、准入标准、操作流程等做了明确规定，引导金融机构创新开发农村土地经营权贷款业务，支持农村土地有序流转和适度规模经营。二是建设“两权”流转服务平台试点。目前，湖北省部分地方积极探索搭建农村产权流转的服务平台，主要工作方式有以下几个方面：首先，完善确权登记工作。各级政府部门积极开展农村土地确权颁证工作，做到产权明晰、登记在案、证件到位，为农村经济产权流和土地经营权抵押转夯实基础。鄂州市、通城县、黄陂区、汉南区和建始县的部分村、镇先后开展了试点。鄂州市泽林镇泽林村是农业部确定的第一批全国 8 个试点村之一，针对 7 个小组分处城中、近郊和远郊，土地承包情况差别较大的实际情况，采用“确地”和“确股”两种方法对三类小组分类确权，取得了较好的效果。其次，建设农村产权流转交易市场。湖北省各乡镇人民政府相继成立了农村产权流转服务机构，建立了农村土地登记备案和流转发布平台，实行土地登记、评估、交易一条龙服务，其相关机构及人员编制由机构编制部门核定，所需经费纳入各级政府财政预算。再次，探索农村产权质押融资方式方法。把农村产权纳入农业担保公司担保融资的范围，探索农村产权抵押质押贷款的办法，科学评估农村产权市场价格，促进经营权资本化、市场化。武汉市成立武汉农村综合产权交易所，形成了区、县、乡镇服务网络，为农村土地承包经营权（包括耕地、五荒地、滩涂水面等）以及农村房屋所有权、知识产权、股权等等农村及涉农各类产权流转交易提供服务。三是建立处置机制及风险保障基金。目前，湖北省有不少地方推动都建立了农村产权抵押融资的风险补偿机制，由地方财政出资设定专项资金，实行封闭运行、独立核算、专款专用，人民银行鄂州中支行会同相关部门共同履行不良资产的初审、核查职能，财政部门对农村土地流转贷款形成损失的金融机构按一定比例给予风险补偿。四是积极运用多种措施推动农地金融业务发展。当地央行运用支农再贷款等货币政策工具，充分发挥金融宏观作用，支持和引导各金融机构创新体制机制，研发推出金融服务新产品，综合运用农村土地经营权抵押、其他财产混合抵押、保险、征信、担保等增信措施，积极开办农村土地承包经营权信贷业务，有力地促进了新型农业经营体系的发展。

3.2.2 部分省份新型农业经营主体金融服务创新的经验总结

（1）借助农地流转政策，积极创新农地金融制度

黑龙江等6个农业大省均抓住了国家放活农村土地政策的有利契机，将激活农村土地经营权作为创新新型农业经营主体金融服务创新的重要抓手，或开展农村两权抵押试点，或创新尝试农村土地信托计划，或采取农村土地经营权与其他资产混合抵押模式，积极开展农村信贷服务创新，取得了阶段性成效。这里，主要得益于两条基本经验：一方面，出台具体的农村土地经营权抵押贷款管理办法。政府、央行、监管部门根据当地实际，制定农村土地信贷业务操作指引，各金融机构结合自身实际制定具体的操作流程，为农村土地经营权信贷业务真正落地提供了基本遵循。一方面，完善农地流转抵押融资相应的政策配套措施。农村土地经营权抵押贷款的前提条件是对农村土地进行有效的确权和颁证，同时农村土地交易平台要完善，登记、抵押、评估等配套要及时且有根据，才能保证农村土地经营权抵押贷款在发放环节和资产处置方面无后顾之忧。安徽、黑龙江等地以政府文件对农村土地流转市场与机制建设进行了安排部署，加快农村产权交易市场建设，从而确保了农地金融业务的顺利开展。

（2）建立融资增信机制，解决抵押担保不足问题

黑龙江等6个农业大省均针对新型农业经营主体抵押担保不

足问题，不同程度地将建立融资增信机制作为创新农村金融服务的重要内容来推进。一是建立财政性农业担保机构。黑龙江省财政出资，整合社会资源，成立黑龙江农业信贷担保有限公司，通过与各金融机构合作，专门为新型农业经营主体等融资担保服务。二是积极推广农业保险。江苏、湖北、黑龙江等省完善了政策性农业保险政策体系，积极扩大新型农业经营主体的保险覆盖面，推广“保险+信贷”服务模式，在解决农业领域融资难题、锁定农业生产经营风险中发挥了重要作用。三是完善农业贷款风险补偿制度。湖北省建立以财政为支撑的农业信风险补偿机制，一旦农村两权抵押贷款出现损失，将按照贷款最终损失的相应比例对金融机构给予补偿，一定程度上调动了金融机构支持新型农业经营主体的积极性。四是创新农村征信体系和技术。辽宁省政府会同央行将家庭农场、农民专业合作社等新型农业经营主体纳入征信体系，建立专门的征信数据库，供金融机构进行风险识别，有效地消除了新型农业经营主体融资中的信息不对称。

（3）创新农村金融微观机制，满足多元化金融需求

黑龙江等 6 个农业大省均顺应现代农业发展需求，积极推动农村金融产品和服务方式创新，引导金融资源加快从传统农业向现代农业转移。一是建立主办行制度。如山东、江苏省推动当地金融机构与新型农业经营主体创新建立了主办行制度，实现“一对一”对接服务，通过金融供求双方相互了解和相向改进，不断增强金融服务新型农业经营主体的力度。二是创新推出多样化金融服务产品。黑龙江针对农村多样化的产权资源，积极扩大抵质押担保范围，创新推出了农业订单、畜牧活体等 40 余种创新类农业信贷产品，满足了新型农业对金融产品需求的现实需求；安徽创新推出农地信托计划，有利促进了当地农村土地有序流转。三是创新农村金融服务方式。山东、黑龙江、江苏等利用新型农业

经营主体上下游共生关系，积极推广应用农业供应链金融，满足生产经营链条中各环节融资、增信与结算需求，既控制了风险又实现了顺畅融资，有力地支持了新型农业经营主体加快发展。

(4) 完善农村金融宏观体系，创造农村融资宽松环境

黑龙江等6个农业大省均将创优农村金融服务的宏观环境，作为改进和创新新型农业经营主体的系统工程加以推进，重点是抓好三方面内容：一是丰富农村金融组织体系。江苏、山东、黑龙江等省大力发展各类农业金融服务机构，积极开展农村资金互助社、农民专业合作社信用互助设点，优化农村地区金融服务组织网点布局，支持村镇银行、小额贷款公司等中小非银行金融机构发展，适度增强农村金融竞争充分性，促进了农村金融供求失衡问题的缓解。二是优化农村金融服务市场结构。安徽、黑龙江等省坚持信贷、保险、证券、期货市场协调发展，让不同职能和性质的金融市场在现代农业领域的各个环节发挥不同的功能，满足新型农业经营主体多样化、多层次金融服务需求。三是完善政财银保担联动制度体系。农村金融是个系统性复杂工程，黑龙江、辽宁等省以地方政府为核心，注重制度的衔接性和政策的协调性，建立财银保担联动制度框架，形成了多方支农合力和无缝对接的创新机制。

3.3 新型农业经营主体金融服务体系创新存在的主要问题

3.3.1 金融制度创新存在的主要问题

创新和改进新型农业经营主体的金融服务，关键在于建立一

套完善的制度框架和良好的运行机制做保障。十八届三中全会赋予农村土地更多权能以来，国家有关部门和各地政府部门出台一系列政策措施，加快推进农村“两权”抵押贷款业务创新，为破解新型农业经营主体融资困境进到了重要的促进作用。但是，目前，制约新型农业经营主体金融服务创新的制度障碍依然较多，特别是对新型农业经营主体规模化经营起到至关重要作用的农地金融制度还存在许多弊端，亟待通过改革创新加以破解。一是农地金融制度框架不完善。目前，在国家土地政策的引领下，各地普遍开展了农村“两权抵押”信贷业务，并采取一系列政策措施加以推动，但各地相应的配置制度和措施依然没有跟上，比如农村土地确权颁证进程缓慢，农村产权交易制度和市场交易体系不健全，农村土地评估、抵押、登记、流转等基础设施建设不到位，农村土地评估作价难、抵押登记手续繁杂、土地抵押债权变难现等问题依然突出，制约了新型农业经营主体利用农地资源获取融资并借此扩大经营规模。二是农地金融制度创新有待深化。农村土地具有货币和资本双重属性，但目前各地主要以农村土地的货币属性为开发对象，而对农村土地的资本属性开发不够，对创新发展农村土地资本化的相关制度和产品研究不够，农地权能的活化与有效利用亟待加强。三是对金融机构创新推广农地金融业务的正向激励不足，政府配套政策和平台建设亟待跟进。四是国家物权法、担保法等法律条款修改不及时，一些地区对中央政策的理解以及对现行法律执行的掌握标准不一，相关的制度建设与完善受到较大影响，金融机构创新开发和推广农地金融业务有一定的顾虑。

通过对黑龙江等 6 省 1375 户新型农业经营主体和 74 家金融机构问卷调查汇总分析显示，绝大多数被调查者认为，改进新型农业经营主体金融服务质效，应当从创新农村金融制度入手。其中，有 1001 户被调查样本认为应创新农地货币化制度，占调查总样本的 69.08%；有 723 户被调查样本认为应创新农地资本化制度，占调查总样本的 49.90%；有 561 户被调查样本认为应创新农地货币化制度，占 38.72%；认为需要创新其他金融制度的有 386 户，占 26.64%。调查结果表明农村市场主体对农金融制度创新充满期待，其中认为应创新农地货币化制度的比例最高，由此可以看出，农地货币化是农地金融制度创新的主要方向。见表 3-8。

表 3-8　新型农业经营主体金融制度创新方向调查汇总（单位：户）

项目／主体	被调查样本数	应创新农地货币化制度	应创新农地资本化制度	应创新农地证券化制度	其他
种养大户	649	485	359	236	114
家庭农场	270	193	152	94	78
农民专业合作社	288	187	139	135	136
农业产业化企业	168	93	52	61	32
涉农金融机构	74	43	21	35	26
合 计	1449	1001	723	561	386

数据来源：问卷调查整理数据。

3.3.2　金融市场创新存在的主要问题

随着新型农业经营主体对金融需求的升级，其金融活动也日趋多元化，亟待加强针对新型农业经营主体特点的金融市场创新，在做大金融市场总量的同时，不断优化各类金融市场结构。目前，新型农业经营主体金融市场发展中依然存在不少问题，主要表现在以下几方面。

（1）农业信贷市场供给不足

农业信贷市场是破解新型农业经营主体融资困境的主要载体，但当前的农业信贷市场准入条件要求较高与新型农业经营主体信贷需求特征不匹配。新型农业经营主体产业基础薄弱、自身发展不足，对信贷资源吸纳和承载能力有限。新型农业经营主体对于金融的需求，不仅表现为新型农业经营主体的数量增多导致金融需求的增多，也表现为新型经营主体生产经营规模扩大对资金需求的增大。随着生产经营方式的转变，新型农业经营主体对贷款需求的期限也更加多样化，其贷款期限总体呈现中长期化的趋势。而金融机构对借款人在额度、利率、期限和抵押担保方式等信贷准入条件偏紧，目前尚未找到适应考量新型农业经营主资信状况的有效方法，导致农业信贷市场的供给总量和业务结构都不能适应现实需要。资料显示，截至 2015 年末，全国金融机构涉农贷款余额达 26.8 万亿元，约占全部贷款总余额的三分之一，但与新型农业经营主体的现实信贷需求相比还有很大差距。据调查，黑龙江、湖北、山东等地家庭农场、农民专业合作社的信贷余额占农业贷款总余额的比例不足五分之一，农业信贷向新型农业经营领域转移的潜力很大。

（2）农业保险市场供给不足

目前中国农业保险市场，无论是国家保障标准比，还是与国内农业现实需求的差距比，都存在着很大的改进空间。一是农业保险的深度和广度有待挖掘。中国目前的保费规模主要是靠各级财政补贴支撑起来的，完全靠农业经济主体自费投保的业务比例还很低。如将政策性因素剔除，中国的农业保险规模将会大幅度缩水。而国外的农业保险尽管也有政府补贴，但保费主要承担者还是农业经济主体本身，因此，在商业农业保险与政策性农业保险之间需要有一个合理均衡。二是农业保险的保障层级较低。尽管目前中国农业保险的覆盖面较大，但仍属于“低保费、低保障、低效能”的浅层次农业保险市场。截至 2015 年末，中国的水稻、玉米、小麦等“三大主粮作物”的保险保障程度约占物化成本的 75.02%，但仅占全部农业生产成本的 33.24%，亟待通过深化改革创新对农业保险保障标准进行升级改造，来满足新型农业经营主体规模化生产经营的需要。三是农业保险的服务效率有待提升。面对新型农业经营主体对借助农险稳定生产经营的迫切要求，目前中国的农业保险服务效率明显偏低。在保险制度方面，主要是保险赔款标准过于“粗线条”，在细化、量化方面有待提升，在农业保险如何做到可持续发展与新型农业经营主体如何“借险稳船”上还没有找到一个合适的切入点。在理赔程序方面，主要体现为保险机构对理赔案件的审核、理赔程序过于繁杂，标准化、流程化、简洁化有待深入。在客户准入方面，新型农业经营主体与农业保险公司信息不对称问题较为突出，新型农业经营主体因其规模化生产经营的风险较大，而具有较强的农业投保意识和较高的风险保障要求，但农业保险公司由于缺乏新型农业经营主体资信的了解，缺乏对关键性资信指标的量化分析，进而对于新型农业经营主体的投保要求在保费标准、理赔条件、保障程度等方面如何把握存在困惑。总之，与农村快速增长的农险需求相比，中国的农业保险在制度体系、保险品种、保障标准、理赔效率、风险转移等方面都存在着不同程度的供给约束，还不能满足新型农业经营主体多样化的农业保险需求。

（3）农业资本市场供给不足

目前，中国资本市场改革创新进程加快，一些新型农业经营主体发展也逐步成熟，资本市场工具在现代农业领域的应用也在逐步扩大。但毕竟农业是脆弱产业，同时我国资本市场症结依然较多，现有资本市场工具的准入标准、操作流程不能较好适应新型农业经营主体的直接融资需要，新型农业经营主体运用资本市场融资的规模占比较小，结构不尽合理，农业产业化企业借助资本市场融资、避险相对容易，而对农民专业合作社、家庭农场如何运用资本市场融资避险，还有很长的路要走。一是资本市场与新型农业经营结合得不够充分。主要表现在涉农企业上市数量还较少。政府对农业产业化龙头企业的扶持政策不足，龙头企业发展环境改善不到位，成长速度慢，农业产业化龙头企业、券商、政府之间缺乏有效的沟通渠道。资本市场 IPO 审查审批机制存在不足，股票注册制改革推进缓慢，市场标准没有体现新型农业经营主体的实际特点和客观规律，一些特色优势明显、发展潜力大的涉农企业没有被发掘。目前，沪深两市涉农上市公司比例偏低，同时上市公司股权结构不合理，市场流动性差，与中国农业在国民经济中的重要地位不对等，与新型农业经营主体带动农民增收、扩大农产品供给和保障国家粮食安全的现实要求不相称。二是直接债务融资工具在新型农业经营主体的推广应用有待加强。虽然近年来全国银行间市场扩大涉农企业发行直接债务融资工具取得了明显成效，但仍不能完全适应新型农业经营主体发展的需要。在融资规模上，直接债务工具的累计发行数量和业务种类的结构化占比，与庞大的涉农企业数量相比都显不足。在融资工具种类上，全国银行间市场的短期融资债、中期票据、区域集优票据之间缺乏协调联动机制，特别是如何借助有实力的龙头企业担保带动农民专业合作社、家庭农场、种养大户实现集合增信、集优发债的直接债务融资模式处于空白状态。三是农产品期货在新型农业生产经营领域的推广应用依然不足。近年来，全国各地积极推动农户和新型农业经营主体运用期货工具锁定农业风险，创新推出了许多诸如“农业产业化企业 + 农民专业合作社 + 农户 + 金融机构 + 订单 + 期货”的应用模式，通过订单和期货将农业产业化企业、农民专业合作社、农户的利益和风险有机捆绑在一起，发挥期货市场价格信息在生产经营决策中侧参考和引导作用，利用期货工具开展套期保值，锁定农用物资和农产品价格风险，实现了“利益均沾、风险共担”的合作共享。但是中国目前的期货市场的供给还远不能满足新型农业经营主体的发展。在市场规模方面，主要表现在期货市场的品种不够丰富，投资信息获取渠道和平台不够完善，目前的期货市场的总量相对偏小，不能满足新型农业经营主体数量的不断增加、产业集中度的日益提高，通过期货市场锁定和降低经营风险、增加经营收益的需求。在市场覆盖面方面，尽管各地出现了不少期货应用推广模式，但还存在星罗棋布的分散状态，期货市场工具的受众群体还不够广泛。特别是现阶段新型农业经营主体的期货意识还不够强，金融技能转化水平较低，利用资本市场开展期货投资还存在一定的困难，利用期货市场优化配置农村经济资源、对冲农产品价格波动风险还有待于进一步深化。此外，农业产业化发展基金、风险投资基金（VC）、私募基金（PE）等各类新型资本工具在新型农业生产经营领域的数量和规模较少，发展空间广阔。

据对黑龙江等 6 省 1375 家新型农业经营主体和 74 家金融机构的问卷调查显示：认为新农业经营主体金融市场存在供求失衡的占 82.33%，认为新农业经营主体普遍存在融资难、融资贵问题的占 74.39%。其中，相对需求，认为信贷市场供给不足的占 69.84%，认为保险市场供给不足的占 60.46%，认为资本市场供给不足的占 28.9%。见表 3－9。

表 3－9　新型农业经营主体金融市场供求状况调查汇总　（单位：户）

项目 主体	被调查样本数	认为金融市场供求失衡的样本数	认为普遍存在融资难融资贵样本数	认为信贷市场供给不足样本数	认为保险市场供给不足样本数	认为证券市场供给不足样本数
种养大户	649	561	532	506	461	125

续表

主体＼项目	被调查样本数	认为金融市场供求失衡的样本数	认为普遍存在融资难融资贵样本数	认为信贷市场供给不足样本数	认为保险市场供给不足样本数	认为证券市场供给不足样本数
家庭农场	270	223	194	178	187	61
农民专业合作社	288	236	209	199	165	93
农业产业化企业	168	121	104	97	17	87
涉农金融机构	74	52	39	32	46	53
合 计	1449	1193	1078	1012	876	419

数据来源：问卷调查整理数据。

在被调查者中，有 1267 户被调查样本认为应创新发展农村信贷市场，占调查总样本的 87. 74%；有 785 户被调查样本认为应创新发展农业保险市场，占调查总样本的 54. 81%；有 303 户被调查样本认为应创新发展农业资本市场，占调查总样本的 20. 90%；认为需要创新发展其他金融市场的有 481 户，占 33. 24%。表明绝大多数农村市场主体认为创新发展农村信贷市场是重点，创新发展农业保险市场次之。尽管总样本中认为应发展农业资本市场的仅占 20. 90%，但仔细分析样本结构，发现在农业产业化企业中认为应创新发展资本市场的居然占了 74. 44%，说明创新发展资本市场也是改善农村金融服务的重要方向。见表 3 – 10。

表 3 – 10　新型农业经营主体金融市场创新方向调查汇总（单位：户）

主体＼项目	被调查样本数	应创新发展农村信贷市场	应创新农村保险市场	应创新农业资本市场	其他
种养大户	649	595	368	43	98

续表

项目 主体	被调查样本数	应创新发展农村信贷市场	应创新农村保险市场	应创新农业资本市场	其他
家庭农场	270	246	161	26	147
农民专业合作社	288	237	144	51	164
农业产业化企业	168	132	63	125	53
涉农金融机构	74	57	49	58	19
合 计	1449	1267	785	303	481

数据来源：问卷调查整理数据。

3.3.3 金融组织体系创新存在的主要问题

随着现代农业的发展，农村金融组织体系也日趋完善，为改善新型农业经营主体金融服务供给提供了有力支撑。但相对于新型农业经营主体的金融需求，目前中国的农村金融组织体系依然存在着功能性、结构性等方面的缺陷，导致农村金融对新型农业经营主体的服务供给总体不足，迫切需要创新构建一个功能完备、结构合理、协调运作、适合新型农业经营发展需要的金融组织体系。在金融组织的功能性缺陷方面，主要表现为商业性、政策性、合作性农业金融的功能定位与相互协调存在偏差：一是现有的农业商业性金融机构的经营理念、组织形式、运作机制与现代农业发展步伐有所脱节，对新型农业经营主体等现代农业领域的金融支持的主导作用没有发挥出来，迫切需要对农业银行、邮储银行等现有的农业商业性金融机构进行功能调整和组织改造，并适当增设专门或主要服务于新型农业经营主体等现代农业发展的商业性金融机构。二是政策性金融机构贯彻国家农业产业政策不到位，对新型农业经营主体培育和发展的支持力度不够，特别是农业发展银行等政策性金融机构亟待加快转型，商业性保险机构承办政策性保险业务，亟待设立专门的政策性农业保险机构。三是传统合作性金融机构商业化、股份化趋势明显，而新型农村合作性金融组织如农村资金互助社、农民专业合作社信用互助机构刚刚起步，无论是机构数量、业务规模还是运行机制，都不能满足农民专业合作社等新型农业经营主体的需要。在金融组织的结构性缺陷方面，主要表现为正规金融机构与非正规金融机构发展不平衡、各类大型金融机构与中小金融机构发展不平衡、银行业金融机构与非银行业金融机构发展不平衡、金融机构在农村地区的分布不均衡。见表 3 - 11。

表 3 - 11　2011—2015 年中国农村合作金融机构数量占比情况　（单位：%）

项目 \ 年份	2011 年	2012 年	2013 年	2014 年	2015 年
农村信用社占农村合作金融机构比例	84.93	79.93	75.34	67.91	61.47
农村商业银行占农村合作金融机构比例	7.95	13.98	19.56	28.03	36.04
农村合作银行占农村合作金融机构比例	7.12	6.10	5.10	3.79	2.49

在对黑龙江等 6 省问卷调查中，有 1159 户被调查样本认为应创新发展农村商业性金融组织，占调查总样本的 79.99%，这一比例在所有选项中占比最高，说明创新发展农村商业性金融是重点方向；有 686 户被调查样本认为应创新发展农村政策性金融

组织，占比为47.34%，说明新型农业经营领域对政策性金融也有不小的需求，应当适度发展农业政策性金融机构，让其在特殊领域发展特殊的作用；有365户被调查样本认为应创新发展农村合作性金融组织，尽管这一比例仅占总样本的25.18%，但其中农民专业合作社、家庭农场选择此项的占比分别为67.70%和41.85%，说明农村合作性金融组织也有现实需求，也应适度发展。此外，还有一些调查样本认为，应大力发展小额贷款公司、农村投资公司等农村中小非银行金融机构。见表3-12。

表3-12　新型农业经营主体金融组织创新方向调查汇总　（单位：户）

项目 / 主体	被调查样本数	应创新发展农村商业性金融组织	应创新发展农村政策性金融组织	应创新发展农合作社性金融组织	其他
种养大户	649	536	321	188	154
家庭农场	270	214	154	113	87
农民专业合作社	288	206	147	195	102
农业产业化企业	168	141	41	73	17
涉农金融机构	74	62	23	19	5
合 计	1449	1159	686	588	365

数据来源：问卷调查整理数据。

3.3.4　金融产品创新存在的主要问题

尽管近年来各地的农村金融产品创新步伐加快，并取得了明显成效，但仍然存在着一些问题和不足，主要表现在金融机构农贷产品的多样性不足，不能很好地适应新型农业经营主体生产发展的需要。一是基于传统农业经营的金融产品创新较多，而针对新型农业经营主体生产经营特点的金融产品相对较少，产品供给与新型农业经营信贷需求不匹配。二是涉农金融机构的创新能力依然偏弱，现有的金融创新产品以吸纳性创新为主，更多是模仿和借鉴城市金融的做法，而真正立足于农业、起源于农业的原创性和特色性创新金融产品还很少，且农村金融产品创新的同质性很高，不能适应多样化新型农业经营主体的多元化金融需求。三是受农村金融制度不完善、配套政策激励不到位等因素影响，涉农金融机构创新金融产品的动力仍然不足，深化新型农业经营主体金融产品创新缺乏持续性和稳定性。四是由于农村信用环境相对较差，金融机构出于风险控制的需要，在设计金融产品时，一般都对抵押担保条件做了严格要求，而家庭农场、种养大户、农民专业合作社等大多缺乏有效的抵（质）押物和担保人，农业信贷产品设计与农贷实际需求耦合度低，信贷品种、条件、期限与生产周期不匹配问题突出，导致金融产品与新型农业经营主体的信贷需求难以有效对接。五是金融机构对新型农业经营体系的研究和跟踪不到位，相应的金融产品创新深度不够，金融产品创新的系统性和标准化不足，能复制、易推广、可持续的金融产品有待进一步挖掘。

汇总分析黑龙江等 6 省 1449 份有效调查问卷的结果表明，作为服务新型农业经营主体的最直接的表现形式，被调查者普遍认为，创新农村金融产品是缓解新型农业经营主体融资难、融资贵最重要的手段。有 1293 户被调查样本认为应创新发展农业信贷产品，占调查总样本的 89.23%，表明新型农业经营主体对农业信贷产品需求强烈，对农业信贷产品创新也最为期待；有 893 户被调查样本认为应创新发展农业保险产品，占调查总样本的 61.63%，表明农业保险产品创新也是现实中需要加快发展的重要内容；有 931 户被调查样本认为应创新发展农业担保产品，占调查总样本的 64.25%，同样也说明农业担保产品创新需求较为迫切。见表3－13。

表3－13　　新型农业经营主体金融服务产品创新方向调查汇总　　（单位：户）

主体＼项目	被调查样本数	应创新发展农业信贷产品	应创新发展农业保险产品	应创新发展农业担保产品	其他
种养大户	649	610	431	432	123
家庭农场	270	251	167	164	67
农民专业合作社	288	254	169	199	29
农业产业化企业	168	135	95	85	11
涉农金融机构	74	43	31	51	13
合计	1449	1293	893	931	243

数据来源：问卷调查整理数据。

3.3.5　金融服务方式创新存在的主要问题

在现代农业加快发展的大背景下，适应新型农业经营主体特点的农村金融服务方式不断跟进，农村金融创新活动较为活跃，涉农金融机构在业务流程、服务模式再造等方面都有了不小的进步。但受各种因素影响，新型农业经营主体金融服务方式创新依然滞后，新理念、新模式等推广应用不足，覆盖面偏低，与新型农业经营主体的需求存在脱节。一是金融服务方式灵活性不足，市场准入标准高，业务审批流程长，使得金融供给与金融需求之间出现错位，不能在额度、利率、期限、程序等方面满足新型农业经营主体多元性需求。二是金融服务的抵押担保方式创新不足，金融机构对服务对象抵押担保要求过窄、过严，与农村产权多样性的基本特征不匹配，创新针对新型农业经营主体资信特点的风险控制模式依然未能从根本上破题。三是金融服务创新模式的系统性跟进不到位，可持续优化与大面积推广应用令人担忧。如，近年来各地针对新型农业经营发展体系的经济生态特点，推出了一大批农业供应链金融服务创新模式，较好地实现了集体联合增信和现金流闭环管理，但这些模式具有很强的差异性，而相应的总结、提炼和深化不到位，特别是相应的理论研究和标准化整理跟进不足，导致一些创新活动昙花一现，没有得到有效复制和广泛应用。四是互联网金融、PPP 等现代化金融服务手段是改进农村金融服务的新方向，目前在新型农业经营发展体系的创新应用方兴未艾，相应的模式创新和机制设计需要系统性具体化深入。

在黑龙江等 6 省的问卷调查中，多数被调查样本其中需要深化农村金融产品服务方式创新。其中，有 1086 户被调查样本认为应创新应用农业供应链金融模式，占调查总样本的 74.95%，表明农业供应链金融在新型农业经营领域具有广阔空间；有 630 户被调查样本认为应创新应用互联网金融模式，占调查总样本的 43.49%；有 336 户被调查样本认为应创新应用 PPP 投融资模式，占调查总样本的 25.12%。一定程度上可以看出，随着新模型、新业态的发展，被调查者对互联网金融与 PPP 在新型农业经营主体的创新应用充满了期待。见表 3－14。

表 3－14　　新型农业经营主体金融服务方式创新方向调查汇总　　（单位：户）

项目／主体	被调查样本数	应创新发展农业供应链金融模式	应创新应用互联网金融模式	应创新应用 PPP 投融资模式	其他
种养大户	649	549	312	104	213
家庭农场	270	176	104	46	52
农民专业合作社	288	193	131	77	34
农业产业化企业	168	109	46	93	16
涉农金融机构	74	59	37	44	21
合 计	1449	1086	630	364	336

数据来源：问卷调查整理数据。

3.3.6 金融技术创新存在的主要问题

尽管金融支持现代农业发展的力度在不断增强，但在新型农业经营体系中需求侧“贷款难”和供给侧“难贷款”问题依然并存，其中一个重要原因就是处于供给侧的金融技术创新不足，对改进新型农业经营主体金融服务供给形成了制约，诸如“贷给谁、贷多少、贷款高”等现实问题亟待通过金融技术创新加以解决。据调查，目前涉农金融机构普遍没有建立起适合新型农业经营主体经营自身特点的信贷技术体系，而是继续采取与城市金融基本相同或相似的手段好标准对新型农业经营主体进行信贷业务审查。同时，对新型农业经营主体等信贷对象的利率定价手段较也为传统，多数采取“一刀切”或简单加点定价方式，导致优质客户没有得到应有的利率优惠，高风险客户也没有通过风险溢价实现交易。从现实角度看，在供给侧金融技术创新不足，主要表现在两方面：一是金融机构风险识别与控制技术创新不足，导致金融供求与新型农业经营主体有效金融需求对接不畅。目前，新型农业经营主体生产经营和信用信息尚未纳入农村征信体系，由于金融供求双方的信息不对称，金融机构对客户的风险识别难度较大，制约了融资交易的达成。同时，金融机构对征信数据处理、分析与利用技术落后，极易因信息不对称而导致逆向选择和道德危险。二是金融机构贷款定价技术创新不足，导致新型农业经营主体金融需求不匹配。目前，金融机构农业贷款利率定价模式仍停留在的初级阶段，对新型农业经营主体贷款利率定价缺乏差异性，多数仍以基准利率＋风险溢价＋利差收益为主要方式的贷款利率定价手段，虽然涵盖了资金成本、风险溢价、利差收益等主要影响因素，操作起来也比较简单易行，但其对新型农业经营主体生产经营及其金融需求的类型特征考虑得不够充分，缺乏特定群体的针对性、差异性和必要的灵活弹性。同时，贷款利率缺乏技术性，能够客观反映新型农业经营主体生产经营状态的数据库没有建立起来，亟待建立适合新型农业经营主体的利率定价模型。利率定价技术不足，强化了贷款利率弹性的缺失，滋长了“劣币驱逐良币”现象，一些优质客户因利率偏高而被过滤出局，资信状况差的客户反而获得了贷款支持，助长了涉农信贷风险的积累，使得对新型农业经营主体的贷款利率没有真实反映客户的风险程度，造成利率对风险覆盖不足和覆盖过度并存。因此，迫切需要深化金融技术创新，为改进新型农业经营主体金融服务提出更加有利的技术保障。

在黑龙江等 6 省问卷调查中，被调查普遍认为，创新农村金融技术是保证农村金融服务产品供给与服务方式创新的主要推力，但当前金融技术手段相对落后，应当技术创新作为金融机构创新农村金融服务的重要抓手加以重视。被调查者对农村金融贷款定价技术创新兴趣较浓，认为应创新应用该技术的有 862 户，占 59.49%；而认为应创新应用征信服务技术的有 484 户，占 33.40%；选择其他的占 33.68%。表面看，选择贷款定价技术创新和征信服务技术创新的占比都不太高，但如果区别一下被调查对象，不难看出，金融机构选择这两项的占比分别高达 90.54% 和 98.65%。表明金融机构对金融服务技术的创新十分看重，而新型农业经营主体对金融服务技术创新的关注程度却不是很高。其中可能的原因是，金融机构在经营管理中对风险与收益之间平衡关系的约束较强，而新型农业经营主体作为需求方更多的是只注重金融服务本身的感受，而不关心金融服务是通过何种技术以及如何实现的。由此分析，不难看出，农村金融服务技术创新依然是改善新型农业经营主体金融供给效能的重要举措。见表 3－15。

表 3－15　新型农业经营主体金融技术创新方向调查汇总（单位：户）

主体＼项目	被调查样本数	应创新应用农村征信服务技术	应创新应用贷款利率定价技术	其他
种养大户	649	233	361	214
家庭农场	270	52	154	124
农民专业合作社	288	61	157	75
农业产业化企业	168	65	123	54
涉农金融机构	74	73	67	21
合 计	1449	484	862	488

数据来源：问卷调查整理数据。

第4章

新型农业经营主体金融服务体系创新的宏观框架

根据前文论述，本研究将为改进新型农业经营主体金融服务提供基础支撑的金融制度、金融市场和金融组织创新集中在本章一起讨论，构建新型农业经营主体金融服务体系创新的宏观框架。首先，金融制度创新不是单个金融机构本身创新的范畴，一个国家农业现代化往往伴随着农村金融现代的同步匹配，而新型农业经营体系的发展同样离不开农村金融制度体系的变革与配套。金融制度创新主要涉及农地金融制度创新的基本原则、主要方向和一般模式等问题，关系国计现代农业发展乃至民生大事，其涉及面广、影响力大。其次，金融市场创新不是依靠单个农村金融机构就能够实现的，而是众多农村金融机构合力所致，不是某一个体机构可以完成的，包括新型农业经营主体的信贷市场创新、保险市场创新及资本市场创新。再次，金融组织创新同样也不是某一家农村金融机构所能解决的。金融组织创新主要是研究各种类型的金融机构如何布局、如何分工、如何发展以及发展规模、结构和速度如何优化等问题，包括创新发展商业性金融组织、政策性金融组织、合作性金融组织等。见图4－1。

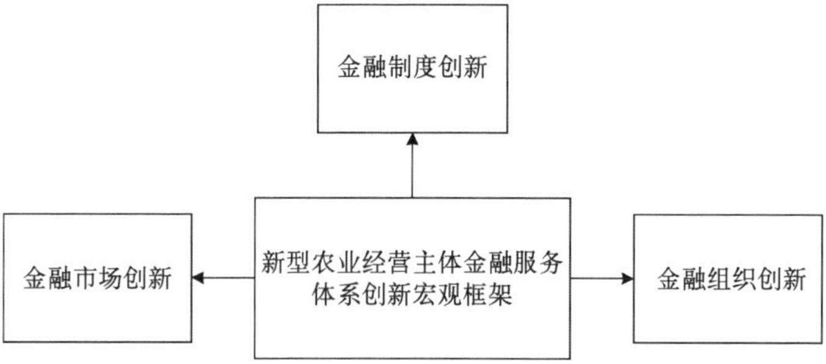

图 4－1　新型农业经营主体金融服务体系创新的宏观框架

4.1　新型农业经营主体金融制度的创新

本节针对新型农业经营主体金融制度创新中存在的不足，利用新制度经济学的相关理论对事物本质进行剖析，找到其理论内核。在此基础上，对新型农业经营主体金融制度创新的核心内容——农地金融制度创新的基本原则、主要方向和有效途径做出具体安排。见图 4－2。

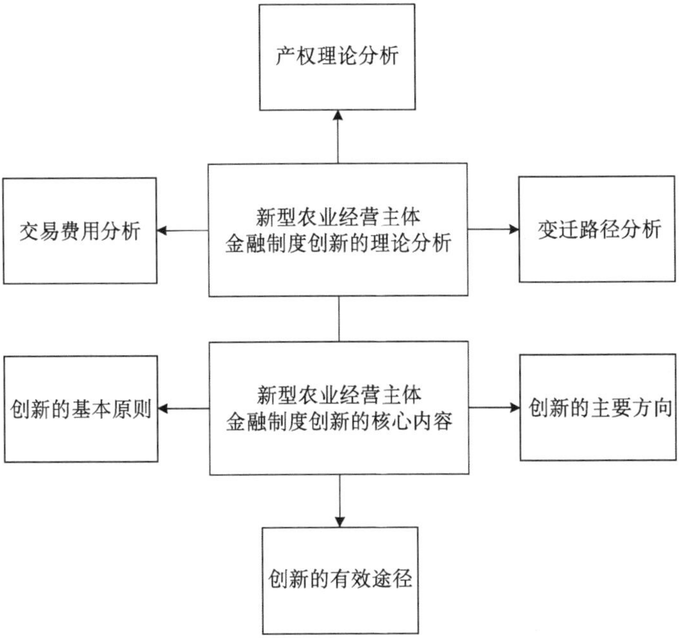

图 4－2　新型农业经营主体金融制度创新框架

4.1.1　新型农业经营主体金融制度创新的理论分析

新制度经济学认为，制度是影响经济绩效好坏以及确定其评价标准的最终决定因素。土地、劳动、技术、资本等生产要素，有了制度才得以发挥功能。改革农村土地制度，发展现代化大农业，根本目的是调整农业生产关系，解放农业生产力。从本质上讲，新型农业经营主体金融服务体系创新是一个制度优化与变迁的问题。首先，新型农业经营主体是在传统农业向现代农业转变进程中出现的，其本身就是一个农村经济制度不断演化的产物。其次，服务于新型农业经营主体的金融创新，无论是其体系的完善、产品的创新和还是服务方式的改进，都具有显著的制度属性。当前，我国农村金融服务体系日益完善，金融服务产品和服务方式创新步伐加快，积极适应现代农业发展的切合度不断提升，但受制于各种因素，仍不能有效地满足于新型农业经营主体的金融需求。基于农村金融服务体系创新的制度属性，用新制度经济学等一些较为成熟的理论透视新型农业经营主体金融服务创新中的现实基础和存在的突出问题，有利于厘清改革的思路和路径，有利于把握事物本质、准找变迁路径和逻辑框架，更好把握改革的重点、节奏和力度，进而为政策决策和实务操作提供参考。

（1）新型农业经营主体金融制度创新的产权理论分析

新型农业经营主体的发展壮大依托于农村土地经营权的放活，这就涉及了产权理论与制度变革的问题。农村土地所有权、承包权和经营权相分离，是我国特定国情下发展现代农业的必然趋势，也是加快推进农村土地金融改革的前提和基础。根据新制度经济学的产权理论，产权是一个权利束，是一个复数概念，包括所有权、使用权、收益权、处置权等产权。同时，产权与所有权有着本质上的区别。所有权是物的归属权问题，它是一个单一的权属。而产权则是对权利在人们之间分配的一种制度性安排，它是一组权属关系。所有权回答的是物的归属问题，而产权所要回答的是各种权责利关系的合理配置问题。产权清晰是提高资源配置效率、改进经济绩效的前提基础。能够保证经济高效率的产权应该具有明确性、专用性、可转让性和可操作性。不断推进产权改革的根本含义，是使人们之间的各种权责利关系安排更加合理，更有利于促进资源优化配置，经济活动效率更高，而不是说简单地搞“私有化”。十八届三中全会提出的“坚持农村土地集体所有权，依法维护农民土地承包经营权，赋予农民对承包地占有、使用、收益、流转及承包经营权抵押、担保权能，鼓励承包经营权在公开市场上向专业大户、家庭农场、农民合作社、农业企业流转，发展多种形式规模经营”，既契合于新制度经济学的产权理论，也完全符合我国社会主义现代化建设的现实国情和新型农业经营主体发展的基本规律。近年来，全国各地特别是粮食主产区已经开始探索开展农村土地承包经营权抵押贷款业务并取得了积极进展，在盘活土地资产、加快培育新型农业经营主体、促进现代农业加快发展发挥了积极作用。但受制于农地产权制度安排存在的一些缺陷，农地金融改革难度依然很大，亟待通过优化制度安排加以破解：一是农地权能法律法规修改滞后。虽然政策已经赋予农民对承包地占有、使用、收益、流转及承包经营权抵押、担保权能，允许承包土地的经营权向金融机构抵押融资，但这也只是有了政策支持，还需要人大依据政策修改《担保法》《土地承包法》《物权法》等相关法律法规。农地承包经营权抵押贷款法律保障条款修改滞后于政策出台，一旦农地经营权抵押贷款出现法律纠纷，司法部门将以法律条款进行裁决而非依据政策。二是农地确权颁证难。权属清晰是农地转流抵押的基本前提，但受人员、资金、社会稳定和历史因素影响，土地确权登记难度很大、进展缓慢，制约了农地金融服务创新的跟进。三是农地产权交易平台不健全。多数县级政府部门缺少土地经营权抵押、登记、评估、交易服务机构，农地价值评估和产权流转的市场机制不完善，不利于金融机构以农地作价放贷和抵押物变现。同时由于缺少农地产权网络查询系统，金融机构不能从本根本上排除“一权多抵”的风险。加快农地相关法律法规修改、推进农地确权颁证、健全农地产权交易市场和配套措施势在必行。目前，新型农业经营主体普遍缺乏有效担保抵押，特别是农民专业合作社的性质和地位特殊，其松散的组织形式使得社员财产难以形成有效的法人产权，对合作社成为合格的承贷主体形成制约。

然而令人欣喜的是，随着中央农业相关政策的落地，新型农业经营主体利用农村土地产权抵押融资将逐步成为现实。特别是中央一号文件提出，坚持农村土地集体所有，所有权、承包权、经营权三权分置，引导土地经营权有序流转和适度规模经营，同时赋予农民对承包土地占有、使用、收益、流转及承包经营权抵押、担保权能，允许农民以承包经营权入股发展农业产业化经营。这些政策，使得农村土地权力束的各项子产权得以有效分离并赋予明确的权力边界，从而为新型农业经营主体盘活土地资源并由此带来的相应的金融服务创新提供了难得政策机遇和制度保障。对此，要准确把握中央农村经济制度改革的方向，针对新兴农业经营主体抵押担保难的实际，充分利用运用产权理论和国家放活土地经营权的有利政策，进一步拓宽农村经济资产抵押担保范围，将土地经营权可抵押、担保、入股等有机嵌入金融产品和服务方式再设计的全过程，大力推广土地经营权抵押贷款、土地信托等业务，让沉睡的土地资本变成可流动的金融活水，从而更好发挥金融在土地流转和适度规模经营中的重要作用。

（2）新型农业经营主体金融制度创新的交易费用分析

交易费用是新制度经济学中的核心理论。新制度经济学认为，任何制度的运行都会产生交易费用，交易费用的多寡是衡量制度优劣和资源配置效率高低的重要依据，交易费用高的制度终会将被交易费用低的制度所取代。降低交易费用是制度变革的内在动力和根本目标，解决农村特别是新型农业经营主体融资难、融资贵的根本手段，在于降低农村金融供求体系中的交易费用。深化农村金融改革创新的根本目标就是努力降低交易费用、提高农村金融运行效率。当前，受制于农村金融供给双方的制度缺陷，我国农村领域金融交易费用较高、运行效率偏低，新型农业经营主体普遍存在融资难融资贵的问题，主要表现为贷款满足率偏低、贷款额度偏小、贷款利率偏高、贷款期限不合理、金融产品和服务方式单一、投融资渠道狭窄、金融风险控制效能不高等方面，不利于新型农业经营主体获得有效的金融支持。一是融资难。随着农村土地流转和适度规模经营进程的加快，农业金融需求呈现出主体多元化、额度大额化、用途多样化等新特征，而农村金融服务产品和方式尚不能适应现代农业发展的需要，业务模式僵化，操作流程繁琐，金融供给有效性差，直接融资微乎其微。特别是新型农业经营主体刚刚起步，受其发展不规范、贷款资格偏弱、抵押担保资产少等因素制约，其有效融资需求远未得到解决，制约新型农业经营主体的生产发展。二是融资贵。一方面，农村金融组织体系不健全，金融服务功能缺失，金融市场竞争不充分，一些涉农金融机构凭借于长期扎根农村的独特优势处于相对垄断地位，导致新型农业经营主体融资成本偏高。另一方面，农村金融业务风险较高，涉农金融机构多采取贷款利率上浮策略来覆盖经营风险，导致农村融资成本偏高。此外，近年来农村领域小贷公司、担保公司、投资公司、典当行、财富管理公司等机构功能异化，市场边界模糊，投机交易活跃，也是抬高农村融资成本的一个因素。三是贷款期限不合理。经过多年来的政策引导和监管治理，农业贷款期限与农业生产周期不匹配问题始终没有得到根本解决，部分农民被迫通过低价卖粮或高利率民间“过桥贷款”来解决到期按期还贷与避免丧生继续申领贷款机会的矛盾。四是金融财务可持续能力差。农业是受自然灾害和市场风险影响较大的产业，具有高风险特征。在农业保险发展滞后、农业风险分担与补偿机制不健全的情况下，涉农金融业务风险与资产质量管控能力偏弱，不仅制约农村金融改革创新的步伐，也不利于农村领域融资难、融资贵的解决。因此，推进新型农业经营主体金融服务体系创新的基本目标，要以破解融资难融资贵为重点，以降低交易费用为目的，提高农村金融资源配置效率。主要方向是：进一步优化农村金融制度与政策体系，健全农村金融组织结构，丰富农村金融服务功能，建立科学的农村贷款利率形成机制，变革农村金融业务核算周期，提高农村经济主体利用股票、债券等资本市场融资的能力，完善包括财政、信贷、保险、期货、担保等在内的农村金融风险分散体系，通过构建充分竞争状态的农村金融供求关系，来提升整个农村金融体系的运行效能。

（3）新型农业经营主体金融制度创新的变迁路径分析

新制度经济学认为，制度可以被视为一种公共产品，随着外部因素的变化或人们理性认识的提高，经济社会运行会要求新的制度代替旧的制度，来实现预期收益的增加。当现存制度交易费用过高不能满足人们经济活动需求时，就会发生制度的变迁，而在制度变迁中起关键作用的核心动力就是交易费用的下降。新型农业经营主体获取金融服务的高费用和低效率，以及涉农金融机构介入现代化大农业市场获取金融利润的艰难性和有限性，决定了该领域金融服务制度的变迁具有双重内生动力。根据制度变迁理论，制度变迁是有基本逻辑关系和内在规律遵循的，其路径主要有“自下而上”的“需求诱致型制度变迁”和“自上而下”的“供给主导型制度变迁”两种模式，这与中央提出的“顶层设计”和“摸着石头过河”是完全契合的。所谓“需求诱致型制度变迁”是指创新主体在给定的约束条件下，为确立预期能导致自身利益最大化的权利规则和制度安排，而自发组织实施的自下而上的制度创新过程。所谓“供给主导型制度变迁”是指由政府借助行政的、经济的、法律的手段，自上而下地组织并实施的制度创新过程。具体到现代农业发展的层面，解决农村金融资源稀缺或资源配置效率低下，是深化农村金融改革创新的根本动力。之所以需要“顶层设计”，是因为农村金融资源稀缺与配置效率低下是普遍的、系统性的，而非局部性、个别化的，必须通过供给主导型制度变迁来调整优化制约农村金融有效供求的政策体系和生产关系。而随着现代农业的发展，原有的农村金融制度不能有效地动员金融资源满足农业生产，不能适应金融机构自我发展的内在要求，导致金融机构、农户、农业新型经营主体等自发地或自觉地推动金融制度变迁，这就需要更多地依靠“摸着石头过河”。从人类认识和改造世界的规律看，人（包括政府、市场主体等）的认识和行为是有限理性的，即相对于整个世界每个人都在盲人摸象。农村金融改革创新情况复杂、任务艰巨，需要“顶层设计”与“摸着石头过河”双轮驱动，上下联动，相得益彰，克服有限理性，减少改革的盲目性和不切实性。目前，我国有关部门在一些文件中对加强新型农业经营主体金融服务做出了一些制度安排，并正在发挥着积极的促进作用，但这些政策措施过于宏观、分散，缺乏政策的整体性和协同性，在实际执行中也尚未形成有效的合力。同时，各地农业主产区在中央政策的指引下，也在积极探索改进新型农业经营主体金融服务的有效途径，形成了“龙头企业+合作社（家庭农场）+农户+征信+保险+信贷”等一系列金融创新模式，但实践中仍遇到许多难点需要顶层设计加以突破。一方面，“顶层设计”的有效性有待提高，一些部门出台的改革政策措施过于宏观、笼统和碎片化，各方面各环节的改革政策措施的协同性和可操作性不强；另一方面，“摸着石头过河”的步伐需要加快，有些地方对农村金融改革创新的方向和思路感到茫然，存在为难情绪，没有形成真正深化改革创新的内生动力。因此，基于我国农村经济整体性和各地农情差异性，应坚持“顶层设计”和“摸着石头过河”有机结合，统筹推进新型农业经营主体金融服务体系创新，两者相辅相成，相得益彰，在确保改革创新的整体性、系统性和协调性的同时，尊重人民大众的首创精神，使得此项改革创新更加“接地气”、更加科学有效，更加适应新型农业经营主体的发展需要。在宏观层面，加强发改、农业、财政、央行、“三会”等部门的政策协调，一揽子推出农村各项协同改革的政策框架，提高“顶层设计”的科学性和有效性，为农村金融改革创新提供制度遵循；在微观层面，尊重农民的主体地位和意愿，发挥人民群众的首创精神，问计问政于民，坚持有所为有所不为，通过试点先行、以点带面、正向激励等措施，引导农村经济主体自发向更加有利于现代农业发展的农村金融制度轨道演变。

4.1.2　新型农业经营主体金融制度创新的核心内容

涉及金融服务制度创新的内容很多，包括宏观货币政策导向的选择、农村金融监管制度的优化、金融法律法规的完善，以及契合于现代农业发展的具体金融制度安排，等等。新型农业经营主体是顺应我国农村土地制度和农村经营体制改革要求，围绕“种谁的地”“谁来种地”“怎么种好地”三大问题而逐步发展起来的新兴事物，如何整合利用基于家庭联产承包责任制的土地资源是其核心问题。而适应农村土地制度改革而演化而来的农地金融制度创新，则是加快培育和发展新型农业经营主体的重要保障。因此，应当把依托农村土地经营权放活政策、优化创新农地金融制度，作为新型农业经营主体金融服务制度创新的主要内容加以推进。2009 年中央一号文件就提出，要按照“依法、自愿、规范”的原则，积极稳妥地推进农村土地经营权流转和农业适度规模经营。在国家和各级政府的鼓励与引导下，尽管农业土地流转进程加快，但依然不能满足农业规模适度经营发展的需要，其中一个很重要的原因就是农地金融制度不健全，金融杠杆在促进农村土地经营权规范有序流转中的作用尚未得到有效发挥。根据农业生产经济学理论，农地金融给农村土地加快流转、农业规模化生产经营带来持续稳定强大推动力，这一促进作用在世界主要农业国家的农地金融实践中得到了证实。党的十八届三中全会以来，顶层设计层面的制度改革与政策创新推动农村土地逐步进入农业金融的主流领域。2014 年 11 月，中国政府出台的《关于加快农村土地经营权有序流转和适度发展农业规模化经营的意见》，是现阶段土地制度改革的纲领性文件，也是农地金融最重要的制度基础和政策依据，为加快农地金融创新、促进现代农业发展提供可广阔的政策空间。

（1）农地金融制度创新的基本原则

农地金融是指农业生产经营者以农村土地经营权或农村土地从属产权为载体从金融市场或社会领域获取融资等金融服务的交易总和。而农地金融制度，则是指保证农地金融有效运行的一系列交易行为规范和制度安排。创新农业金融制度就是要从我国现实国情和农村土地基本制度出发，以充分利用土地经营权放活政策为契机，推进农地金融创新，为加快发展新型农业经营体系提供有效优质高效的金融服务。一是坚持不越“农地农用”红线原则。中国政府提出，土地制度改革是农村经济制度改革的重中之重，在保持农村土地承包关系长久稳定不变和严格耕地保护制度的基础上，赋予农村土地更多的权能，允许农民采取农村土地经营权抵押、担保、股份投资等方式，加快农业生产组织化、规模化、市场化、标准化进程。这就规定了农村土地流转的两个基本前提：农地农有和农地农用。这是对农村土地流转的政策硬约束，也是最严格的耕地保护制度的集中体现。因此，农地金融创新要坚持有为有所不为，坚守“农地农用”底线，不触碰“非农化”政策红线，在制度和政策约束框架内开展创新，防止成为过度规模经营和“非农化”的金融推手。二是坚持“三权分置”原则。所有权、承包权与经营权“三权分置”是新农村土地制度改革的重大理论创新。引导农村土地流转的，以及赋予入股、抵押、担保权能是经营权，而不是承包权，更不是所有权。因此，农地金融创新必须将其内涵与外延限定在“经营权”的范畴之内。基于农村土地“三权分置”原则，农地金融创新要兼顾公平与效率，在经营权与承包权之间设置风险“防火墙”，金融行为与风险不能波及“承包权”甚至“所有权”，切实保护农民承包权，在“稳定”与“放活”之间求得制度平衡，让农民成为土地流转和规模经营的积极参与者和真正受益者，实现稳定承包权、放活经营权的双重政策目标。三是坚持普惠金融原则。农村土地制度和农村经营制度是农村金融的两个制度基础。重要提出，加快构建以农户家庭经营为基础，合作与联合为纽带，社会化服务为支撑的立体式复合型现代农业生产经营体系。家庭经营为基础、土地经营权有效流转、适度规模经营这些基本要求，界定了农地金融创新的主要领域。而从农村金融实践看，农业生产领域“融资难、融资贵”的薄弱环节主要出现在这些参与土地流转和收益的农户身上。因此，健全农地金融制度体系，用足用活土地经营权的金融权能，应坚持普惠金融导向，将金融服务的重点放在家庭经营农户的微观层面，真正让那些以家庭经营成员为主要劳动力、以农业生产经营为主要收入来源、诚信度高但抗风险能力相对薄弱的农民分享到农地金融改革创新的成果。

（2）农地金融制度创新的主要方向

在新型农业经营领域创新发展农地金融，有利于融通农业规模化生产资金、优化农村土地资源配置、分散农业生产经营风险。根据农地经济与金融理论，结合现代农业发展的现实需求，创新农地金融制度主要包括三个方向：一是创新农地货币化制度。农地货币化作为农地金融最基本、最普遍的交易形式，是通过货币与土地对等补偿的方式实现农村土地产权转让的一种交易行为。这里包括三层含义：其一，用于农地金融交易的土地应当农村集体所有的耕地、林地、五荒地、滩涂、水面、草原等具有农业生产价值的土地；其二，农地货币化的交易客体是资金的所有权以及农村土地的承包权、经营权和相关产权等权利束；其三，农地货币化是货币资金与农田产权时空维度上的价值让渡。这就需要创新包括农地产权的分割与界定、农地产权收益分配率的确定、农村产权的评估与计价、农地金融交易机制的设计、农地金融风险的控制等在内的一系列制度安排加以配套。由于城镇化加速了农村剩余劳动力转移，迫切需要新型农业经营主体承接被释放出来的农村土地承包权，同时新型农业经营主体需要通过农地货币化来加速农业生产要素整合和适度规模化经营，这就使得集融资、开发、经营、回报为一体的农地货币化成为助推新型农业经营主体加快发展的必然选择。二是创新创新农地资本化制度。土地作为稀缺资源，兼具商品性和资本性于一身，可以用来资本化投资。农地资本化正是基于土地的资本性演化而来，它是指农业生产者将农村土地产权通过出租、入股、合作等方式实现投资的交易过程。在新型农业经营发展过程中，有三种形式可供选择：其一，农地租赁。农户在保留土地承包权的前提下将土地经营权以租赁的形式让渡给农民专业合作社等新型农业经营主体，由承租人统一进行土地开发利用，实现土地规模适度经营和农民获取投资稳定双重效应。其二，农地信托。农户作为委托人基于对受托人的信任将土地经营权委托给新型农业经营主体，由受托人进行生产、经营和处置，委托人作为信托受益人获取特定收益，受托人收入信托管理费。这种方式可以有效发挥新型农业经营主体的农业生产经营优势，实现农业资源优化整合和收益共享。其三，农地合作。新型农业经营主体依托先进的农业生产经营手段和规模化经济效应，作为发起人和代理人，将农村土地经营权按照一定的计量规则进行股份量化，组织农民参与土地、劳动、资金等农业生产要素的股份合作化进程。三是创新土地证券化制度。土地证券化作为农地金融演化过程中的更高层次，就是特设机构把农地的未来收益或农业信贷资金作为基础资产，设计成标准化证券产品，在证券市场进行交易。这种方式，在农地产权不丧失的基础上，通过证券市场将农地转化为流动性金融资产，既获取了融资又促进了生产。一般而言，基于对当地土地市场状况的了解，选择本当地的具备一定条件的金融机构都作特设机构，更有利农地证券化运作。在农地证券化进程中，应重点对特设机构准入标准、农地证券化操作流程、证券购买与还本付息方式、农地资产生产经营等方面做出相关配套的制度安排，确保农地证券化有效运行。

（3）农地金融制度创新的有效途径

新型农业经营主体借助农地金融创新应用加快发展，需要因地制宜，循序渐进，恰如其分地选择适当的方式和途径加以实现。一是推进农村土地经营权抵押融资。坚持土地公有制性质不改变、耕地红线不突破、农民利益不受损的原则，按照积极稳妥、规范有序、完善配合、防范风险的要求，在国家法律法规和政策框架内，制定农村土地经营权抵押贷款管理办法和操作规程，对农村土地承包经营权抵押贷款的对象、用途、期限、方式以及抵押土地价值评估、登记、处置等业务要点做出明确规定，由借款人自主提出申请、动产抵押登记机构进行质押权登记、涉农金融机构审查发放农村土地经营权抵押贷款，盘活农村土地用益物权的财产属性，切实满足新型农业经营主体对金融服务的有效需求。二是加快“担保＋基金”农地金融模式发展。农地金融创新具有很强的政策性，防控风险和由之而来的风险补偿是不可或缺的重要一环。中央和各地出台政策，成立农业信贷担保机构或基金，完善农村融资担保、农业信贷与担保风险补偿等制度办法，通过担保增信等方式促进农地金融创新，从而加大金融对新型农业经营主体发展的支持力度。土地流转平台、融资担保平台、风险补偿基金成为农地金融创新的“标配”。然而，新型农业经营主体的发展已经呈现出多元化、多层次的趋势，“一刀切”的政策扶持难以发挥作用。因此，应把市场在资源配置中起决定性作用与更好发挥政府作有机统一起来，政府融资担保机构承担政策性担保与商业性担保功能，通过市场化运作，提高担保效率和风控能力。同时发挥融资担保与风险补偿基金的协同作用，采取差别化扶持策略，对农业龙头企业等经济实力较强的新型农业经营主体按照市场化原则执行，对种养大户、家庭农场、农民专业合作社采取市场化与政策性相结合的担保方式执行，对社员和普通农户采取担保机构与补偿基金协调配合，实现高效运作与金融普惠有机融合。三是加快农地金融组合创新进程。我国农村土地长期承担着社会保障功能，一定程度上农村土地制度对农地金融形成了制度约束。农地金融创新不能“就农地论农地”“就经营权论经营权”“就金融论金融”，必须将农地金融权能与其他担保增信组合运用，通过多种方式和途径完善运作机制，否则农地金融创新就成了“孤岛”。目前，宅基地使用权、集体建设用地使用权、林权、水权等农村产权正在不断纳入金融创新抵押担保范畴。农地金融创新应将农村各种产权统筹组合增信，同时依托农业供应链条的生产经营利益联结，推动新型农业经营主体与上下游产业主体开展合作与联合，探索将涉农补贴政策以及保险、期货、担保、订单等金融工具有机组合，使农地金融成为改善新型农业经营主体金融服务质效的重要手段。

4.2 新型农业经营主体金融市场的创新

金融服务市场作为农村金融运行和产品交易的载体，它不仅是一个场所、平台的概念，也是一个市场机制和运行业态的问题。它是一个金融交易与运行的系统集合，而不是某一家金融机构单独所能实现的，必须将所有参与农村金融交易活动的金融机构囊括于整个金融市场系统之内。就金融市场的基本形态和功能作用而研究，结合新型农业经营主体的多元化金融需求特征，加快推进农村金融服务市场的创新发展，需农村信贷市场、农村保险市场、农村金融资本市场“三驾马车”同时发力、各司其职、协调发展。其中，农村信贷市场需求体量最大、运作现实性最强，是解决各类新型农业主体融资困境的主战场，是农村金融服务市场创新的重中之重；农村保险市场利用大数定理，具有合众救济功能和风险“缓压器”作用，是缓释新型农业经营主体风险、改善农业融资信用状况、增强农业生产发展实力的重要载体；农村资本市场具有直接融资功能，是农业产业化企业等新型农业经营主体提升生产标准、扩大融资效能、促进农业经营国际化、实现资本与农业资源有效对接的重要平台，对促进现代农业市场化、规模化、科技化作用不可替代。三者齐头并进、协同创新、交织渗透、相得益彰，才能真正建立起适合新型农业经营主体发展需要的现代农业金融服务市场体系。

本节针对新型农业经营主体金融市场创新中的不足，围绕如何提升金融市场效率，从信贷市场、保险市场和资本市场三个维度，构建了新型农业经营主体金融市场创新框架，对各个市场创新的必要性、可行性和着力点等内容进行详细论述。见图 4 – 3。

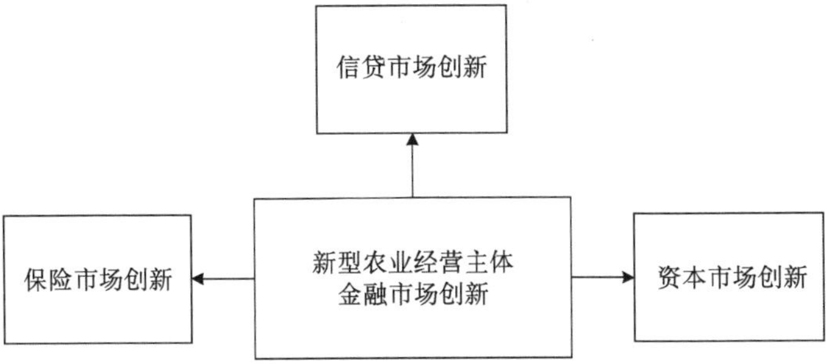

图 4 – 3　新型农业经营主体金融市场创新框架

4.2.1　新型农业经营主体信贷市场创新

尽管新型农业经营主体对金融需求日益呈现多元化，但农业信贷始终是满足农村金融需求的最基本手段，在各类融资工具的实践应用中占有绝对地位。可以说，农村信贷市场的有效性，很大程度上决定着新型农业经营主体金融服务改善水平的高低。因此，针对新型农业经营主体生产经营特点，加快推动农村信贷市场创新，冲破传统金融制度约束的藩篱，着力改善农信信贷市场供给效率，满足现代农业发展的融资需求，尤为关键。

（1）新型农业经营主体信贷市场供求的主要矛盾

近年来，中国农村信贷市场顺应农业现代化发展要求呈现出较快发展态势，信贷总量持续增加，结构不断优化，为新型农业经营主体的生产发展提供有力的信贷支持。但不可否认的是，目前农村信贷市场仍然存在许多不利于现代农业发展的制度性约束和供求领域非均衡性矛盾。随着新型农业经营经营体系的加快发展显得日益突出。一是农村信贷市场供给结构单一与新型农业信贷需求多元化的矛盾。金融机构的天然逐利性，决定了其行为的集约化选择。新型农业经营主体实施规模化、市场化经营对农业信贷提出了新的要求，但涉农金融理念和金融服务工具还没有完全跟上，农贷市场供给总量与结构性矛盾突出，农贷产品种类偏少、功能单一、方式不灵活，难以较好满足新型农业经营主体的融资需求。二是农村信贷市场资金价格偏高与新型农业经营主体经济弱质低效的矛盾。在当前的农村信贷市场中，基于农业生产的高风险性，金融机构普遍通过风险溢价来覆盖经营成本，同时涉农金融机构网点不足，农贷市场竞争不充分，导致农村信贷市场资金价格较城市地区偏高，加重了新型农业经营主体的财务成本和经营压力。三是农村金融机构“抽水机”效应与新型农业经营主体发展资金短缺的矛盾。近年来，国家采取了一系列惠农富农政策，引导农村资金回流，吸引城市资金反哺农村，农村地区金融机构存贷比有所回升，但依然与城市地区有较大差距，农村金融机构“抽水机”效应依然没有彻底根除，导致农村信贷融资市场环境偏紧，新型农业经营主体融资难、融资贵问题突出。四是金融机构贷款约期过短与现代农业项目生产周期较长之间的矛盾。商业银行普遍以财务年度为经营考核周期，传统做法对农业生产贷款主要以短期流动资金为主，特别是一年期贷款居多，信贷约期比较简单机械，而新型农业经营主体生产经营规模大、投资多、周期长，简单化的信贷预期显然不能满足其生产经营需要。五是农业信贷资金安全性与农业生产经营风险性之间的矛盾。农业的弱质性决定着该行业的风险特征，特别是生产经营规模大、周期长的新型农业主体的既面临着自然灾害的风险，也面临着市场波动的市场风险，其生产经营一旦遭受损失，将对银行信贷资金安全造成直接威胁。金融机构出于安全性的考虑，在风险识别和风控技术不托底的情况下，对正处于孕育发展的初级阶段，且普遍存在法人治理不完善、经营管理不规范、信息披露不充分等问题的新型农业经营主体在信贷业务把握上持谨慎态度，导致农业信贷在供给层面出现了市场失灵。

（2）新型农业经营主体信贷市场创新的基本要求

信贷市场创新的基本目标，是针对当前农村信贷市场供求矛盾，构建一个竞争充分、运行高效、交易费用低下、能够满足新型农业经营发展的农村信贷市场。对此，应坚持以下原则：一是市场化原则，农业信贷本身就是一种商业行为，农村信贷市场的主要运作机制要以市场化为核心，构建适度竞争的农村信贷供给体系，发展各种形式的农村金融机构和组织，提升农村信贷供给效率；二是以农为本原则。把新型农业经营主体的培育发展作为的信贷服务对象，积极开发新的信贷产品适应农村信贷市场需求。三是灵活性原则。农村金融需要多种形式和制度，因地制宜，差别对待，在农村信贷业务创新时应多一些灵活性。四是稳定性原则。农村信贷市场创新目的是提高农村金融服务供给效率，首先要保证农村金融服务体系的整体稳定性，保证金融机构具有较强的生存能力和可持续发展能力，给予商业性金融机构以足够的生存空间。按照上述原则，创新一个有效的农村信贷市场需达到以下几个标准：一是拿到钱。相对于融资贵，新型农业经营主体融资的主要矛盾是融资难，这是需要我们解决的首要问题。要围绕新型农业经营主体的信贷融资需求，把新型农业经营主体获取资金支持作为第一，从供给侧改革的角度出发，深化农村信贷服务产品和服务方式创新，提高农村金融服务的覆盖面和可获得性，使得新型农业经营主体的有效信贷需求能够基本得到满足，从而有效降低新型农业经营主体金融交易的制度性费用。二是低成本。破解新型农业经营主体融资困境的第二位矛盾是融资贵。如何通过优化制度安排，来降低其融资交易成本是深化农村金融运行体系变革的重要力量。通过加快利率市场化改革步伐，提高涉农金融机构科学化贷款利率定价能力，来使得新型农业经营主体的融资成本保持在合理区间甚至是较低水平。三是便利化。便利化是降低金融交易费用、提高运行效率的一个重要体现，这需要新型农业经营主体金融供需双方同时改进，其中消除信息不对称是重要手段之一。要建立增信机制，简化农业贷款审批条件和程序，使得新型农业经营主体获取金融服务的便利化水平显著提升。四是可持续。一个安排信贷市场制度的有效性，取决于其低交易费用状态的持久生命力。将交易成本降低到各经济主体可接受的合理范围并能够做到持续稳定，就可以称之为制度安排有效。要完善农业风险分散体系，扩大农业保险覆盖面，加强金融风险防控能力建设，确保农贷放得出收得回，实现农村金融财务可持续和金融资源良性循环利用。只有同时达到以上几个状态，并且能保持相对的均衡稳定，才可以说农村信贷市场创新是成功有效的。

（3）新型农业经营主体信贷市场创新的主要方向

农业生产规律的内在矛盾和农村金融改革的内驱性不足，导致农村信贷市场创新步伐没有跟上新型农业经营体系的发展要求。要想破解新型农业经营主体普遍存在的融资困境，就必须加快农村信贷市场改革创新的进程。一是着力扩大农村信贷供给总规模。推动政策性信贷机构调整职能定位，转换经营管理机制，把新型农业经营主体作为信贷支持重点，加大对农业规模化生产、农业基础设施建设、农业科技推广、标准良田改造等农业项目的信贷投放力度，发挥政策性农业信贷在推动现代农业发展中的政策导向作用。推动商业性信贷机构创新农业信贷经营管理体制，鼓励有条件的机构建立“三农信贷事业部”，改进信贷授信审批流程，优化信贷业务结构，将现代农业发展项目纳入信贷支持政策目录，农业贷款对象逐步向种养大户、家庭农场、农民专业合作社、农业产业化企业等新型农业经营主体延伸，现农村逐步由分散经营向适度规模经营转变。推动合作性信贷机构发展，完善公司治理结构，坚持主要服务社员的信贷原则，创新信贷运行机制，发挥合作性金融在环节农民专业合作社融资难题中的独特作用。抓住国家加快发展现代农业的政策机遇，准确定位农村信贷市场经营战略，合理布局农村金融机构服务网点，发展多元化农村信贷供给机构，夯实扩大农村信贷供给总量的市场基础。二是努力提高农村信贷市场供给效率。加大支农再贷款等货币政策工具对农业信贷市场的调控力度，通过基础货币的结构性注入，保持农村信贷市场流动性充裕。加快农村同业金融市场建设，建立农业信贷资金调剂机制，稳步发展农业贷款资产证券化，增强金融机构创新农业信贷的内驱能力。加快农村信贷市场服务工具创新，丰富农业信贷产品体系，改进信贷服务方式，努力使得农业信贷的准入标准、操作流程、贷款约期与新型农业经营主体的实际需求相匹配。三是着力改善农村信贷市场运行环境。加强农业产业政策与财税金融政策侧协调配合，为农业信贷市场稳健发展提供创造良好的政策保证。积极构建多层次的农村担保体系，发挥担保机构对银行信贷的增信作用，通过担保机制的介入帮助新型农业经营主体实现信贷融资。加快农村保险行业发展，稳步扩大农业保险的覆盖面，将新型农业经营主体纳入综合性农业保险公司的经营范围，建立保险公司和银行机构的联动机制，提高农业保险与农业信贷融合介入的市场效率，共同解决新型农业经营中的风险承受力问题。加快农村征信体系建设，将新型农业经营主体纳入征信范围，有效消除农业信贷市场的信息不对称。建立农业信贷风险补偿机制，通过税收减免、财政补贴、资源倾斜等方式，引导金融机构加大对新型农业经营主体的信贷投放力度，促进现代农业持续健康发展。

4.2.2 新型农业经营主体保险市场创新

农业保险对农业规模化、集约化、产业化经营是个托底的保障，也是培育新型农业经营主体、加快发展现代农业一项重要的配套措施。2015 年 11 月，中办、国办联合出台了《关于深化农村综合性改革的实施方案》（以下简称《方案》）。该《方案》提出，要完善农业保险制度体系，加快农业保险市场发展，积极发展适合新型农业经营主体生产经营特点的农业保险品种，进一步扩大农业保险的覆盖面，提高农业保险对农业生产的保障水平。这对进一步增强新型农业经营主体的抗风险能力、加速农业现代化进程具有重要意义。近年来，新型农业经营主体发展明显加快，已经成为转变农业生产方式、增加农业收入、保障国家粮食安全的重要力量。新型农业经营主体规模化、市场化发展速度快，风险集中度高，对农业保险的现实需求更为迫切，亟待通过创新农业保险市场的体制机制，为新型农业经营主体稳健发展提供保险支撑。

（1）新型农业经营主体保险市场创新的紧迫性

从农业生产的现实角度看，加快推进新型农业经营主体保险市场发展，主要体现在三个方面：一是新型农业经营主体的生产经营更加需要农业保险的保障。与传统农业生产相比，新型农业经营主体生产经营的集中度高，农业项目具有规模大、投资高、周期长等特点，这种生产经营方式较传统农户更大程度地面临着自然灾害、市场因素等各类风险的考验。新型农业经营主体在生产经营过程中，一旦遭遇自然灾害或市场波动形成损失，其打击可能是系统性甚至是毁灭性的。如无保险为新型农业经营主体发挥“稳定器”作用，受灾后短期内很难恢复元气、实现再生产。因此，新型农业经营主体比传统农户通过农业保险分散化解风险的需求更为强烈。二是新型农业经营主体需要更高层次的保险服务。目前，中国农业保险标的普遍偏低，保障水平严重不足，甚至只能做到保成本不保收益。同时，保险公司公司产品服务配套机制没有跟上，对新型农业经营主体的保险服务与传统农户没有本质上的差别，既没有充分考量土地流转、农业基础设施建设等成本因素，也没有将农产生产的规模经济效用纳入保险产品精算体系，导致农业保险的理赔最高标准与灾害实际损失额度产生了严重的偏离度，有的地方保险公司理赔金额甚至都不够支付土地流转费用，这对于新型经营主体来说，基本起不到抗风险作用，一旦农业生产受灾，其保险补偿如同“杯水车薪”。不少种养大户反映，大户产量一般较高，投入风险更大，大户跟一家一户农民买同样的农业保险不划算，相对损失保险赔付额太低，应该相应提高保费、提高赔付率。因此，对普通农户和大户制定差异化农业保险政策，有利于增强政策的针对性和实用性，提高规模经营主体的抗风险能力，稳定粮食生产，促进土地流转和规模农业化生产。三是现有农业保险不能完全为新型农业经营主体起到兜底作用。尽管，近年来中国农业保险发展步伐加快，市场份额已处于国际领先地位，但农业保险市场仍处于初级阶段，保险市场机制不健全，保险产品不够丰富，理赔保障程度偏低，迫切需要完善农业保险制度体系，创新发展农业保险市场，来满足新型农业经营主体对高标准农业保险的现实需求。目前，农村地区普遍反映，新型农业经营主体热切期盼农业保险业务的提档升级，期待政策性农业保险尽快能够由保成本向保产量保收益转变；期盼保险公司对新型农业经营主体实行独立承保和查勘理赔，简化理赔程序，规范操作、科学查勘、合理定损，做到快速理赔，全面提高政策性农业保险服务水平。政策性农业保险保障力度不够，不利于保护新型农业经营主体发展的积极性。

(2) 新型农业经营主体保险市场创新的可行性

顺应现代农业发展新要求，目前，国家现代农业政策导向和市场业态趋势，都有利于加快新型农业经营主体保险市场的创新发展。一方面，政策导向有利于加快发展新型农业经营主体保险。党的十八大以来，从中央到地方，以前所未有的力度支持专业大户等新型农业经营主体。在中央政策的号召下，各地陆续出台了加快农业保险市场发展的政策措施。如，2014 年 4 月，黑龙江省政府出台《关于加快农业保险发展的若干意见》，提出要完善农业保险政策框架，健全农业保险市场体系，积极研发适宜新型经营主体规模化发展的农业保险产品，为种养大户、家庭农场、农民专业合作社量身定做、提高一揽子保险服务。再如，2014 年 11 月，黑龙江省委办公厅、省政府办公厅下发《关于鼓励和扶持新型农业经营主体发展的意见》，提出要改革农业投融资体制，创新农业补贴方式，政策性农业保险补贴重点向新型农业经营主体倾斜，支持保险机构适应新型农业经营主体保险需求。作为保险公司来说，加快发展新型农业经营主体保险是对中央和地方政策措施的积极响应，也能借助政策支持为未来抢占“三农”保险市场先机打下坚持基础。在政策的支持下，新型农业经营发展体系日益成熟，农业保险业务领域市场化运作的空间逐步增大，新型农业经营主体将成为未来涉农保险市场竞争领域中的“蓝海”。另一方面，新型农业经营主体规模经营特性有利于创新商业性农险。种养大户都是规模经营，作物、畜禽等往往品种比较统一，利于设计保险产品。同时，面向新型农业经营主体设立商业性农业保险，目标群体相对较小，保险经营项目较为集中，承保对象的生产经营运作水平较高，保费测算与赔付操作相对容易。由于新型农业经营主体主要采取集中连片种植、集中管理、规模生产，保险公司在承保、查勘、理赔等环节成本相对较低。随着农业保险推广进程的加快，它在防范和分散农业风险方面的优势逐步凸显，新型农业经营主体的农业大户、实体的参保积极性逐步提高。特别是种养大户往往是乡村中的能人或企业老板，他们一方面具有购买商业保险的经济实力，同时思想观念相对开放，具有现代市场意识，比较容易接受政策性与商业性混合保险或纯商业性农险。

（3）新型农业经营主体保险市场创新的着力点

创新适合新型农业经营主体需求的农业保险市场体系，破解农业保险发展中的顽疾，需要进一步深化保险制度和政策改革。一是创新农业保险市场发展体制机制。要继续沿着“扩面、提标、降费、增品、创新、监管”的工作思路，建立适合新型农业经营主体特征的专项农业保险制度，完善以政府性农业保险为引导、商业性农业保险为主体的多层次农业保险市场体系，合理满足新型农业经营主体的保险需求，防范规模经营风险。出台加快农业保险发展措施，实施差别化的扶持政策，对开发新险种、农险推广力度大的保险公司给予税收优惠，提高规模化农业保险的财政补贴比例，鼓励农业保险向新型农业经营主体倾斜。二是创新农业保险市场服务机制。首先，提高农业保险的标准，主要依据农业生产的直接物化成本和预期收益，积极研发保障水平相对较高、符合规模经营需求的农业保险产品，如种植业种植补充保险、产量保险、农产品价格指数保险等，逐步由保成本向保产量、保收益推进。在自愿的前提下，将新型农业经营主体的保额标准逐步提高到成本 + 收益的 80% 以上。其次，创新农业保险直接理赔。制定专门针对新型农业经营主体需求的农业保险业务流程，实行投保、开单、勘察、理赔“一条龙”服务，简化操作环节，缩短理赔时间，提高理赔效率，增强客户体验。再次，探索人性化保险服务方式，建立新型农险合作关系，借助保险机构的专业化队伍和信息渠道，免费为新型农业经营主体提供气象预警、市场行情、科技推广、防灾减灾等增值服务，提高农业保持新鲜对新型农业经营主体保驾护航的综合服务功能。三是健全农业保险法律法规和制度政策体系。出台农业政策性保险和农业商业性保险法律规范，对农业保险的制度框架、组织体系、运行规则、服务标准、监督管理等作出明确规定，为新型农业主体创新应用农业保险提供法律保障。完善农业政策性保险体系，将国家对农业保险的财政补贴资金整合为中央农业保险专项资金，以此作为资本金组建全国农业政策性保险公司，对农业保险的扶持由直接的财政性补贴为间接的政策性保险机构的支持。农业政策性保险公司对资本金和险资的运作以市场化为主，对保费收取、理赔支付的实施等以政策性为主，用政策性保险机构在金融市场中赚到的“市场化利润”弥补农业保险业务上的“政策性亏空”，从而在确保政策性保险基本保障增值的基础上，实现对新型农业经营主体的政策性保险支持。

4.2.3 新型农业经营主体资本市场创新

在传统农业向现代农业转变过程中，以生产经营规范化为主要特征的新型农业经营体系，更加需要生产要素的集成和市场资源的配置。资本市场作为各类产权和经济资本交换的重要平台，其最基础的本质特征就是实现资本筹集与实业运作的有机结合，由此优化市场资源配置，增强市场信息流动，发挥更大程度上的经济效益。作为现代农业形态的发展方向，新型农业经营主体拥有农村土地经营权、农业实体股权、农村基础设施权益、农业科技知识产权等各类农村经济产权，这些多样性的农业产权，可以通过资产市场载体中丰富的金融产品和工具，实现农业生产经营与资本市场对接，促进农村生产要素有序流动和优化配置。尽管资本市场运作的要求较高、适用范围也相对有限，但新型农业经营主体的生产经营更加注重规模化和效益性，这种本质特征利用资产市场在资源配置上较其他金融渠道更加有效。

（1）新型农业经营主体借助资本市场加快发展的必要性

资本市场对促进新型农业经营主体发展的作用是多方面的，但最主要的可以概括为以下几个方面：一是对新型农业经营主体发展的融资作用。资本市场的核心职能就是融资功能。农业产业化企业、农民专业合作社等新型农业经营主体具有农技先进、成本集约、规模经济等诸多优势，涵盖农业装备、生产、加工、流通等完整的农业产业链，借助便利高效的资本市场可满足其生产经营活动中的资本性融资需求，更加有效率地促进市场要素和金融资源向现代农业领域集中。对于生产基础完备、农业技术先进、商业模式成熟、要素整合能力较强的农业产业化企业等较大规模的新型农业经营主体，可以通过主板、创业板市场实现上市融资或发行公司债券，也可以在全国银行间市场通过发行短期融资债、中期票据、中小企业集合债券等非金融企业直接债务融资工具实现直接融资。对于治理结构较为健全、管理内控制度相对规范、经营发展前景良好的农民专业合作社、家庭农场、种养大户等中小规模新型农业经营主体，可以借助场外的区域性股权交易所、风险投资基金、私募债券、产业投资基金等方式实现直接融资。二是对新型农业经营主体的避险保值作用。期货市场作为资本市场的重要组成部分，具有纵横拉伸时空维度的价格发现功能，是对冲风险、套期保值的重要手段之一。新型农业经营主体借助期货市场，可以使生产者全面充分地获取市场信息，更好地把握生产规律和市场供求变化，进而科学统筹安排农业生产，改善农产品供给效率。同时，期货市场具有平抑价格波动的功能，可以有效减轻“蜘蛛网”式价格波动给农业生产造成的负面冲击，有利于维护农产品供求关系的稳定。新型农业经营主体可以通过农业订单将分散的农业生产组织成为规模化、标准化的生产链条，利用期货市场对套期保值交易保证金以及农产品质量和数量严格的约束机制，配合农产品市场流通体制改革，倒逼农业生产者更加注重农产品的选择、成分和质量，既保证了生产标准，又提到了生产高效率，促进农业产业提档升级。三是对现代农业生产要素的优化配置作用。资本市场的另外一大功能，就是为各类资本性生产要素流动提供制度规则、操作工具和交易平台，从而丰富和完善产权交易制度，提高资源配置效率。新型农业经营主体的资本性产权呈多样化特征，借助农村产权交易市场，可以有效盘活资产、优化组合资源、实现生产经营效益最大化。如，对农村土地经营权实施农地资产证券化，可以加速推进农地资源的集中化进程；对农村集体资产进行确权分割和挂牌交易，可以有效保护农村产权，提高资产利用率；对农业科技知识产权进行流转交易，可以促进农业技术的推广应用；对农业实体股权进行转让流通，可以完善法人治理结构、优化生产组织形态、促进农业要素顺畅流动。四是对新型农业经营主体的约束提升作用。在农业领域，借助资本市场引入风险投资基金、产业基金、私募基金等社会资本甚至国际资本，直接或间接参与农业产业化改造，有利于激励参与资本市场交易的新型农业经营主体严格执行农业生产标准、恪守市场规则、改善经营管理，打造具有国际影响力和竞争力的现代农业生产经营主体。因此，有必要创新体制机制，加强适应现代农业发展需要的资本市场建设，丰富资本市场的运行载体和金融供给，为新型农业经营主体借助资本市场加快发展提供广阔空间。

（2）新型农业经营主体借助资本市场加快发展的可行性

现代农业是高产优质高效农业，加快培育和发展新型农业经营主体，主要任务是改善农业生产条件、优化农业生产关系、解放农业生产力。在这个过程中，所遇到的最大问题就是资金投入不足的问题。解决农业领域资金投入问题的途径很多，资本市场是其中的一个重要方面，特别是随着资本市场日益完善与现代农业加速发展同步深化，新型农业经营主体借助资本市场解决发展瓶颈问题，越来越具备现实条件和运行基础。首先，资本市场的融资方式与新型农业经营主体的需求特征相符合。农业发展规律必然是市场发挥主导作用，这就决定了现代农业投融资机制必须实现由以财政转移支付为主向以市场化融资为主、财政转移支付为辅转变。新型农业经营主体规模化生产对项目建设的要求较多，其融资具有额度高、风险大、周期长等特点，单纯依靠以银行短期流动资金贷款为主要形式的间接融资，不能很好满足农业生产经营项目长期运作的需要。而股权投资、债券融资等直接融资具有长期让渡货币资金产权的资本属性，这与新型农业经营主体的相融需求特征相匹配。通过适当的制度安排使资本市场与现代农业有机结合，可以突破间接融资带来的局限，开辟新型农业经营主体融资新渠道，有利于支持农业生产项目长期稳健运作。其次，资本市场的投资规律与农产品市场价格变动趋势相一致。根据价值规律，农产品的供求关系决定着它的市场价格，而符合农产品市场供小于求状态的新型农业经营主体往往会因为农产品价格高企而具有良好的业绩表现，由此其IPO、再融资或股票价格会受到投资追捧而得到资本市场的肯定，进而促进农产品的生产和供给。相反，如果某一农产品市场供求出现过程或扭曲，就会在价格上表现出来，承载此类农产品的新型农业经营主体的经营业绩、股票价格乃至再融资能力都会受到影响，此时投资者热情下降，进而抛售股票转投其他热点行业或企业，由此该农产品的生产和供给受到抑制，对改善农产品市场供求、促进农业结构优化调整、实现农业生产合理均衡发挥积极作用。最后，资本市场对参与者的要求与新型农业经营主体的组织形式相匹配。在资本市场参与直接融资的实体经济主体，一般都应具备完善的法人治理、现代企业管理制度和良好的保障运行机制。而新型农业经营主体在维持家庭联产责任制内核的基础上，将分散的农户集中起来形成规模化、组织化、集约化的现代农业生产经营组织，这种组织形式与现代企业有不完全相同却又符合资本市场工具创新应用的运行机制。借助资本工具的运用，有利于改造和完善新型农业经营主体组织治理体系，促进其向股份化、公司化、证券化方向迈进。

（3）新型农业经营主体借助资本市场加快发展的着力点

完善的体制机制是新型农业经营主体借助资本市场加快发展的基础。一方面，需要加强资本市场建设，改进市场运行规则，丰富金融投资工具，使资本市场能够适应现代农业发展的直接投融资需要。另一方面，应加大政策扶持力度，规范新型农业经营主体发展，提升实业经济基础，创造现代农业利用资本市场的有利条件。一是加快发展适合新型农业经营主体生产经营特点的多层次资本市场发展。稳步推进股票注册制改革，完善深交所、上交所 IPO 制度框架，优化上市公司运行规则，强化发挥主板市场、中小板市场、新三板市场对农业实体经济的融资功能，支持符合条件的新型农业经营主体上市融资。继续深化股票流通市场改革，抑制非理性过度投机行为，支持已上市农业产业化企业采取配股、定向增发、可转债等方式实现再融资。完善资本市场重组并购机制，丰富交易方式，增强新型农业经营主体整合资源和资本运作的能力，提高现代农业生产经营的集中度，带动农户、生产基地、种养大户、农民专业合作社的聚合发展。二是加快发展适应农村产权多样性特征的多层次产权交易市场。加强农村区域产权交易市场建设，完善交易平台软硬件设施，健全农村产权交易市场机制，采取标准化和非标准化并行的方式，稳步发展场外股权交易、定向发行债权、农村经济产权流转、农村知识产权转让等交易品种，发挥多层次产权交易市场吸引社会资本进入现代农业领域的资源整合作用，支持新型农业经营主体通过区域产权交易市场活化资本，让更多发展前景好、创新性强、辐射范围广的家庭农场、种养大户、农民专业合作社等及时获得资金，促进实现资本和投资机会的有效对接。三是大力发展农产品期货市场。完善期货市场交易体系，在产品标准、交易期限、交易方式、合约文本、操作规程、期货交割等方面做出优化调整，创新推出与农业生产契合度高的农产品期货品种，建立期货交易与现货交易联动机制，增强期货市场对新型农业经营主体生产经营的市场导向作用。加强农产品期货市场监管，完善市场交易制度，建立市场主体自律机制，强化监督部门对期货市场的教育引导和监督惩戒，严厉打击恶意操作、过度投资等扰乱市场行为，保持期货市场合理流动性和稳定性，充分发挥期货市场对农产品供求的价格发现功能。加大对农产品期货产品的宣传推广，在农村地区建立期货市场与农业生产之间的服务对接机制，强化期货交易对农业生产经营的渗透影响，适当降低准入门槛和交易成本，提高新型农业经营主体借助期货市场的积极性。四是创新适合新型农业经营主体特点的资本市场工具。在完善资本市场制度安排和交易运行机制的基础上，针对农业生产经营特点，创新推出适合各类农业生产要素整合需求的资本市场工具，更大程度地将资本市场的资源配置机制充分地嵌入到新型农业经营发展体系当中。比如，针对农业基础设施建设投资大、周期长、回报稳定的特点，可研发推出农业基础设施建设债券，积极引导社会资本有序进入，实现社会资本与农业产业建设的有机衔接；针对农村市场要素流动性偏弱、但现金流相对稳定的特点，可创新推出农地受益权的证券化、农业贷款的资产证券化、农村基础设施的资产证券化，提高农业资源的流动性，促进农业生产要素的活化和利率效率最大化；针对农业生产风险高、发展潜力大等特点，大力发展农业风险投资基金、产业发展基金等影子银行业务，鼓励社会资本投资转向农业领域。五是着力营造农业产业进入资本市场的制度环境。出台农业产业利用资本市场加快发展的指导意见，制定资本市场支持现代农业产业的制度规范，加强部门之间的沟通协调，规范发展新型农业经营发展体系，强化社会信用硬约束，积极创造有利于现代农业借助资本市场加快发展的市场基础。

4.3 新型农业经营主体金融组织的创新

根据金融功能理论，承担农村金融服务功能的主体是各金融组织，一项金融业务可以是功能集中的组合体，也可以由不同的金融产品实现相同的金融服务项目。农村金融服务组织体系的构建，应遵循市场竞争机制来安排其组织形态，既要具有金融服务体系的一般功能，也要具备适应新型农业经营主体发展要求的功能。纵观世界现代农业领域的金融实践，尽管各国基本国情、发展阶段和农业制度体系各不相同，但商业性金融、政策性金融和合作性金融三种模式都在现代农业经济发展中扮演着各自的角色，不同程度地发挥着各种的作用。从弗里德曼提出让“看不见的手”的新自由经济理论，到世界经济危机爆发后凯恩斯提出“看得见的手”的宏观调控主义和思想，再到孟加拉农村小额信贷扶贫理念与实践的成功，无不在揭示和推动着经济运行机制协调运作的不断优化。纵观世界农业金融实践概况，主要有商业性金融、政策性金融和合作性金融三种模式，这三种模式在不同国家制度体系框架下，基于不同的农业发展国情，有着不同的地位和作用，其中以商业性金融为主导、政策性金融为保证、合作性金融为补充是国际上农业金融供给架构中的主流分布。构建新型农业经营主体金融服务体系，本质上是一个金融制度安排的问题。当前，我国农村金融服务体系日益完善，农村金融服务与现代农业协调发展的契合度不断提高，但受各种因素制约，农村金融供给的有效性依然不足，特别是农村金融服务组织不健全、服务功能定位不精准、机构网点布局不合理，使得新型农业经营主体的多元化金融需求得不到充分保障，亟待通过持续的农村金融服务制度创新与农村金融组织体系构建，来增强农村金融供给的基础力量，利用各种金融组织的功能平台将充裕的社会资金科学有效地配置到农业生产发展领域，从根本上解决新型农业经营主体金融困境的市场失灵，改善现代农业金融供给效能。党的十八届三中全会提出，要使市场在资源配置中发挥决定性作用，同时要更好地发挥政府的作用。这就使得新型农业经营金融服务体系改革创新有了基本遵循。因此，要借鉴吸收国际农村金融主流做法，适应全面深化改革的政策要义，坚持辩证法、两点论，“看不见的手”和“看得见的手”都要用好，同时也要发挥好农民合作经济组织的作用，着力构建以商业金融为主导、政策金融为保障、合作金融为补充的新型农业经营主体金融服务组织体系，让性质、形态、层级和功能的金融活动在现代农业生产经营和发展中各司其职、分工协作、有效运行，推动农村金融资源配置实现效益最大化和效率最优化，切实用金融活水浇灌新型农业经营体系发展之花。

本节针对服务于新型农业经营主体的金融组织体系不健全、各种类金融机构功能定位不准、机构的差异化和多样性不足等问题，构建适应新型农业经营主体生产发展新需求的金融组织体系，并就各种功能类型的金融主体创新的功能定位、基本方向和路径选择做出安排。见图4-4。

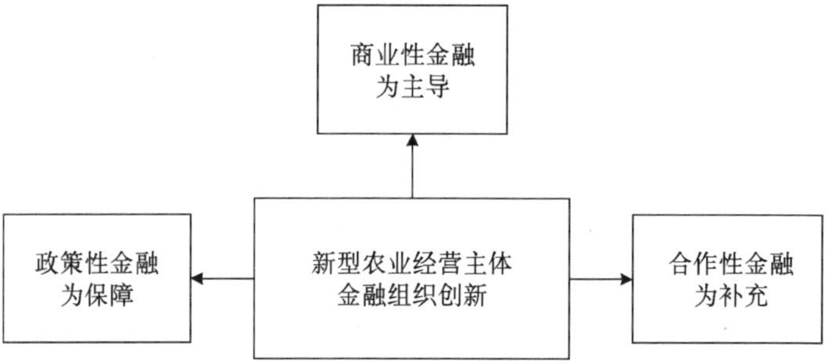

图4-4　新型农业经营主体金融组织创新框架

4.3.1　商业性金融组织创新

十八届三中全会提出，要让市场在资源配置中起决定性作用，农村金融改革作为现代化建设的重要组成部分，必须以市场为导向，以市场配置资源要素和允许资本下乡为切入点，坚持市场化的道路不动摇，坚持商业金融在农村金融中的主导地位。新型农业经营主体是连接传统农业和资本市场化、商业化运作的重要纽带，市场化是其生存与发展的根本基础。农业商业金融的运行基础与新型农业经营主体高度契合，运用市场化的金融服务手段，充分发挥商业性金融在支持新型农业经营发展中的主导作用，将高效的资源配置机制嵌入到新型农业经营发展体系，有利于提升农村金融服务品质，改善新型农业经营发展的融资环境，带动现代农业产业体系整体实力的增强。所谓农村商业性金融，是指在国家农业产业政策的指导下，按照市场法则和信贷资金“三性”原则，清晰金融产权、风险与收益边界，引导农业资源合理配置和农村货币资金合理流动等经济行为而产生的一系列商业性金融活动的总称。农村商业性金融组织作为现代农业经济资源配置最主要的供给者，是农村商业性金融运行的有形载体，在调节农村金融资源的配置中必然也要以市场机制和原则为基础，以提供商业性的金融服务为主要功能，这样才会更加有效率，更加符合农村领域的市场经济发展规律。

（1）商业性金融组织创新的功能定位

完善农村商业性金融组织体系，对于解决新型农业经营主体融资难、融资贵问题具有不可替代的根本性和基础性作用。因此，应将创新农村金融组织体系作为深化农业改革的重要抓手，积极构建一个结构完善、功能合理、系统安全、运行高效的农村金融组织体系，尤其是要建立一个以农村商业性金融为主的农村金融服务组织体系，通过合理高效配置农村金融资源，改善培育和发展新型农业经营主体的基础条件。随着以加快发展现代农业为主要任务的农村经济体制改革的不断深化，对以市场化运作为主要方式的农村商业性金融对新型农业经营主体的支持作用越来越大。要想帮助新型农业经营主体彻底摆脱现实中的融资困境，必须毫不动摇地坚持以市场化为主导的农村金融发展方向，加快推进农村金融组织创新，着力构建新型农村商业性金融组织体系，积极适应新型农业经营主体发展需要。一是强化支付中介功能。支付中介是农村商业性金融组织最基本的功能，是提高农村经济市场交易效率的重要手段。新型农业经营主体作为连接农民与市场的桥梁纽带，随着其生产经营规模的扩大，其资金结算需求日益强烈。农村商业性金融组织体系要顺应新型农业经营主体的市场销售所产生的资金结算需求，通过优化网点布局、发展移动金融、推广金融IC卡、强化电子结算服务功能等手段，不断改善农村日益活跃的支付结算服务。二是强化信用中介功能。信用中介是农村商业性金融组织最重要的功能，在活跃农村经济发展中意义重大。新型农业经营主体融资需求十分强烈，要求农村商业性金融组织加快创新农村信用中介与创造功能，通过有效的商业化金融运作，将更多的社会资源汇聚起来安全有序地注入现代农业生产经营领域。三是强化财富管理功能。财富管理是农村经济繁荣发展赋予农村商业性金融组织的新职能，经济越发展越需要财富管理。新型农业经营主体规模化经营带来了农村财富效应的扩张，要求农村商业金融组织创新财富管理能力，扮演财务顾问角色，针对客户生产经营和投融资需求，帮助客户设计出一整套财务管理方案，通过向客户提供现金、信用、保险、投资组合等一系列的金融服务，对客户的资产、负债和流动性进行管理，以满足客户不同阶段的财务需求，帮助客户达到降低风险、实现财富增值的目的。四是强化信息服务功能。当今社会是个信息社会，信息服务是农村商业性金融组织拓展获客渠道、增加客户黏性、改善金融供求关系的重要手段。新型农业经营主体的生产、购销、技术升级等经营活动对信息需求越来越高，农村商业性金融组织可借助自身触角广泛的优势，在强化信息服务功能方面发挥作用，帮助新型农业经营主体敏锐捕捉商机，通过信息服务与客户建立更加紧密的商业合作关系。

（2）商业性金融组织创新的基本方向

农村商业性金融组织创新，要契合于全面深化改革的大背景，遵循于完善社会主义市场经济体制的大逻辑，同时要与新型农业经营主体金融供求基本实情和现代农业发展的根本要求有机结合起来。一是农村商业性金融组织创新要坚持以服务“三农”为根本宗旨。农村商业性金融组织要根植于农村，服务于农业、惠及于农民，主要以农村经济为服务对象，特别是要适应现代农业发展新要求，将新型农业经营主体作为重点目标客户加以扶持，在支持现代农业发展的同时，找到自身经营的发展模式。二是坚持农村金融组织创新的市场化方向不动摇。市场化是农村金融改革的基石，更是创新农村商业性金融组织的基本方向。首先，市场化改革是中国农村金融发展历程的经验总结，是由全面深化改革的大逻辑所决定的，唯有坚持市场化方向才能进一步解放和发展生产力。其次，市场化改革是现代农业发展的必然要求，是由中国农村金融基本国情所决定的，当前新型农业经营体系面临的融资困境并非市场化之过，而是市场改革不彻底做成的，必须以更大程度上的市场化来提高商业性金融组织的供给效率。因此，农村商业性金融组织创新要坚持商业化运作的基本属性，在经营中要坚持有所为有所不为，专注农村商业领域，对服务客户在准入、方式、额度、利率等方面都要以商业性运作为基本遵循，让市场机制成为其在现代农业生产经营的金融资源配置中起决定性作用。三是坚持构建竞争充分的多元化农村商业性金融组织体系。竞争性不足是当前农村金融组织发展中一个比较突出的软肋。要遵循市场经济运行规律，把适度竞争作为衡量创新发展农村商业性金融组织成败的一个重要标准。国有银行、地方商业性金融机构、小额贷款公司等各种农村商业性金融组织在制度体系、经营文化、风险偏好、地缘优势等方面存在较大差异，在服务农村经济发展中要发挥比较优势，错层经营，补位渗透，逐步形成一个产权明晰、分工合理、功能完备、运转高效的农村商业性金融组织体系。四是农村商业性金融组织创新应强化差异化供给。新型农业经营主体的需求特征与结构不同，决定了不同类型的农村商业性金融组织采取不同的市场定位来满足多层次的农村金融需求。对于农业经营领域中小额分散的金融需求，属于较为初级和传统，应主要由合作性金融机构、农村资金互助社、民间借贷等地方性金融机构或非正规金融组织予以满足；而对于农业基础设施建设、农业产业化项目和企业而言，其金融需求额度大、周期长，属于较高层级的金融需求，对金融机构的信息收集能力、风险识别与控制能力要求较高，这类需求应当以大型商业性金融机构为主。通过差异化的分工协作，使得农村商业性金融交易成本大大降低，做到金融供给针对性与实效性有机融合，发挥农村金融组织的各自优势。五是农村商业性金融创新要以可持续发展为基本约束。农村商业性金融组织生存环境、运作基础和服务对象不同于城市金融组织，是“农村金融”与“商业金融”的复合体，他们的服务对象主要是农村经营主体，他们所面临的金融需求具有风险高、多样化等特点，如何做到财务可持续是考验农村商业性金融组织的一个重要课题。而以盈利为目的是农村商业性金融组织的生存逻辑，其服务功能是通过经营行为的正外部性来实现的。因此，商业性金融组织创新必须以稳健经营、可持续发展为自我约束，统筹兼顾安全性、流动性和营利性的有机均衡，在服务新型农业经营主体中将风险整体可控作为业务发展的基本准则，通过自身经营的财务可持续达到农村金融服务供给的可持续。

（3）商业性金融组织创新的路径选择

创新发展农村商业性金融组织是一个系统性工程，需要统筹兼顾，遵循规律，务求实效。一是完善农村商业性金融组织的准入制度。金融行业的特殊性要求金融组织必须具备相应的准入条件，而一个适度、有序、可控的市场准入制度是完善农村商业性金融组织的基础条件。因此，应把握农村商业性金融组织的基本要求，适当降低农村金融市场准入门槛，培育和丰富农村商业金融供给主体，优化农村地区金融机构网点布局，将构建现代农村金融制度作为改善农村金融供给的基本目标，通过农村金融主体数量与结构的多元化，打破区域性、阶段性垄断格局，完善农村金融市场竞争结构，健全农村金融市场竞争机制，使农村金融组织体系具有竞争充分、服务多元、协调有序的发展活力，推动农村金融市场由卖方市场向买方市场的转变。二是深化“农字号”金融机构的市场化改革。立足于当前“农字号”金融机构的发展基础，对其服务功能和运行机制进行深度的市场化改革，有利于增强农村金融改革的连续性、系统性和有效性。要进一步优化调整农业发展银行职能定位，重点解决好主要服务农产品流通的职能过窄问题，探索建立政策性金融组织市场化运作的新机制；深化农业银行“三农事业部”改革，建立国有商业银行服务三农经济的新途径；推进邮政储蓄银行改革，丰富农业信贷产品体系，建立城市资金反哺机制，割断农村资金“抽水机”管道。分类推进农村信用社改革，实现合作性金融组织商业化改革的新突破；规范发展多种形式的农村商业性金融组织，积极推动村镇银行转型升级，引导民间借贷健康发展，不断提高新型农业经营主体融资需求的可获得性和资金满足率。三是完善农村商业性金融组织的运行机制。运行机制是农村商业性金融组织生存发展的核心力量，必须通过组织内部改造和外部政策支持两个层面来提高其运行效率，进而改善农村金融供给、保障农村金融组织财务可持续。因此，要进一步推进简政放权，放开对农村商业性金融组织的各种不合理管制，扩大其金融产品自主定价空间，让农村商业性金融组织通过市场选择和自我修复逐步建立稳健、持续、高效的经营管理体系。同时，优化地方政府行政、财政、金融和投融资体制，建立财税、货币政策工具、担保、保险等信贷增信机制，通过激励政策辅助农村商业性金融业务更好地实施市场化运作，吸引更多的农村商业性金融组织参与到新型农业经营发展中。四是健全农村商业性金融组织的法律体系。农业商业性金融组织的创新发展需要良好的金融法制环境。中国经过近40年的改革开放，包括金融法律法规在内的市场经济法律体系基本建成，为农村商业性金融组织稳健运行提高了有力保证。但随新型农业经营主体的迅猛发展，农村土地、物权担保、动产抵押等农业资源在农村金融领域的广泛应用，需要加快相关的法律配套和措施跟进。同时，针对农村市场运行中的权益保护问题，应加快农村信用立法，厘清地方政府在农村金融领域的行为边界，完善农村金融配套制度，净化农村金融生态法制环境，制定农村金融债权保护措施，努力构建一个产权明晰、功能完备、保护有力、与国际接轨的农村商业性金融法律体系。

4.3.2 政策性金融组织创新

农村政策性金融作为农村金融组织体系中的重要组成部分，是加快中国农村地区尽快实现由传统农业向现代农业转变、进而促进农业又好又快发展的一条重要捷径和制度安排。所谓农村政策性农村金融，是按照国家规定的数额、用途、利率而发生不考虑或不完全考虑自身的成本和经济效益的金融业务，这种业务把实现规定的政治目标和农业生产任务作为主要目的，具有政策性、政治性、社会效益性、优惠性、风险性、不确定性、专款专用性以及非营利性和保本微利相统一性等特点，能够为弱势群体、弱质产业的发展提供有力支撑，引导社会资金向特定的农业领域流动。农业具有弱质属性，新型农业经营主体发展尚属初期阶段，农村生产经营风险难以规避，以补偿风险溢价，农村资金的价格普遍高于非农领域，农业信贷准入标准相对高于其他信贷业务，农村金融困境突出，形成了现代农业领域金融供求的“市场失灵”和“市场缺陷”。因此，新型农业经营发展需要农村政策性金融的参与和支持。

（1）政策性金融组织创新的功能定位

农村政策性金融作为辅助政府实施农业发展政策的强制性金融制度安排，在新型农业经营体系发展中起着其他金融组织不可替代的政策性功能。在推动农村政策性金融组织创新发展中，应当顺应现代农业发展的根本要求，着重强化以下七方面功能：一是农业政策导向性功能。其首要功能就是服从和服务于政府“三农”发展政策的目标，既体现在对农业经济发展战略的强力推进上，也体现在对农村薄弱环节的直接扶持上。培育和发展新型农业经营体系是中央政府推进中国特色社会主义现代农业发展道路中的重大举措，农村政策性金融组织要转变职能定位，将服从和服务于现代农业发展作为主要任务，在新型农业经营发展体系的基础性、战略性领域发挥更大的作用。二是农业生产扶持性功能。基于农业先天性的弱质性，新型农业经营主体的金融活动主要通过市场化方式解决，但完全按照市场化规则运作也不符合事物发展的客观规律。对于农村商业性金融无法解决的农业生产领域，就需要农村政策性金融组织通过发放政策性农贷、推广政策性农险、提供专业性服务等措施发挥扶持作用，以改善新型农业经营主体的生产条件，降低其生产成本和经营风险，提高农业生产的综合效益。三是农业基础设施开发性功能。新型农业经营体系通过产权交易、股权合作等方式将分散性、小额化的农业生产资源整合为系统性、规模化的经济共同体，其生产技术标准大大提升，对乡村道路、农田水利、农技推广、检疫防害等具有农村公共或准公共产品性质的农村基础设施建设提出了更高要求，而由此产生的金融需求具有投资规模大、回报周期长、未来现金流分散等特点，需要农村政策性金融组织发放中长期开发贷款予以扶持。四是农产品价格稳定性功能。建立农产品目标价格政策体系是未来农产品流通体制改革的基本方向，随着玉米等粮食收购价格保护政策的退出，新型农业经营主体农产品出售面临较大的市场风险敞口，需要农村政策性金融组织配合农产品价格政策改革，通过对农产品加工、流通等领域发放政策性贷款，改善农产品市场供求形态，稳定粮食市场价格，实现农产品在生产、加工、流通各环节成本、收益、风险的合理均衡。五是农村金融市场补充性功能。农业的基本属性决定了农村金融市场失灵现象的存在，由此也导致了农村金融市场竞争不充分，这就需要农村政策性金融组织适度充当“政府角色”，采取必要的非市场化手段，通过投放政策性金融产品，对农村金融市场进行补充完善。新型农业经营主体普遍面临融资困境，既有市场化因素制约，也有非市场化障碍挡路。农业政策性金融应当对其中的制约因素进行精准识别，将政策性金融扶持的逆向选择建立在商业性金融介入的正向选择之上，并不断进行适度的动态调整，从而有效修正新型农业经营体系中的金融市场失灵。六是金融资源诱导与扩张性功能。对金融资源的首倡诱导与吸虹扩张，是农村政策性金融组织的重要功能之一。对于新型农业经营发展领域中的一些关键性重大产业项目，农村政策性金融组织可以通过牵头银团贷款、建立农业产业投资基金等方式，发挥“引子”作用，引导更多的金融资源或社会资金投入其中。一旦商业性投融资有效跟进并步入良性轨道，农村政策性金融组织再适时以适当的方式实施资金退出，开始进行新一轮诱导性吸虹投融资循环。七是可持续的有限金融性功能。农村政策性金融组织虽然具有较强的政策性特征，但作为金融机构，其也必然具有信用性、有偿性、营利性、可持续性等一般金融属性。如果一味地强调政策性，不兼顾信用性和有偿性，则无异于财政职能如果一味强调营利性，而背离了政策使命，则无异于商业性金融。以上这两个极端，既违背了政策性金融的初衷，也不利于农村金融市场的健康运行。因此，农村政策性金融组织创新，要坚持政策性、信用性、有偿性、营利性、可持续性“五性均衡”，既不抢夺农村金融市场与商业性金融组织形成竞争，也不对农村金融市场失灵有视无睹、无所作为，而是要在农村金融市场中找准定位，精准介入，持续发力，有所为有所不为，不断提高政策性金融资源的利用率和有效性，在新型农业经营体系发展中更好发挥其应有的作用。

（2）政策性金融组织创新的基本方向

农村政策性金融组织支农作用的发挥，主要集中在为新型农业经营主体的生产经营提供必要的信贷资金、农业保险、投资基金、辅助性专业服务等业务，同时为新型农业经营体系的配套设施及发展环境提供中长期开发性金融支持，帮助新型农业经营主体通过兴修水利、修建道路、改良土壤、购买农机、专业培训、推广农技等途径改善农业生产条件，促进农业生产经营现代化。因此，创新发展农村政策性金融组织应着重从以下几个方面入手：其一，大力发展农业政策性银行体系。重点是重新定位农业发展银行职能。中国农业发展银行的成立有其时代背景，其业务范围和政策使命有其历史局限性。应顺应现代农业发展新要求，围绕加快构建新型农业经营体系的产业政策目标，进一步深化农业发展银行改革，优化调整其职能定位，将务范围从单纯服务与产后的农产品流通扩展为到产前、产中、产后的全口径现代农业发展领域，资金来源不再局限于央行专项再贷款或金融专项债券，而是允许其通过金融市场各种金融工具筹集资金，包括向资本市场直接融资在内，取得不同成本的资金来源，采取“高来高走、低来低走”的原则，用于支持成本、收益和风险各异的农业产业项目，更大程度地发挥政策性银行的功能作用。同时，鼓励有条件的地区以省为单位，建立区域性农业政策性银行，坚持保本微利原则，参与和支持现代农业发展。其二，完善农村政策保险机构体系。通过政府补贴发展农业农险是 WTO 相关协议明确规定允许的农业“绿箱”政策。要将发展政策性保险作为完善农业保险体系的基础力量，围绕新型农业经营主体对农业保险的现实需求，完善农业政策性保险组织体系，扩大政策性保险的覆盖面，通过政策性农业保险的投入，带动商业性保险参与现代农业发展。要大力发展政策性农业保险公司，使农业保险成为分散农村经济风险的重要金融工具，为农村信贷市场的良性运转提供环境支持。政策性农业保险公司在政府财政支持下，消除系统风险对信贷市场的冲击，为信贷资金的运营撑起保护伞；加快建立国家级农业巨灾风险保障体系，完善农业再保险机制，综合运用农业巨灾风险基金的待摊作用、农业再保险体系的再保障作用和自然灾害救济的损害补偿作用，尽可能地抵消自然风险对新型农业经营主体生产发展的影响。加强政策性保险机构与商业性保险机构的分工协作，形成错层经营、优势互补、运转协调的农业保险供给体系，为新型农业经营主体提供多元化、分散式风险保障。其三，建立财政出资的政策性农业担保公司。由省级财政出资建立省级农业担保集团，将各市地、区县农业政策性担保公司纳入省级农业担保集团麾下，增强农业担保资本实力，提高担保业务专业能力和风险控制水平。在此基础上，中央政府出资、各省级担保机构入股，建立国家级农业政策性再担保机构，为各省级担保机构提供再担保服务。通过中央再担保、省级农业担保集团的统一运作，拓宽与各金融机构的合作空间，增强担保公司的信贷增强能力，扩大金融机构对新型农业经营主体信贷投放规模。其四，建立政策性农业产业发展基金。充分借鉴金融市场中各类产业投资基金的运作经验，由财政出资设立政策性农业产业发展基金，产业基金以保本微利为底线，对投资大、周期长、回报慢的农业产业项目提供资本金支持。通过产业基金的引导带动，吸引更多的金融资源和民间资本进入新型农业经营发展体系，形成汇聚现代农业发展资金的吸虹效应。

（3）政策性金融组织创新的保障机制

农村政策性金融组织以贯彻执行国家农业产业政策为宗旨，既要配合农业产业政策的有效执行，又要按照经济规律运行实现自身组织的财务可持续。创新发展农村政策性金融组织必须有一整套切实可行的保障机制，才能确保政策性金融职能得到有效发挥。一是建立农村政策性金融组织政策执行保障机制。畅通农村政策性金融组织充分获取政府农业产业政策的渠道，使得农村政策性金融组织精准理解行政府产业政策基础上，找到政策性金融投入的切入点和有效的运行方式，从而保障其政策性职责得到有效执行。二是建立农村政策性金融组织准预算机制。探索研究农村政策性金融组织的年度业务发展和财务预算报告以法人为单位向同级人大报备的有效途径，增强农村政策性金融组织执行政府农业产业政策的预算约束。三是建立农村政策性金融组织履职效能审计机制。制定农村政策性金融组织效能评价框架体系，定期或不定期对农村政策性金融组织开展履职效率监察或审计，及时发现和纠正不作为、乱作为等行为，保证农村政策性金融组织始终沿着正确的轨道发挥应有的作用。四是建立农村政策性金融组织自主决策机制。尽管农村政策性金融组织主要承担着政策性职能，但这不代表着其决策与运行不具自主性。政府或出资人主要通过完善农村政策性金融组织法律法规和政策框架，对农村政策性金融组织进行调控和监督。农村政策性金融组织在法律法规和政策框架内自主决策、自负其责，从而保障农村政策性金融组织的运行效率和质量。五是建立农村政策性金融组织与政府机构的合作机制。农村政策性金融组织是政府在农村金融市场上的延伸，将政策性金融组织的专业性和政府的施政措施有机结合起来，有利于农业产业政策的贯彻执行。完善银政合作框架，搭建投融资操作平台，发挥政府的组织优势和政策性金融机构的融资优势，政府推荐产业项目，银行自主审批贷款，银政共同控制风险，塑造“支持、服务、合作、控制”一体化的共生关系，形成金融支持新型农业经营体系加快发展的支农合力。六是建立农村政策性金融组织支农效应放大机制。目前，各级政府对农业生产领域的直接补贴较多，资金补贴多少就发挥多少资金的作用。如能将各种财政直接补贴资金通过政策性金融组织间接运作，通过金融杠杆作用，财政补贴资金的撬动效应将大幅提升。可将农业领域分散化、等额效用的各类直接补贴资金整合起来，注入农村政策性金融组织，通过政策性金融组织的专业性投融资运作，扩大金融支持新型农业经营主体的政策效应。

4.3.3 合作性金融组织创新

自1848年世界上首家合作性金融机构——德国拉夫森农村信用合作社成立至今，合作金融已经走过了150多年的发展历程。目前，不论是在发展中国家还是在发达国家，农村合作性金融组织都普遍存在，并且成为世界各国农村金融组织体系中的重要单元，不少合作性金融组织（如荷兰合作银行、德国合作银行等）在国际金融领域中仍具有较强的竞争实力。尽管存在文化传统上的差异，但起源于西方的农村合作性金融制度，在东方文明的国度里也表现出了旺盛的生命力，如韩国、印度、日本等都建立起了比较完备的农村合作性金融组织体系。中国在探索农村合作性金融组织发展道路上的脚步也始终没有停止过。2004年中国开始实施新一轮农村金融改革后，各级农村信用合作社“去合作化”趋势明显，股份制成为村信用合作社改革的主流方向。与此同时，《农民专业合作社法》的出台带来了各类农村合作社的高速发展，一些民间自发设立的、具有互助性质的、原汁原味的非正规农村合作性金融组织也日益兴起。由此，中国银监会、农业部等部门相继出台文件，鼓励有条件的地区探索发展农村资金互助社。2014 年中央一号文件提出，要积极发展新型农村合作金融组织。这为在加快培育和发展新型农业经营体系的新形势下积极发展合作性金融指明了新方向。世界各国发展历史和实践经验也表明，农村合作性金融组织在金融体系中的地位和作用不可替代，完全有其存在的必要性和生存空间。在当前以商业性金融为主流的农村金融改革中，有必要对包括资金互助社这样的草根组织在内的农村合作性金融组织创新发展做出系统性安排。

（1）合作性金融组织创新的功能定位

农民专业合作社作为新型农业经营主体的重要组成部分，互助性的生产经营关系使得社员之间有了自发建立合作性金融组织客观基础，这种脱胎于农民专业合作社的合作性金融组织有着良好的运行机制。首先，合作性金融组织发起于社员并主要服务于社员，社员通过入股合作成为合作性金融组织的所有者，通过集资或融资成为合作金融组织的业务客户，社员的这种双重身份使得合作性金融组织具有旺盛的生命力。其次，合作性金融组织实行民主管理，社员不分出资额大小，一律一人一票，社员代表大会是其最高决策机构，全体社员的集体决策产生董事会和经营层成员，一切经营活动受到全体社员的监督。再次，合作性金融组织不以营利为目的，主要任务是为社员资金周转和融资服务，剔除运营成本，实现保本微利和可持续发展是其基本经营要求，如有经营盈余除用于内部资本积累外，剩余部分按出资额分配给社员。最后，合作性金融组织实行“取之于社员用之于社员”，资金来源主要是社员股金、存款及盈余公积金，资金运用也主要针对社员，受制于其运作实力和业务结构，农村合作社性金融组织很难从外部获取融资，经营规模较难做大。由此可见，农村合作性金融组织的性质、目标、机制和服务对象等，既不同于商业性金融机构，也不同于政策性金融机构，“自愿入股、民主管理、微利保本、社员互利”等原则是农村合作性金融组织的本质属性。随着农民专业合作社的迅速发展，新型农村合作性金融组织也日益兴起，农村资金互助社、农民专业合作社社员信用合作等等，都在逐步成为破解农民合作经营融资难题的重要方式之一。对此，农村合作性金融组织的基本职能应定为三个方面：一是完善农村金融组织体系的重要组成部分。历史和实践证明，作为草根金融的典型代表。农村合作性金融组织具有旺盛的生命力，是农村金融组织体系中不可或缺的家族成员，在农村经济发展中发挥着独特作用。二是服务于农民专业合作社的金融新生力量。根植于中国农地集体所有属性内核的农民生产合作化的现实要求，新型农村合作性金融组织应运而生，农民专业合作社完全依靠商业性金融机构满足融资需求的并不现实，需要借助基于社员间资金时空错配调整的内生自融资机制来满足部分结构化的金融需求。三是探索民主决策与管理金融模式的新尝试。任何金融组织都其存在和发展的内在规律，以农民专业合作社为母体的信用合作，同样具有良好的内生成长性，将成为创新富于民主决策与管理机制的合作金融组织的有益载体，并对丰富农村金融主体结构、提升农村供给效率、增强农村合经济作综合实力产生深刻影响。

（2）合作性金融组织创新的基本方向

顺应农村土地流转和适度规模经营要求，大力发展合作性金融组织，主要是服务于农民专业合作社等农村合作性经济组织的融资需求。创新发展农村合作性金融组织体系，应当在深化农村信用合作社这个传统合作性金融机构改革的基础上，重点是创新发展适合农民专业合作社融资的新型农村合作金融机构及相关业务。一是深化农村信用社改革。鉴于多数农村信用合作社的合作基础已经发生本质性改变，应坚持实事求是的原则，分类推进农村信用社的改革发展。对于已经失去合作属性且符合股份制改造的农村信用社，要按照相应标准和程序将其改造为农村商业银行；对于合作基础相对牢固且主要按照合作经济组织规则运行的农村信用社，继续保留其农村信用合作社的属性。同时，坚持县级农村信用联社的主体地位，充分发挥各级农村信用社在服务新型农业经营主体的生力军作用。二是深入推进农村资金互助社发展。农村资金互助社指的是一种由农民、农民专业合作社、农村中小企业等农村经济主体，按照“自愿加入、服务社员、民主管理”原则，而发起设立的新型农村合作银行业金融机构。2009 年以来，中国银监会积极推进农村资金互助社发展，在服务“三农”方面发挥了积极作用，并为发展新型农村合作金融机构积累了不少经验。农村资金互助社是经银行业监督管理机构批准设立的独立的法人组织，实行社员民主管理，以服务社员为宗旨，谋求社员共同利益，为社员办理存款、结算贷款等社区互助性金融业务。各级政府应采取支持态度，制定扶持性政策措施，推动农村资金互助社规范健康发展，为缓解农民专业合作社融资难题提供有力补充。三是创新发展农民专业合作社内部开展信用互助业务。2015 年，国务院批准山东省开展新型农村合作金融改革试点，致力于探索出一条真正来自农村、贴近群众、服务农民的新型农村合作金融之路。目前，山东省农民专业合作社内部开展信用互助试点初见成效。如，2016 年山东省巨野县章缝镇的三农种植专业合作社共发放互助金 45 笔，累计互助资金

166.7 万元，平均每笔互助额度 3 万—4 万元。贷款到期后，如借款人无法偿还，合作社将借款人的土地收回，由合作社统一经营或转包给其他社员经营，可操作性很强。农民专业合作社遵照国家有关法律法规和政策，在社员内部开展信用互助业务，通过内部社员之间筹集资金来满足内部社员的金融需求，社员不用跑银行，不用借高利贷就能及时得到合作社的互助借款。农村资金互助社可以通过时空转换机制，优化农村社区成员之间的资金配置，缓解社区成员之间结构性的经常性小额信贷需求，是农村社区实现自我融资创造的重要模式。这一模式将合作社成员之间的生产环节与信用环节有机融合在一起，实行合作社内部资金整合配置，较好地满足了合作社内部融资的现实需求，是未来新型农业合作金融机构的主要发展方向，应在总结试点经验的基础上，因地制宜地推广农民专业合作社内部信用互助模式。

（3）合作性金融组织创新的制度安排

积极构建与农民专业合作社等新型农业经营主体发展相适应的新型农村合作性金融运行架构，使之成为农村金融服务组织体系的有益补充，更好地满足新形势下农村合作经济主体的金融需求，需要加强系统性设计，做出科学有序的制度安排。以创新农民专业合作社内部信用合作模式为例，应着重把握好个以下五个方面：第一，基本原则。农民专业合作社开展内部信用互助业务应坚持服务“三农”的基本原则，立足于农村社区，服务于内部社员，实行“社员自愿、民主管理、互助合作、封闭运行、独立核算、保本微利、诚信守法、风险自担”，重点解决社员生产经营活动中小额、零散的融资需求，促进农业合作经济健康发展。第二，准入条件。依托规范、有实力的农民专业合作社发起设立内部信用互助机构。原则上，农民专业合作社应依法登记注册，具有较强的经济实力，产业链较为完整，经营发展基础扎实，实业主体收入稳定，基本经营管理制度较为规范，决策和内控机制较为健全，法人代表遵纪守法、诚实守信，有规范完备的信用互助业务管理制度和操作规程。第三，治理结构。农民专业合作社开展内部信用互助应建立决策科学、运转协调、制衡有效的机构治理框架，严格社员身份认证，合理确定社员资金份额，加强社员账户管理，强化社员民主监督，实行社员自治、封闭运行，防止内部人控制和外部人干预，切实保障社员的合法利益。第四，运营规则。科学界定农民专业合作社开展信用互助业务的地域范围和业务规模经营，原则上以农民专业合作社经营的地域范围为限，信用互助业务总规模不宜超过合作社年收入的60%。有条件的，可以实行“社社联合、捆绑互助、抱团发展”。统筹资金管理与运用，原则上，社员小额流动资金借款为主，借款期限一般应控制在一年以内，单一社员的借款额度控制在信用互助资本总额的5%以内。健全业务审批机制，成立由社员代表和信用互助机构管理人员组成的借款审批小组，审批小组根据出资额度、生产经营情况、信用状况等维护确定每名社员的年度授信限额，社员可在授信限额内随时申请使用借款。与银行机构建立业务合作关系，选择互助资金的结算、托管银行，并通过开立账户、控制结算等手段向合作银行申请贷款，补充信用互助业务资金来源。第五，监管体制。坚持属地化监管原则，明确县级政府金融办是农民专业合作社内部信用互助业务的主管部门，对农民专业合作内部信用互助业务的政策制度、监管要求作出规定，明确各乡（镇）政府是农民专业合作社内部信用互助业务的监管主体，对本辖区农民专业合作内部信用互助业务的日常监管和风险识别、预警与处置负责。监管内容主要包括：监管规则制定与实施、资格认定与机构准入、现场与非现场监管、报表统计与信息披露、风险报告与预警、机构退出与处置等。通过有效的规则监管和秩序监管，切实规范农民专业合作社内部信用互助等各类农村合作性金融组织的经营行为，防范和化解金融风险，维护农民和市场主体利益，提高金融供给效能，促进新型农业经营体系发展。

第5章

新型农业经营主体金融服务体系创新的微观框架

根据前文的实证分析，本研究将契合于新型农业经营主体现实需求的金融产品创新、服务方式创新和金融技术创新集中在本章一起讨论，构成了新型农业经营主体金融服务体系创新的微观框架。涉农金融机构通过农村金融产品、业务方式和操作技术为客户提供服务，是单个金融机构的主体行为，一般不涉及其他金融机构的同步参与。基于新型农业经营主体金融服务供给的阶段性，本章坚持借鉴性创新、原创性创新、组合型创新相结合，在国家法律法规和政策框架下，找准新型农业经营主体普遍面临金融困境的具体症结，有针对性地进行借鉴创新、改良创新和应用创新，真正将理论研究转化为现实生产力，将具体的模式选择和业务操作引入其中，为新型农业经营体系发展谋求切实管用的金融产品、方式和技术。金融产品创新，主要包括适应新型农业经营主体需要的信贷产品创新、保险产品创新、担保产品创新等。金融服务方式创新，主要涉及农业供应链金融的创新推广、PPP 在新型农业生产经营中的运用，以及“互联网金融”在现代农业发展中的应用等。金融技术创新，主要包括征信技术和定价技术创新，这些对降低农村金融交易费用、提高金融运行效率具有重要意义。见图 5－1。

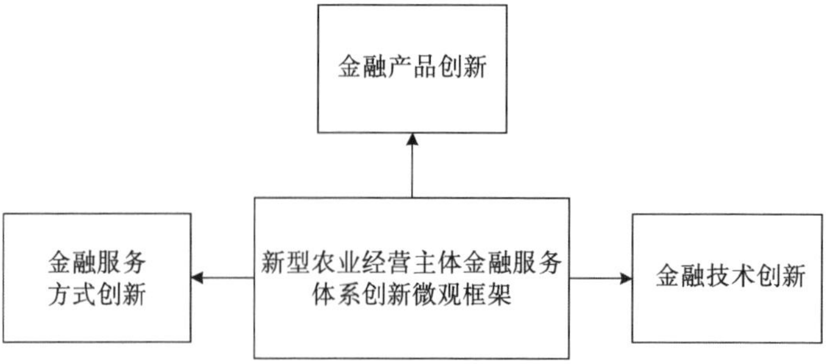

图 5－1　新型农业经营主体金融服务体系创新的微观框架

5.1　新型农业经营主体金融产品的创新

农村金融产品是农村金融服务的重要工具和载体，任何金融服务体系运行绩效的改进，都离不开金融产品的创新。从实践看，金融产品种类单一、功能不足是导致新型农业经营主体融资困境的主要原因。要针对新型农业经营主体生产经营特征，积极开发适销对路、运行有效、风控有力的金融产品，来满足新型农业金融主体日益扩大再生产的多元化金融需求。加快推进新型农业经营主体金融创新，要坚持四个原则：一是金融产品创新要契合农村基本经济制度，充分考量农村土地制度、生产经营制度以及农情的现实基础和约束条件，既不能封闭僵化，也不能脱离实际。二是金融产品创新要围绕并服务于市场需求，针对新型农业经营主体金融困境提供解决方案。三是金融产品创新要充分利用后发优势规律，借鉴、组合、原创并举，将国内外其他领域的成熟产品通过改良、变革运用到现代农业领域，缩短探索、试错时间和路径。四是金融产品新要规避风险，强化内控，推出既适合新型农业经营主体特点又能规避风险并带来利润的金融产品，重点是信贷、保险、担保等方面产品创新。

本节针对新型农业经营主体金融产品供给不足问题，从新型农业经营主体现实需求出发，构建新型农业经营主体金融产品创新框架，就各类产品的具体流程进行创新性设计。见图5－2。

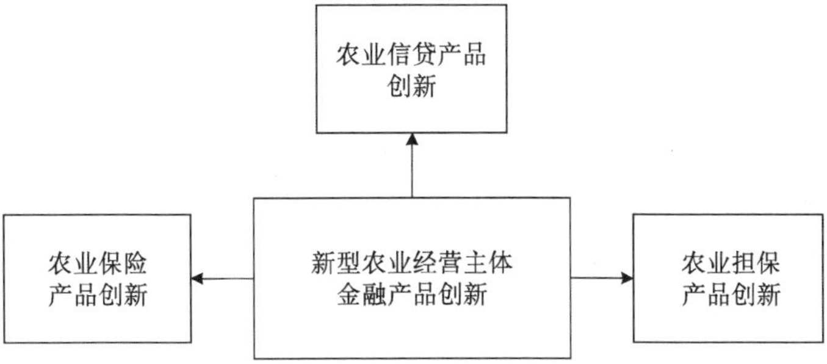

图5－2　新型农业经营主体金融产品创新框架

5.1.1　农业信贷产品创新

（1）创新农村土地经营权抵押贷款

农村土地经营权抵押贷款是指在不改变土地的所有权和承包权权属、不改变土地农业用途、不破坏农业综合生产能力的前提下，以农村承包土地经营权作为抵押担保方式，向农民专业合作社、家庭农场、种养大户、农业产业化龙头企业等新型农业经营主体发放的贷款。

①贷款用途。土地经营权抵押贷款主要用于支持农业产业项目，重点支持农业科技、现代种业、农机装备、设施农业、农产品精深加工等现代农业项目建设；支持农业基础设施建设，重点支持土壤整理复垦、农田水利、商品粮棉生产基地建设、仓储物流设施建设等；支持农业生产经营及流通领域发展，重点支持农业生产资料采购、人工费用、仓储运输等；土地经营权租金缴付和日常经营周转；农村地区生活基础设施建设或小城镇建设。

②贷款金额。土地经营权抵押贷款应结合借款人农业生产经营收入、实际需求和风险状况、还款资金来源和现金流等因素而定，同时借款人需具备一定比例的自有资金并结合抵押率情况综合确定：用于土地经营权租金缴付的，贷款金额不超过应缴付租金；用于农业生产经营周转的，贷款资金不应超过当季种植成本的70%；用于农业产业项目建设、土地整理或改造不应超过项目总投资的70%；用于农机购置的，获得国家财政补贴差额购机的，不超过自筹部分的60%；全额购机的不超过总价款的80%补贴到位后全部用于偿还贷款。

③贷款期限。农村承包土地经营权抵押贷款期限最长5年，且比剩余农村承包土地经营权期限或已付租金剩余流转期限少1年；贷款用于土地生产经营的，贷款期限最长不超过1年；贷款用于农业产业项目建设、土地整理或改造以及购置农机具的，贷款期限最长不超过5年；贷款用于土地经营权租金缴付的，贷款期限最长不超过5年。

④担保措施。用于抵押的农村承包土地经营权必须为抵押人所拥有或共有；以农民专业合作社为主体申请借款的，土地抵押人可为该合作社入社社员，如果合作社已经合法程序实施土地流

转，并签署合同，支付流转价款，经村集体同意流转，流转机构同意登记，合作社拥有农村土地承包经营权后，抵押人可以是该合作社，但需取得原承包人书面同意意见。农村承包土地经营权既采取独立设定抵押，也可采取追加其他资产抵（质）押或保证担保措施，形成组合抵押担保方式。

⑤价值评估。综合考虑农村承包土地经营权类型、市场交易价格或当地政府土地经营权流转（抵押）指导价格、租金缴纳方式、土地已付租金、平均预期纯收入、经营权剩余年限、流转市场发育情况以及地上（含地下）附着物等因素，合理确定农村土地经营权价值。

农村承包土地经营权价值 = 当地同类土地经营权市场交易价格（元/亩 × 年） × 面积（亩） × 经营权剩余年限

经营权剩余年限是指已支付租金未来可耕种的整数年限，不算当年。农村地区一次性流转所得承包土地经营权最多至承包期结束（目前剩余年限 10 年最多）；农场所有的土地可根据其实际流转期限计算。

当地同类土地经营权市场交易价格可根据政府部门按土地平均收益编制的土地经营权流转（抵押）指导价格测算；也可以由金融机构和村集体，借款人参考市场交易记录协商确定，但是不应超过政府公布指导价格。对于当地没有指导价格的，可借鉴当地政府指导价格。

⑥流程说明。新型农业经营主体土地经营权抵押贷款业务流程见图 5 - 3。

a. 新型农业经营主体向金融机构提出贷款申请，并提交相关资料；

b. 金融机构对其生产经营稳定性、土地经营权抵押的合法性可行性、项目建设的合法合规性、贷款用还款来源稳定性等进

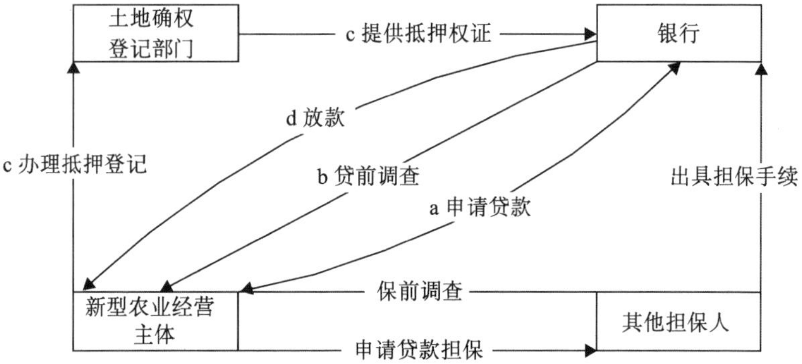

图 5－3　新型农业经营主体土地经营权抵押贷款业务流程

行调查评价和审查审批；

c. 金融机构与借款人签订《借款合同》《抵押合同》及《保证合同》，并办理土地经营权土地抵押登记；

d. 金融机构在落实相关手续、审核法律要件无误后，进行放款核准和提款核准，核准后按合同约定方式进行贷款的发放和支付。

（2）创新农村动产质押贷款

农业产业化龙头企业处于生产、加工、贸易的核心地位，用于存货、仓单、预售款等资产可供盘活运用，是新型农业经营主体中承贷主体资质最完备的群体。可依托农产产业化龙头企业的生产与供应产生的即期或预期现金流，通过合理设计授信保证措施，为其研发推出存货、仓单、预售款质押贷款，以满足其生产经营资金周转。对于生产规模较大，产业链条比较完整、存款、仓单、应收账款等在整个运营资产中占比较高的农民专业合作社、家庭农场等其他新型农业经营主体，也可参考此类信贷产品模式，创新扩大资金供给效应。

①产品简介。按照农业产业化龙头企业的阶段生产周期，在

采购阶段主要以预付款融资为主，在生产阶段主要以存货融资为主，在销售阶段主要以预付款融资为主。因此，根据农企经营活动所产生的融资需求，可以创新出存货类、预付款类、应收账款类信贷产品。

②流程说明。

A. 存货类信贷产品操作流程

静态存货抵（质）押信贷产品——农业产业化龙头企业以自有或第三人合法拥有的动产为抵质押物向金融机构申请贷款。金融机构委托第三方监管公司对客户提供的抵质押物进行实时动态监管。如农业产业化龙头企业需要处置抵（质）押物，必须用现金赎货，金融机构不接受以货易货，以确保银行授信的风险敞口不扩大、保证措施不减弱。此信贷产品能够充分利用存货的实物控制窗口实现融资最大户，比较适合于贸易型农业产业化龙头企业的需要。见图 5－4。

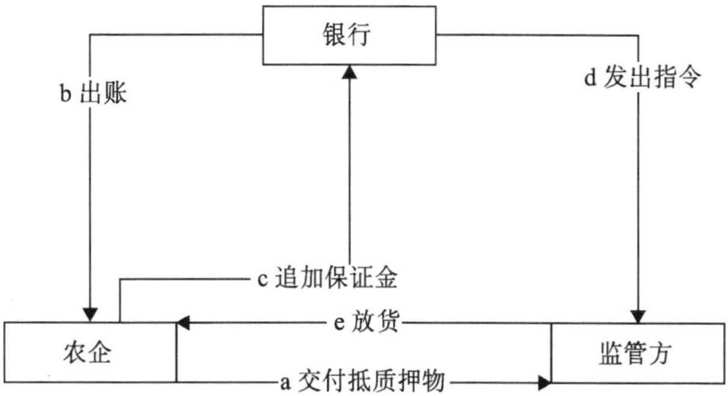

图 5－4　新型农业经营主体静态抵质押信贷产品业务流程

a. 金融机构、农业产业化企业、仓储监管企业三方签订《仓储监管协议》后，农业产业化企业将抵（质）押物交付给仓储监管企业保管；

b. 金融机构根据农业产业化企业资信水平和质押物的落实情况实施授信；

c. 农业产业化企业向金融机构追加贷款保证金；

d. 金融机构向仓储监管企业发出发货指令；

e. 仓储监管企业根据指令见单放货。

动态存货抵（质）押信贷产品——农业产业化企业以自有或第三人合法拥有的动产为抵（质）押物向金融机构申请贷款。金融机构委托第三方监管公司对客户提供的抵（质）押物实行实时动态监管，并对农业产业化企业抵（质）押物的商品价值设定最低限额，允许在限额以上的商品出库，农企以货易货，此产品适合生产型的农业产业化龙头企业。见图 5 -5。

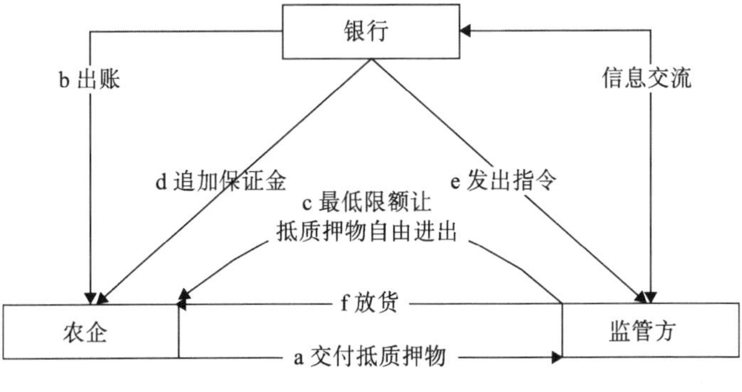

图 5 -5　新型农业经营主体动态抵质押信贷产品业务流程

a. 农业产业化企业将抵质押物交付给监管方，并办理抵质押；

b. 金融机构为客户提供授信；

c. 在抵质押物最低限额范围内，允许农业产业化企业自由提货；

d. 低于最低限额时，农业产业化企业需要追加保证金；

e. 金融机构向监管方发出提货指令；

f. 农业产业化企业在最低限额下提货。

普通仓单质押信贷产品——农业产业化企业用以非期货交割仓单（由仓库管理企业或其他第三方物流公司制发）作为质押物，背书后，向金融机构申请贷款，获取经营性周转资金。见图 5-6。

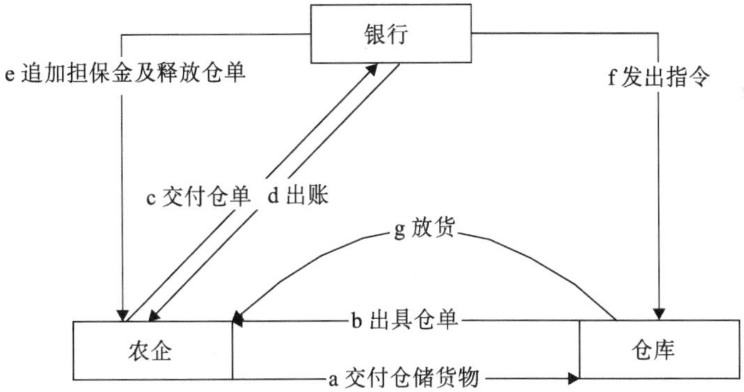

图 5-6　新型农业经营主体普通仓单质押信贷产品业务流程

a. 农业产业化企业交付存货，并向仓库管理企业申请制作仓单；

b. 仓库管理企业向农业产业化企业出具制式仓单；

c. 农业产业化企业向金融机构提交出质仓单并作背书处理；

d. 金融机构向农业产业化企业发放贷款；

e. 农业产业化企业向金融机构追加保证金，金融机构向借款人释放仓单；

f. 金融机构通知仓库管理企业释放仓单项下的货物；

g. 农业产业化企业凭仓单向仓库管理方提货。

B. 预付款类信贷产品操作流程

担保提货信贷产品——农业产业化企业交纳一定比例的保证金后，金融机构向以全额货款为标的向农业产业化企业发放贷款，用于企业货物采购，货物卖方出具全额提单，以所购货物作为抵押担保物。农业产业化企业根据提货需要，分次向金融机构补充提货保证金，金融机构再分次通知货物卖方向农业产业化企业发货。对于发货不足部分价值，货物卖方向金融机构承担退款责任。对农业产业化企业而言，淡季打款，旺季提货，通过错时采购或批量采购获得卖方的价格折扣，有利于降低采购成本、锁定价格风险，对于卖方企业，可以提前锁定销售，获取稳定的销货现金流，有利于扩大销售、增加利润、提高资金周转效率。见图 5－7。

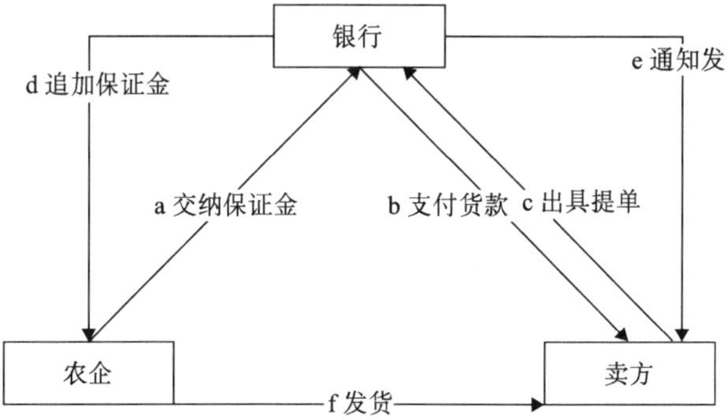

图 5－7　新型农业经营主体担保提货信贷产品业务流程

a. 农业产业化企业向金融机构交纳一定比例的贷款保证金；

b. 金融机构向农业产业化企业全额采购贷款，用于货物采购；

c. 货物卖方向金融机构出具货物提货单，用于金融机构贷款质押；

d. 农业产业化企业根据经营需要，向金融机构追加保证金，并要求提货；

e. 金融机构通知货物卖方按照保证金数额向农业产业化企业发货；

f. 卖方向农业产业化企业发货，并相应减少提单保证责任。

C. 应收账款类信贷产品操作流程

基于应收账款的明保理——农业产业化企业将销售农产品或提供技术服务所形成的应收账款转让给金融机构，并通知买方确认。金融机构为卖方提供结算账户管理和信贷支持，对买方拥有债权，负责催收应收账款并承担应收账款坏账风险。这种基于应收账款转让的综合性金融服务，即为明保理业务。对农业产业化企业，向金融机构转让应收账款，无须再提供其他抵押担保措施，就可以获取银行贷款，提前回笼销售回款，加速生产经营资金周转，同时债权转让有利于美化资产负债表，向外转嫁商业风险；对于金融机构，有真实交易背景下的应收账款做保障，信贷风险相对可控，通过综合化的金融服务获取经营利润。见图 5－8。

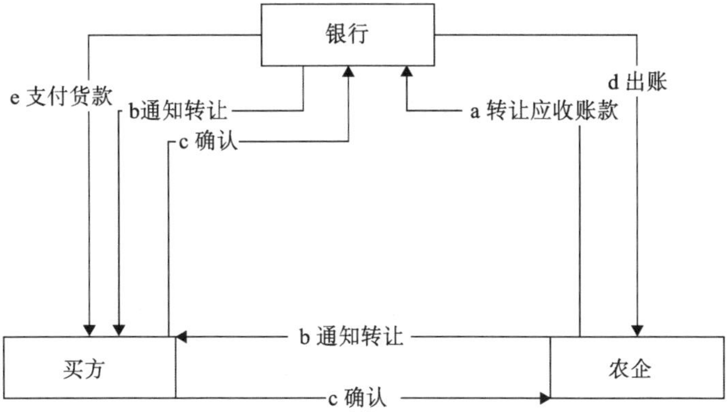

图 5－8　新型农业经营主体国内明保理信贷产品业务流程

a. 农业产业化企业按照一定比例向金融机构申请应收账款转让；

b. 金融机构受让应收账款，并与农业产业化企业联合通知买方；

c. 买方根据通知对应收账款明细及转让交易进行书面确认；

d. 金融机构向农业产业化企业发放贷款；

e. 金融机构在应收账款到期日前通知买方付款，买方将款项直接汇入金融机构指定账户，金融机构扣除贷款后，将余款划入农业产业化化企业的账户。

③实施效果。

a. 信贷产品可落地，借款人信贷资金能够可循环申请与使用；

b. 有效降低新型农业经营主的体贷款门槛，最大限度地盘活可用资金；

c. 基于多方获益共赢的信贷流程，能够有效降低新型农业经营主体融资成本；

d. 保证措施具有可控性，可以有效降低银行信贷业务风险。

5.1.2 农业保险产品创新

新型农业经营主体规模化生产，风险集中度高，既面临自然灾害的威胁，又面临自市场供求与价格波动的风险，一旦形成系统性损失将对其生产经营和再生产造成毁灭性打击。因此，相对于传统农业生产经营者，新型农业经营主体对农业保险的需求更加强烈。基于当前国内农业保险供给体系不健全、保险产品种类不足的实际，结合新型农业经营主体生产经营的现实需求，应加快涉农保险产品创新进程，提高现代农业生产经营稳定性。

（1）创新农业贷款保证保险

农业贷款保证保险主要面向有贷款需求的新型农业经营主体。新型农业经营主体向银行申请贷款时向保险机构投保，保单收益人为保险机构，银行以保单作为担保措施向借款人发放贷款，一旦借款人无力偿还银行贷款，保险公司根据保险代偿银行贷款。银行与保险公司建立一对一的对接机制和运行模式，分别签订合作协议，由符合条件的申请人向当地银行或保险公司提出贷款申请；银行和保险公司分别对贷款申请人进行独立资信调查、独立审核；对于同意承保的，保险机构出具《贷款保证承保意向书》；贷款银行收到《贷款保证承保意向书》后，结合贷款申请资料进行审查，就是否同意贷款以及贷款数额、期限等事项做出授信审批；随后，贷款银行将加盖银行授信审批公章的《新型农业生产经营主体保证保险贷款审批单》发送至承保机构，并与借款人签订《新型农业生产经营主体贷款借款合同》；承保机构向借款人收取保费，签发正式的《贷款保证保险单》；保险公司将保单正本、保费发票等材料于出单三个工作日内送交贷款银行；贷款银行收到保险机构传来的相关资料后，要求借款人落实放款条件后，向新型农业经营主体发放农业贷款。

（2）创新农业区域产量指数保险

根据长周期经验数据和影响农业生产的气候、土壤、技术等因素，保险公司对不同区域不同农作物的产量进行综合测定，得出包含地区、年份、作物品种等维度的区域农作作物图谱，该图谱实行滚动调整，不断优化，尽最大可能使区域平均产量年度预测值误差最小。据此，通过保险精算，保险公司研发出农业区域产量指数保险产品。该产品事先以某地区某农作物年度平均产量为合约标准，当被投保农作物平均区域产量低于合约标准时，保险机构对两者差额确定的损失对投保人给予补偿赔付。其优点在于：一是该险种的补偿理赔，取决于区域农作物平均产量年度预测值与实际值之间的关系，而不依赖于单个新型农业农业经营主体的产量，保险公司只需掌握区域实际平均产量的整体信息而不需要了解投保人的个体信息。由此，可以有效消除保险双方信息不对称，克服传统农业保险领域中的道德风险和逆向选择问题。二是当出现区域实际平均产量低于保险合约标准时，如果投保的新型农业经营主体其个体产量高于合约标准，依然可以与其他投保人一样，按照保险合约获取保险公司的补偿理赔，有利于激励农业领域的生产竞争，提高农业产出率。

（3）创新农产品价格指数保险

农产品价格指数保险就是以农产品价格为标的、以价格指数为赔付依据，对新型农业经营主体等投保用户因国内外市场大幅波动，导致农产品的市场价格低于合同约定的既定价格而造成的经济损失，保险机构给予相应理赔的农业保险产品。其优点在于：一是有助于新型农业经营主体以较低成本锁定市场风险，保障其根本利益；二是有助于建立更为完善的农产品价格风险管理模式、形成农产品新型定价机制，稳定农产品市场价格；三是助力农业产业转型升级，有助于促进农业生产发展，完善新型农业经营产业体系。

（4）创新农业气候指数保险

农业气候指数保险是以保障农业生产为主要目的，在特定的区域、特定的时期内用气候指数的形式，对自然灾害性气候现象对农作物的损失程度进行科学性计量，在此基础上，根据灾害性气候出现的概率与频次，以及气候指数大小对农业产生造成的经济损失，通过保险精算公式计算出保险费标准和赔付率，设计出标准化的农业保险产品。其优点在于；一是农业气候影响度指数化，增强了农险保险信息的透明度和对称性；二是该产品费赔当量，大大降低了新型农业经营主体的投保成本；三是该产品实用性强、保障水平高，刺激了保险需求，满足了新型农业经营主体的避险需求；四是该保险产品标准化具有很强的科学性，可以在投保人与保险机构之间形成较为合理、均衡有效的风险与收益关系。

此外，还应根据新型农业经营发展的需要，研发推出适合农业规模化生产经营的农业基础设施保险、“菜篮子工程”保险、地方特色农产品生产保险、农产品生产质量保证保险等农险产品，扩大保险对农业生产各个领域和各个环节的覆盖范围，提高农业保险的赔付标准，增强保险对农业生产的保障能力，促进现代农业稳健可持续发展。

5.1.3　农业担保产品创新

新型农业经营主体的融资，离不开担保产品的创新推广。金融机构对借款主体授信审核时，第一位考察的是借款人是否有充足的还款现金流，第二位考察的是借款人是否有可易于实现债务代偿的担保措施。因此，针对当前新型农业经营主体普遍缺乏有效担保的实践，有必要加快农业担保产品的创新步伐。基于新型农业经营主体普遍处于农业产业化链条中的地位特征，可借助产业链上的农业产业化核心企业的控制影响，以核心企业经济实力和信用能力作为增信基础，创新研发“新型农业经营主体申请贷款 + 担保公司担保 + 核心企业反担保”的产业链融资担保产品，缓解新型农业经营主体融资担保难题。见图 5 – 9。

（1）流程说明

a. 新型农业经营主体向银行申请贷款，银行要求新型农业经营主体提供担保公司担保；

b. 新型农业经营主体向担保公司申请贷款担保，并提供相关申保资料；

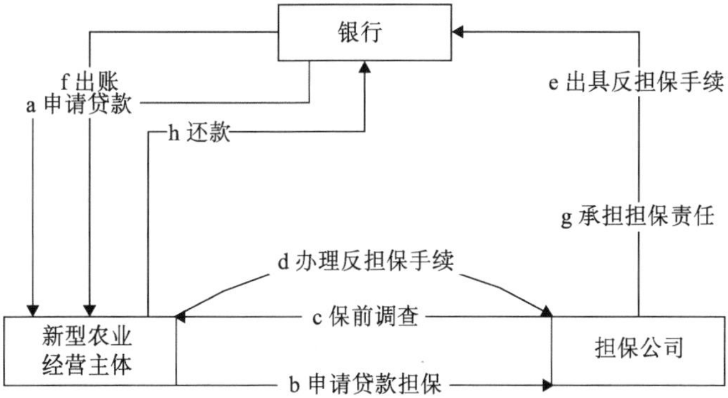

图 5-9 新型农业经营主体担保产品创新流程

c. 担保公司对新型农业经营主体申保资料进行审核，并对新型农业经营主体提供的供应链上下游企业进行担前调查，确定是否受理担保申请；

d. 担保公司受理担保申请后，要求新型农业经营主体和其上下游企业配合担保公司办理不动产抵押、动产质押、股权质押、第三人保证、法人代表保证等反担保手续；

e. 担保公司取得反担保手续后，向贷款银行出具贷款担保意向函，承诺为新型农业经营主体贷款提供担保；

f. 银行收到担保公司出具的担保意向函后，对新型农业经营主体进行授信审查，并与担保公司签订正式担保合同，经过出账审核后，对借款人发放贷款；

g. 从贷款发放日起至贷款偿还为止，担保公司对此笔贷款承担担保责任；

h. 贷款到期时，新型农业经营主体按时偿还贷款，否则担保公司代偿贷款并向提供反担保措施的上下游企业进行追偿债务，项目终止。

（2）实施效果

a. 解决新型农业经营主体抵质押物不能满足银行要求的问题，降低新型农业经营主体融资的门槛；

b. 通过农业产业链的生产生态关系，运用抱团增信、集体收益的合作手段，在一定程度上拓宽融资渠道，降低新型农业经营主体的融资成本。

5.2　新型农业经营主体金融服务方式的创新

金融服务方式是金融供给的重要手段。本节针对农业金融服务方式不灵活等问题，结合新型农业经营主体的金融需求特点，就新型农业经营主体如何创新应用农业供应链金融、互联网金融、农业 PPP 等投融资模式进行探讨，并对具体运机制和作流程给出具体方案。见图 5－10。

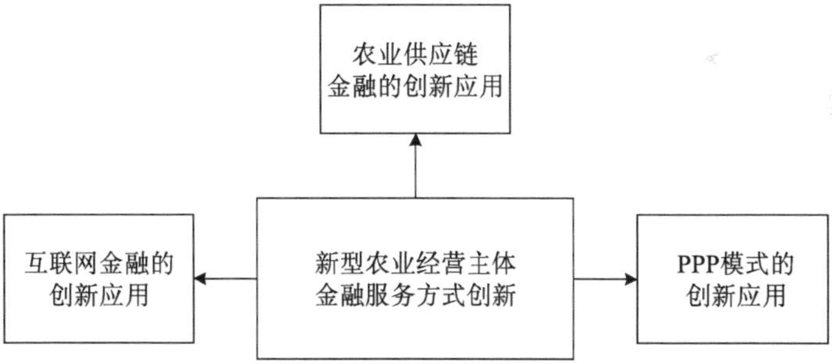

图 5－10　新型农业经营主体金融服务方式创新框架

5.2.1　农业供应链金融的创新应用

农业供应链金融作为农业产业进程中出现的新型融资模式，涉农金融机构从农业产业链出发，以产业链上的农业产业化龙头企业为核心，利用农业产业化龙头企业的信用为农民专业合作社、种养大户、家庭农场、农户等农业生产经营者的风险与收益捆绑，通过科学有效地设计金融服务产品和服务模式，将孤立分散的个体信用转化为整体风险可控，实现“1 +1 >2”的联合增信机制，进而对农业供应链各个环节的融资需求提供系统性解决方案。新型农业经营主体在农业供应链条中占据重要位置。农业产业化企业作为核心企业，通过农业生产交易的紧密连接，增强了其市场运作空间和盈利水平；农民专业合作社、家庭农场、种养大户作为农业生产与对接市场的桥梁纽带，通过深度参与农业生产经营，可以提升整个产业链条的价值创造。因此，农业供应链金融模式在破解新型农业经营主体融资困境中大有可为。

（1）农业供应链金融创新应用的基本原理

与传统的农业融资模式相比，农业供应链金融围绕上下游“销售—回款”的封闭现金流，强化以交易构成的链条关系为基础的无形抵押担保措施，将农业生产、加工、贸易，以及农业科技、金融、信息等农业生产要素有机整合起来，变单一化主体授信为系统性联合授信，为农业产业链条的整体运行提供综合性金融服务。在这种模式下，整体产业链条将各参与主体紧密连接在一起成为利益共同体，任何一个农业生产经营主体都不再是孤立的低信用、低收益、高风险的劣质客户，而是与产业链条成员特别是农业产业化核心企业及其上下游供销商形成“同信用、共收益”的优质客户，金融机构对借款主体的审查标准和模式也随之发生深刻变革，不再简单地以个体现金流和抵押担保作为信贷准入条件，农业生产领域的金融抑制得到有效改善，有利于促进新型农业经营主体的融资困境的缓解。深究其原理，不难看出，农业产业链运行机制是农业供应链金融创新的内生性动力。农业产业链主要划分为“农业生产资料的生产和销售—农业生产—农产品收储和加工—农产品销售”四个环节，农资公司、新型农业经营主体、农户、农产品收储和加工企业、农产品贸易公司为等各参与主体将农业生产前、中、后各个环节搭建起紧密联系，物流和资金流的双向循环，形成了组织化程度高、有相对稳定高效的销售和加工转化渠道，为金融机构开展农业供应链金融服务方式创新提供了前提条件。一方面，生产环节，农户、家庭农场、合作社等生产者存在农资采购、种养投入等方面的资金缺口；收购环节，加工企业需要在短期内支付农产品收购款；销售环节，向工业企业提货而支付货款。金融机构基于对供应链管理程度和农业龙头企业信用状况的考量，利用供应链产业集群交易过程中的信息流、物流和资金流集成相对封闭的特点，通过审查整个链条竞争力，对其上下游客户资金缺口互错互联提供融资支持。另一方面，金融机构将授信客户与农业产业化龙头企业、农民专业合作社及其上下游供销方实施信用捆绑，利用农业产业化龙头企业的预付账款、存货及应收账款等资产作为信用支持，不再以单户考察、单笔监测借款人财务状况和担保为主，而是以交易自偿性为基础，重视对交易背景的审查，将信用评级与业务交易凭证有机结合，有效解决了信息不对称问题，减少了客户搜寻与选择成本，并在一定程度上保证了信贷业务的安全性和收益性，促进了金融资源的合理流动与均衡配置，有助于提升整个供应链的运行效率和竞争能力。可以预见，在农业产业化进程不断加快的新形势下，农业供应链金融将成为新型农业经营主体金融服务创新的重要方式。

（2）农业供应链金融创新应用的运作模式

新型农业经营主体创新应用农业供应链金融模式，核心要义是基于农业产业化的生态机制，通过与核心企业建立长期稳定的交易关系，借助供应链所形成的利益与风险共同体，弱化传统的抵押担保方式，通过链条内现金流的封闭运行，实现自身和交易各方的融资与合作的收益均衡。由于中国农业生产区域差异性很大，新型农业经营主体种类繁多且运作模式千差万别，农业产业链金融模式也不可能千篇一律。基于农业供应链金融的基本原理，结合新型农业经营主体金融需求的现实特征，选择几种有代表性的运作模式加以探讨。

①“农业产业化核心企业 + 农民专业合作社 + 银行机构 + 农户”模式。

A. 模式简介。此模式由农业产业化企业（可以农业生产资料销售、农产品收购与加工集于一身，也可以是两个不同企业）、农民专业合作社、银行机构、农户（也可以是家庭农场或种养大户）四方组成，是以农资销售、未来农产品收入账款等交易自偿性为基础的农业供应链金融模式。

B. 运作流程。见图 5 - 11。

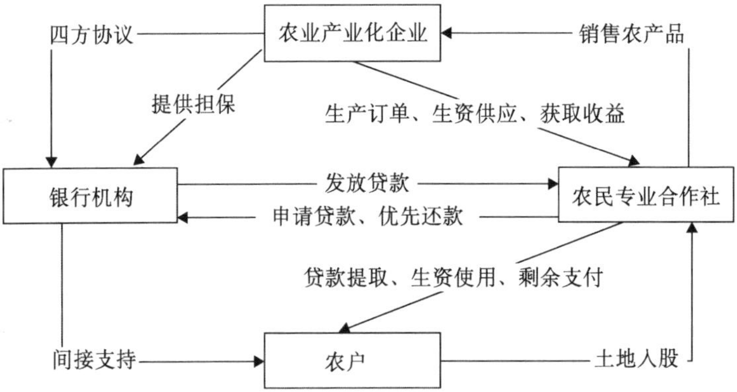

图 5 - 11 “农业产业化企业 + 农民专业合作社 + 银行机构 + 农户”模式流程

a. 农户自愿将土地经营权流转给农民专业合作社，或以土地入股加入到农民专业合作社，实施土地集中连片生产和规模化经营；

b. 农民专业合作社向金融机构申请贷款，农业产业化核心企业为其提供贷款担保；金融机构对农业供应链之间的供销关系和农业产业化龙头企业资信状况进行准入审查后，与农民专业合作社、农业产业化核心企业、农户签订“贷款、担保、购销、管理”四方合作协议；

c. 金融机构发放贷款，将资金打入农民专业合作社账户实行自主支付，或采取受托支付方式将资金划入借款人的交易方，用于合作社的生产经营支出；

d. 农民专业合作社对规模经营土地实行统种统收，对田间作业、作物收割、粮食仓储与销售进行集中管理，降低成本，提高产量和收益；

e. 农民专业合作社按照订单将农产品统一销售给农业产业化核心企业，农业产业化核心企业将资金打入农民专业合作社在贷款银行开立的账户，优先用于偿还银行贷款后，再由农民专业合作社与农户进行利润分配。

C. 实施效果。

a. 通过农业供应链的资源挖掘，农业贷款主体由分散化的农户转变为农民专业合作社，缓释了金融机构的贷款风险，找了金融支持农业合作化经营的切入点；

b. 通过农业产业化核心企业的增信机制，激活了农村土地的价值，解决了农业生产经营的融资难题，增强了农业合作化组织的融资能力；

c. 农业供应链金融的创新，有效实现了供应链参与各方的利益联结和风险共担，强化了各方恪守契约精神的内在约束，有利于促进农村信用的改善。

②“农业产业化核心企业 + 银行机构 + 新型农业经营主体 +

外部增信机构”模式。

A. 模式简介。此模式由农业产业化核心企业、新型农业经营主体（除农业产业化企业之外的种养大户、家庭农场和农民专业合作社）、银行机构和外部增信机构（包括保险公司、担保公司、财政性风险补偿基金、农业科技与公共防疫组织等）组成，是在农业产业链交易自偿性为基础上、整合多种市场要素资源、引进外部增信机制的超自偿性农业供应链金融模式。这里，外部增信机构以保险公司为例，对该模式创新进行业务流程介绍。

B. 运作流程。见图 5－12。

a. 新型农业经营主体与核心企业签订产品购销合同；

b. 新型农业经营主体向核心企业提供反担保；

c. 核心企业为新型农业经营主体在银行贷款提供担保；

d. 保险公司为新型农业经营主体提供保险；

e. 银行作为保险的第一受益人；

f. 银行向新型农业经营主体提供经营所需贷款；

g. 新型农业经营主体按照合同要求偿还贷款。

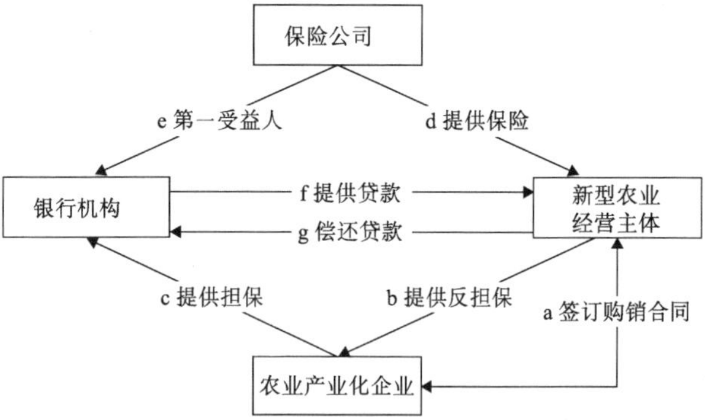

图 5－12 “农业产业化企业＋新型农业经营主体＋银行＋保险”模式流程

C. 实施效果。

a. 信贷产品可落地，能够循环使用；

b. 有效降低新型农业经营主体贷款门槛；

c. 有效降低新型农业经营主体融资成本；

d. 有效降低银行信贷业务风险。

③“新型农业经营主体＋粮食信托机构＋农民资金互助社”模式。

A. 模式简介。基于粮食销售的周期性，粮食的仓储、销售、融资可以构成“仓储—销售—融资”的农业产业化链条。为降低仓储成本，提高粮食销售效率，新型农业经营主体将粮食存入粮食信托合作社的存放场所，由粮食信托合作社进行仓储和保管，并由专业化团队负责监测粮食市场供求及价格行情，并及时向新型农业经营主体公布。新型农业经营主体根据市场行情和自身需要随时可向粮食信托合作社申请出售信托粮食，当粮食实际出售价格低于粮食信托基础价时，则粮食信托合作社免收新型农业经营主体的粮食仓储保管费。当粮食实际出售价格高于粮食信托基础价时，则粮食信托合作社免收按照（粮食售价－粮食信托基础价）×20%向新型农业经营主体收取粮食仓储保管费。农民资金互助社以粮食信托合作社控制的粮食信托财产作为质押，向银行申请贷款，获取运营资金。新型农业经营主体按照不高于信托粮食数量的90%向农民资金互助社申请借款，从而形成信托、仓储、融资、销售的有效封闭运行。

B. 运作流程。见图5－13。

a. 新型农业经营主体组团成立主要服务于社员的农民资金互助社，并与信托机构合作成立粮食信托合作社，前者负责融资，后者负责管理粮食；

b. 新型农业经营主体设立粮食信托资产，将粮食委托给粮食信托合作社进行仓储、管理与经营，省去了新型农业经营主体直接仓储粮食的环节；

c. 农民资金互助社以粮食信托资产作为质押物向银行申请贷款，获取向内部社员融资的运营资金；

d. 在粮食信托期内，新型农业经营主体可以根据自身所拥有的信托粮食数量和所占比例向农民资金互助社申请融，获取经营周转资金；

e. 新型农业经营主体按照借款约定按时偿还贷款。贷款未结清前，农民资金互助社委托粮食信托合作社对信托粮食进行监管；

f. 农民资金互助社根据贷款协议向银行偿还贷款；

g. 银行在农民资金互助社贷款结清后，将粮食信托资产解押给粮食信托合作社。

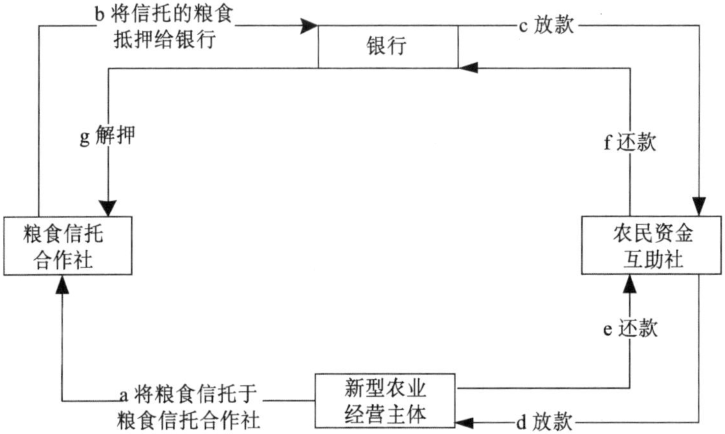

图 5－13 “新型农业经营主体＋粮食信托＋农民资金互助社”模式流程

C. 实施效果。

a. 将新型农业经营主体的粮食等动产通过信托方式整合起来，集中增信后，整体获取银行信贷资金，再分散融资，解决了新型农业经营主体缺乏有效抵押担保的现实问题；

b. 通过集体信托、融资的合作方式，有效消除信息不对称，解决了季节性农业生产贷款资金流动性短缺问题，以及后续农产品积压和农业资金的相互转换问题；

c. 新型农业经营主体通江粮食信托给专业化仓储机构，节约了仓储成本，获取了粮食最佳销售收益；粮食信托合作社和农民资金合作社具有风险收益动态平衡的内在动力机制，在发挥服务成员作用的同时，实现了保本微利，有利于参与各方可持续合作。

（3）农业供应链金融创新应用的收益分配

农业供应链金融通过对物流、资金流、信息流的系统性控制，将农业生产资料供应商、新型农业经营主体、农产品运输与加工商、农产品仓储与销售商、提供融资的金融机构、农产品消费者等各参与主体连成一个整体的功能网络体系。体系中的每一个环节都承载着农业产业价值创造的功能，从而使提高了整个产业链条的总体收益水平。由此可见，农业供应链金融具有“整体增效、利益共享”的可持续的内在动机机制，而风险与收益如何在各参与主体之间合理均衡分配，则是保证整个供应链金融模式可持续运行的重要提前。因此，在新型农业经营体系创新应用农业供应链金融不仅需要考虑模式的选取问题，还要对其风险与收益分配机制做出合理安排。基于农业供应链的合作博弈关系，可以利用博弈论中的沙普利（Shapley）值方法对农业供应链金融增进整体利益和各方收益均衡做一个简要论证。该方法作为一种解决多人合作如何决策的数学算法，侧重研究参与者之间如何分摊成本、如何分配利益的问题，其核心思想既不是平均分配，也不是根据投资成本比例分配，而是基于联盟成员在农业供应链中的重要承兑或贡献大小来进行分配的一种方法，其最大优点在于其计算原理和分配结果具有一定的合理性，易于被联盟内的各成员视为公平而普遍接受。由于农业供应链金融模式中的各参与主体之间本质上是一种合作博弈关系，利用沙普利（Shapley）值方法对农业供应链金融的参与主体进行分析，既可以对各参与方提供一个相对公平合理的风险—收益分配结果，又可以将农业供应链金融的收益分布与传统农业融资方式进行一个比较。如果农业供应链金融参与各方的收益均大于传统农业金融模式中各方所应对的收益，则表明该供应链金融实现了效能改进并具有经济上的可行性，能够可持续稳定运行下去。

①模型构建。设 N 为合作博弈关系中所有参与人的集合。其中，n 为表示参与人的个数，为正整数；S 是 N 的子集，表示参与人之间的联盟，$S\subseteq N$；$V(x)$ 为联盟合作博弈的效用函数；ϕ 记作空集，$V(\phi)=0$。当 $V(N)=\sum V(i)$，且 $i\in N$，则称该联盟为非实质合作性博弈关系；当 $V(N)>\sum V(i)$ 或 $V(S)>\sum\limits_{i\in s} V(i)$，且 $i\in N$，$S\in N$，称该联盟为实质性合作博弈关系，即各参与人之间具有帕累托改进机制，联盟内部存在净收益增加空间。

对于实质性合作博弈关系，应满足以下条件：一是总联盟的效益大于或等于联盟内互不相交的子联盟的效益之和，即 $V(N)\geqslant\sum\limits_{j=1}^{m} V(S_j)$，$m$ 为总联盟中不互相交的子联盟；二是任意两个互不相交的子联盟，如果能够实现单个子联盟剩余，则两个子联盟联合起来的总效应大于或等于两个单个子联盟效应之和，即 $V(S)+V(T)\leqslant V(S\cup T)$，$S\in N, \mathrm{T}\in N$，且 $S\cap T=\phi$；三是随着联盟规模的扩大，任意成员对联盟的边际贡献也相应增大，即对于任意 $S \in N, T \in N$，有 $V(S) + V(T) \leqslant V(S \cup T) + V(S \cap T)$；四是联盟中每个个体是理性的，即 $X(i) \geqslant V(i)$，$\forall i \in N$，其中 $X(i)$ 表示各成员在联盟中获取的收益分配。五是联盟整体是理性的，即 $X(N) = \sum_{i \in N} X_i = \sum_{i=1}^{n} X_i = V(N)$。由此，实质性合作博弈联盟个成员所得利益分配的 Shapley 值为：

$$\varphi(V) = \sum_{S \subseteq N} [(|S| - 1)!(n - |S|)!]/n! \times [V(S) - V(S \backslash i)]$$

$\varphi(V)$ 为 Shapley 的值；$|S|$ 是联盟集合 S 中成员的数量；$S \backslash i$ 表示联盟 S 中去掉参与成员 i 后的子联盟。在联盟各方信息对称的条件下，Shapley 有唯一解，且分配机制确定。

然而，在现实当中，每个联盟成员的风险偏好、资本增值率、努力程度都各不同。由于 Shapley 值法认为这些影响因素是均等的，即 $\overline{G} = \frac{1}{n}$。因此，有必要对理想状态的 Shapley 值进行修正，才能够更加切合实际。

在农业供应链金融联盟中，总效用函数 $V(s)$ 在考虑参与主体的努力程度、资本增值率、风险承担大小等影响因子的情况下，各参与主体的利益分配为 $V(i)$。设单个成员实际获得利益为 $V(i)'$，联盟伙伴的实际影响因子为 G_i，差值为 $\Delta G_i = G_i - \frac{1}{n}$，则 $\sum_{i=1}^{n} G_i = 1$ 且 $\sum_{i=1}^{n} \Delta G_i = 0$，$\Delta G_i$ 表示实际影响因子与理想状态下影响因子的差值。该联盟成员的实际利益分配修正值为 $\Delta V(i) = V(s) \times \Delta G_i$。因此，该联盟成员的实际分配利益为：$V(i)' = V(i) + \Delta V(i)$。

当 $\Delta G_i \geqslant 0$ 时，表示该成员在实际合作中的努力程度、风险承担、资本增值成本等综合影响因子高于理想状态，因此该成员应分配更多的利益。利益修正值为：$\Delta V(i)=V(s)\times\Delta G_i$，即该联盟成员的实际分配利润为：$V(i)'=V(i)+\Delta V(i)$。

当$\Delta G_i<0$时，表示该成员在实际合作中的努力程度、风险承担、资本增值成本等综合影响因子低于理想状态，需要对其多获取的利益予以扣除。修正值为：$\Delta V(i)=V(s)\times|\Delta G_i|$，即该联盟成员的实际分配利润为：$V(i)'=V(i)-\Delta V(i)$。

②实证分析。如，某农业供应链金融参与主体中，共有农资供应商（产前组织）A、新型农业经营主体（产中组织）B、农产品加工销售商（产后组织）C、金融机构（中介服务组织）D4个成员，构成联盟集合N。其中，$N=\{A,B,C,D\}$；$S\subseteq N$，表示成员间不同的合作组合，具体包括：$S_1=\{A,B,C,D\}$、$S_2=\{A,B,C\}$、$S_3=\{A,B,D\}$、$S_4=\{A,C,D\}$、$S_5=\{B,C,D\}$、$S_6=\{A,B\}$、$S_7=\{A,C\}$、$S_8=\{A,D\}$、$S_9=\{B,C\}$、$S_{10}=\{B,D\}$、$S_{11}=\{C,D\}$、$S_{12}=\{A\}$、$S_{13}=\{B\}$、$S_{14}=\{C\}$、$S_{15}=\{D\}$；V是N中每个子联盟对应的特征函数，$V(s)$使联盟S的总收益，其中：$V(S_1)=1000$、$V(S_2)=600$、$V(S_3)=500$、$V(S_4)=450$、$V(S_5)=500$、$V(S_6)=400$、$V(S_7)=300$、$V(S_8)=250$、$V(S_9)=400$、$V(S_{10})=200$、$V(S_{11})=250$、$V(S_{12})=150$、$V(S_{13})=100$、$V(S_{14})=150$、$V(S_{15})=50$。

根据公式$\varphi(V)=\sum_{S\subseteq N}[(|S|-1)!(n-|S|)!]/n!\times[V(S)-V(S\setminus i)]$，该农业供应链金融联盟中各种合作组合的成员收益Shapley值分配如表5-1所示。

由于实现条件的约束，可采用层次分析法，将联盟成员的努力程度、风险偏好、资本增值等情形纳入其中，建立影响因子分配的指标体系，对影响因子赋予响应的权重，求出综合修正因素

表 5－1　　农业供应链金融联盟合作利益分配 Shapley 值分布

参与主体	单干	(A, B)	(A, C)	(A, D)	(B, C)	(B, D)
农资供应商 A	150	225	150	175	—	—
新型农业经营主体 B	100	175	—	—	175	125
农产品加工销售商 C	150	—	150	—	225	—
金融机构 D	50	—	—	75	—	75
参与主体	(C, D)	(A,B,C)	(A,B,D)	(A,C,D)	(B,C,D)	(A,B,C,D)
农资供应商 A	—	191.67	233.33	175	—	275
新型农业经营主体 B	—	216.67	183.33	—	183.33	283.33
农产品加工销售商 C	175	191.67	—	175	233.33	275
金融机构 D	75	—	83.33	100	88.33	166.67

的数值，再利用 Shapley 值修正公式对联盟各成员利益分配进行优化调整。

假设已经求得综合修正因子的值：$G_A = 0.1$，$G_B = 0.4$，$G_C = 0.2$，$G_D = 0.3$，$G_A + G_B + G_C + G_D = 1$；

则：

$\Delta G_A = G_A - 1/n = 0.1 - 1/4 = -0.15$

$\Delta G_B = G_B - 1/n = 0.4 - 1/4 = 0.15$

$\Delta G_C = G_C - 1/n = 0.2 - 1/4 = -0.05$

$\Delta G_D = G_D - 1/n = 0.3 - 1/4 = 0.05$

$\Delta G_A + \Delta G_B + \Delta G_C + \Delta G_D = 0$

根据联盟成员的实际利益分配修正值公式 $V(i)' = V(i) + \Delta V(i)$，$\Delta V(i) = V(s) \times \Delta G_i$：

$V(A)' = 275 \times (1 - 0.15) = 233.75$

$V(B)' = 283.33 \times (1 + 0.15) = 331.16$

$V(C)' = 275 \times (1 - 0.05) = 261.25$

$V(D)' = 166.67 \times (1 + 0.05) = 175$

修正后的农业供应链金融联盟合作利益分配 Shapley 值分布见表 5－2。

表 5-2 修正后的农业供应链金融联盟合作利益分配 Shapley 值分布表

方法	收益分配				(A,B,C)	(A,B,D)	(A,C,D)	(B,C,D)	(A,B,C,D)
	A	B	C	D					
Shapley 值法	275	283.33	275	166.67	满足	满足	满足	满足	满足
修正值法	233.75	331.16	261.25	175	满足	满足	满足	满足	满足

通过 Shapley 值方法的比较分析，在纠正传统融资模式分配奇高奇低的同时，并将农业供应链金融模式中风险与收益均衡优化，更加有利于增强农业供应链金融模式的生命力。特别 Shapley 值修正后，农业供应链金融联盟中的各成员分配结果更加贴近于实际，易于各参与方所接受，有利于维护农业供应链金融参与各方利益分配的公正性，保持联盟成员合作的持续性和稳定性，进而使得新型农业经营发展体系的良性循环得到持久发挥。

（4）农业供应链金融创新应用的运行保障

根据农村经济金融理论，农村经济决定农村金融，农村金融反作用于农村经济。农业供应链金融也是如此，其能否有效运行主要取决于农业供应链的运行质量。农业供应链作为一种系统的功能性网链结构，只有所有参与者之间长期保持关系密切、交易稳定、风险共担、利益共享的伙伴式的共生关系，才能确保供应链持续稳定运行，现实伙伴整体利益和链条增值，这是嵌入农业供应链金融侧前提条件。同时，农业供应链金融交易关系较为复杂，任何参与者都存在违约的风险，一旦某或某几一环节出现违约，将可能对整个链条造成“多米诺骨牌”式的风险冲击，因此风险操作控制也是决定农业供应链金融能够有效运行的重要环节。此外，农业供应链金融在操作过程中，会涉及农业存货押品的选取、确权、抵押、变现等具体问题，相关的制度体系和市场环境的配套支撑也不可或缺。因此，针对其创新应用农业应链金融的现实基础和薄弱环节，有必要加强农业供应链金融运行保障机制建设，为新型农业经营主体借助供应链金融这池活水加快发展创造有利条件：一是完善农业供应链金融的运行载体。加强产前、产中、产后网链化建设，支持农业产业化企业加快发展，扩大规模化、市场化程度，形成农业产业链的核心力量，带动整个链条增强风险防范市场增值能力；规范发展农民专业合作社，通过组织化经营，建立持续稳定的农业生产基地；畅通农资和农产品购销渠道，农业生产者与农资供应商、农产品加工、运输、销售商之间，建立长期稳定的销订单关系，形成信息共享、相互信任、共赢合作的战略合作伙伴。通过完善制度框架、强化声誉约束、健全信用保障、合理分配收益等系列措施，增强农业供应链条的规范性和稳定性。二是科学设计农业供应链金融的风控机制。针对农业供应链订单兑现率偏低的现状，着重加强农村信用体系建设，增强农业供应链治理功能，采取连带保证和违约互保的方式，借助网链现金流封闭运行的有利条件，确保金融产品的风险可控。加强大宗商品市场行情跟踪，着重选取流动性强、容易变现、价格相对稳定的抵押物，建立抵押物目录管理制度、押品盯市制度、仓库巡查巡检制度，确保抵押和存货监管可控。健全供应链金融业务制度，严密业务操作流程，防止业务法律瑕疵和操作风险。三是优化农业供应链金融的运行环境。加快完善相关制度和法律法规，重点解决对农业连融资模式下的物权确认、押品监管、仓储控制、跌价补偿、担保实现等不明确问题，加快仓储物流建设，建立健全押品交易市场，增强市场交易的透明度，扫清资产变现的制度障碍，为农业供应链金融创新应用奠定基础。

5.2.2 “互联网金融 + 新型农业经营”的创新应用

新型农业经营主体是中国现代化农业生产的主导力量，但融资难问题制约着其健康发展。互联网金融拓展了资金供给新渠道，能有效弥补传统金融对中国农业发展支持的不足。融资模式创新是经济发展新常态的内在需求，互联网金融支持新型农业经营主体融资有利于两者协同发展。P2P 信贷融资、基于大数据小额贷款融资、众筹融资等模式与新型农业经营主体融资模式创新具有内在契合性，而完善互联网金融基础设施、提高经营者金融与诚信意识、建设现代企业制度等举措是其融资模式创新的有力保障。近年来，互联网金融在迅速兴起，给中国金融业带来了深刻变化。2013 年，以余额宝为代表的互联网金融产品风靡一时，开启了中国“互联网金融元年”。2014 年，微信红包快速走红，P2P 网络借贷爆炸式增长。2015 年，互联网金融“野蛮生长”下的风险隐患凸显，各种网路金融欺骗、跑路问题频发。随后，国家加大了互联网金融整治力度，央行等是部委出台了互联网金融健康发展指导意见，互联网金融逐步向规范化轨道迈进，对促进实体经济发展、服务创新创业、实现普惠金融的作用日益凸显。有资料显示，到 2015 年，中国 P2P 网贷平台已达 2595 家，网贷投资人和网贷借款人分类达到 586 万人和 285 万人，网贷成交量达到 9823 亿元；网络众筹平台达到 238 家，其中非公开股权众筹平台、奖励众筹平台、公益众筹和混合众筹平台分别为 130、66、8 和 34 家，全年成功募集资金 114. 24 亿元，其中非公开股权众筹和奖励众筹各募集资金 51. 9 亿元和 56. 03 亿元。可以预见，在国家鼓励发展与规范监管的双重政策作用下，未来的中国互联网金融业将在回归理性的轨道上稳健发展。与此同时，中国农业现代化发展进程快速，农村农业生产关系和农业经济业态不断变迁，农民专业合作组织、家庭农场、农业产业化企业、种养大户、农业经营性服务组织等新型农业经营主体方兴未艾，规模化、专业化、集约化经营极大地促进资源利用率、劳动生产率和土地产出率的提升。但受信息不对称、交易费过高等供求各方的深层次因素制约，新型农业经营主体在经营发展中普遍存在着“融资难、融资贵”的金融困境。而具有覆盖广、门槛低、提供金融服务边际成本几乎为零的互联网金融在消除信息不对称、较低交易费用等方面具有先天优势，在技术无边界、资金无国界的创新驱动的时代背景下，无疑为破解新型农业经营主体融资困境提供了新的实现路径。

（1）新型农业经营主体创新应用互联网金融模式的理论分析

互联网金融模式在新型农业经营体系的创新应用，源于互联网金融供给的本质特征与新型农业经营主体金融需求的本质特征高度契合，有着供求互受的内在驱动机制和许多理论基础做支撑。一是交易成本理论。根据新制度经济学的交易成本理论（Transaction Cost Theory），交易成本是制度存在的必要性，制度优化的最终目标就是节约交易成本。目前，新型农业经营主体融资困境的根本原因就是金融交易行为达成的成本过高，导致金融机构“恐贷、惜贷”，借款人有效融资需求得不到满足。互联网金融是新条件下有效降低交易成本、提高金融产品和服务效率的一种的金融制度形态，通过大数据、云技术、区块链等互联网新技术，可以大大降低金融交易的搜寻成本和匹配成本，有利于促进新型农业经营主体融资困境的缓解。二是信息经济学理论。信息经济学理论（Information Economics）认为，信息创造价值，信息技术的创新应用有利于消除信息不对称、降低市场交易成本。信息信息不对称在市场条件下的普遍现象，任何一个人相对于整个世界都是“盲人摸象”，交易双方占有的信息互为不对等，当这种信息不对等的程度达到一定阈值，逆向选择和道德危害就容易发生，严重降低了市场运行效率。传统的金融服务模式下，新型农业经营主体刚刚起步，经营财务信息不透明，金融机构精准识别借款人资信状况存在信息障碍，造成金融交易达成困难。基于大数据技术的互联网金融在信息传递、甄别、处理等方面具有快速、准确、便捷等优势，能够充分挖掘信息价值，将信息流、物流和资金高效地链接在一起，增强信息的透明度，缓解信息不对称，降低融资对抵押担保条件的要求，提高金融服务和交易的效率，为新型农业经营主体拓宽融资渠道另辟了蹊径。三是长尾理论。“长尾”是统计学幂律（Power Laws）和帕累托分布（Paretodistributions）特征的口语化表述。长尾理论认为，考虑到成本和效率，人们更多地关注正态分布曲线“头部”市场，而忽视曲线“尾部”的市场，只要产品的存储和流通的渠道足够大，那些需求不旺、销量不佳的产品所占据的市场份额比热销产品所占据的市场份额还要大。克里斯·安德森指出，“长尾”具有内生力量，生产工具的普及可以扩大产品的选择空间，增大消费群体，降低消费成本，提高长尾市场的流动性，从而有效抬高销售曲线，扩大曲线覆盖的面积。同时，新技术的产生能够有效连接供求，使市场需求向曲线右方移动，进而扩大了利基市场。互联网金融凭借低门槛、个性化服务和良好的用户体验等优势，能够充分发挥“长尾”的强大内生力量，更好地提供低成本、广覆盖、高效率的金融服务，促进金融普惠，增强对新型农业经营主体的金融支持力度。四是麦克米伦缺口理论。该理论创始人（Macmillan Cap）认为，中小企业饥渴程度相对较高，而金融机构又不完全按照中小企业的要求为其提供融资，由此导致的资金缺口就是“麦克米伦缺口”。新型农业经营主体因发展不够规范，信息不对称，缺乏银行认为的抵押担保措施，导致银行不愿为其贷款，因此同样也存在与中小企业类似的“麦克米伦缺口”。互联网金融作为传统金融的有益补充，在日新月异的商业模式变革中具有广泛的普惠性，通过在农业领域有效的推广应有，可以一定程度上弥补新型农业经营主体“麦克米伦缺口”。五是平台经济学理论。平台经济学（Platform Economics）强调市场结构的作用，利用网络平台可以丰富和拓展多边交易市场，进而对降低交易费用、提高市场效率有促进作用。互联网金融基于平台经济学理论，借助新一代互联网技术，可以迅速激发多边市场，创造无限的增值空间，能够实现“羊毛出在狗身上、猫数钱、猪买单”。这种多边网络平台效应，能够将网络众筹模式引入新型农业经营主体的农产品销售、农业产业项目股权投资、债权投资等应用领域，将低成本、碎片化资金整合起来，为满足新型农业经营主体金融需求提供无限可能。

（2）新型农业经营主体创新应用互联网金融模式的现实意义

新型农业经营主体金融服务模式创新要契合于国家整体发展的现实条件，加快互联网金融在本领域的创新应用只是其中的一种模式。尽管目前互联网金融规模在整个金融体系中的占比还不大，但其发展势头良好，对实体经济的积极作用也日渐凸显，在农业领域创新应用互联网金融对深化农业供给侧改革、拓宽新型农业经营融资渠道具有重要的现实意义。第一，创新应用互联网金融有利于拓宽新型农业经营主体的融资渠道。中国经济进入新常态，经济增速由高度转向中高速，经济结构调任务更加紧迫，迫切需要改善农业经济的发展质量和效益来补齐经济发展短板。当前，国家对“三农”的投入持续加大，为新型农业发展带来了新机遇。但由于中国财政收入增速放缓、农村金融尚不完善、农业 PPP 项目刚刚起步，农业金融供给不足问题依然突出。借助 2015 年国家提出的“互联网+”行动计划，推动互联网金融新模式在新型农业经营领域的应用，有利于扩宽农业融资渠道，提高农村金融供给效率，加快传统农业向现代农业转型升级，为新常态下现代农业发展提供新动力。第二，创新应用互联网金融有利于降低新型农业经营主体的融资成本。互联网金融供给与新型农业经营主体融资需要高度契合，通过互联网金融的推广应用，扩大农村金融利基市场的曲线覆盖面，能够缓解新型农业经营主体融资难、融资贵问题，实现合理成本下的便利化融资。P2P 网贷平台以极低的运营成本，将社会闲散资本聚集起来，满足新型农业经营主体的经常性、分散化小额信贷需求。基于电商平台的网贷信贷，能够根据客户在电商平台的交易数据准确评估其信用状况，并在此基础上快速实现融资交易，大大缩短了信贷审批流程，提高了新型农业经营主体获取贷款的概率。众筹平台可以将新型农业经营主体的农业项目在社交平台广泛传播，募集股权资金或债权资金，同时帮助其加强宣传，提升产品和企业知名度，对新型农业经营主体打开市场具有积极的促进作用。第三，创新应用互联网金融有利于实现新型农业经营体系的金融普惠。在新型农业领域大力发展互联网金融，普及智能设备及智能终端，使大量的资金供给者及资金需求者能够更加方便的参与到互联网金融活动中，便捷资金融通。利用互联网金融使资金需求与供给精准对接，使社会公众闲置资金通过有效途径聚集并找到合适的投资标的，流向更多新型农业经营主体，有效支持新型农业经营主体的经营发展。同时，融资中介机构依托信用数据库进行数据挖掘和分析，引入金融需求特征与风险分析和资信调查模型等技术，有效把控风险，可续安排风险偏好分析，降低客户准入门槛，使金融服务可以更广泛的覆盖资金需求者，解决金融支持新型农业经营主体的资金来源以及门槛高的问题，从而极大拓展了普惠金融发展的受众面。此外，借助互联网金融平台，新型农业经营主体还可以根据获得的信息进行生产决策，调整生产结构，通过互联网金融平台整合产业链内的要素资源，使产品与需求得到更好对接，提高产业链的流通效率，促进新型农业经营主体生产结构的提档升级以及经营发展。第四，创新应用互联网金融有利于丰富新型农业经营主体金融服务体系。新常态下，中国经济下行压力持续不减，不稳定不确定性因素增加，金融脱媒明显，银行利差收窄，盈利水平下降，金融业面临系统性创新压力。借助大数据、云计算、区块链等新技术，积极参与互联网金融革命，推动融资模式创新，既是打造金融新业态、谋求金融行业自身发展的必然选择，也是弥补传统金融对新型农业经营主体支持不足，支持现代农业加快发展的重要举措，也将对深化经济发展新常态下金融供给侧改革起到积极作用。

(3) 新型农业经营主体创新应用互联网金融模式的应用类型

随着国家“互联网+”行动计划的深入实施，互联网金融在理性轨道上逐步回归，其广渗透、低门槛、地成本、高效益的独特优势，在小微和“三农”领域的普惠金融中的作用越来越明显。新型农业经营主体融资需求特征与互联网金融模式具有较高的契合性，积极借助互联网金融缩小新型农业经营主体“麦克米伦缺口”大有可为，以融资难、融资贵为主要特征的农村金融“长尾”将有可能成为深化供给侧结构性改革的一个新的“利基市场”。

①P2P网贷融资模式在新型农业经营领域的创新应用。P2P (peer to peer lending) 网络信贷作为互联网金融最主要的形式之

一，借助互联网优势，贷款业务的申请、审批和交割等大部分流程都是通过网络平台以点对点的方式完成。2005 年，P2P 网贷诞生于英国 Zopa 网站，十多年已经 14 万人发放 10.94 亿元英镑的借款。2006 年，美国第一家 P2P 公司 Prosper 上线。2015 年，全国最大的 P2P 网贷平台 Lending Club 完成 60 亿美元的放贷总量并成功上市。目前，全球已有上千家 P2P 网贷平台，并开始国际化。在“互联网 +”背景下，中国 P2P 网贷蓬勃发展，平台数量由 2011 年的 50 家增长到 2015 年的 2595 家。2016 年，全国 P2P 网贷平台年度总交易量超过 1 万亿元，成了金融服务实体经济的有益补充。利用 P2P 网贷贷款平台申请融资可以弥补传统信贷供给条件严格、手续繁杂、交易成本高等不足，对解决新型农业经营主体应急性、临时性小额资金需求有积极意义。目前，国内 P2P 网贷平台交易活跃并呈现差异化发展，主要有三个子模式可供新型农业经营主体选择利用。

A. 信息中介平台模式。新型农业经营主体与 P2P 网络借贷平台建立合作关系。P2P 网络借贷平台将新型农业经营主体的借款数额、期限、贷款用途、还款计划、保证措施等信息在平台上发布，寻找合适的出借人，出借人可以单独出借，也可以联合出借。在这种模式下，P2P 网络借贷平台只起到撮合作用，本身不提供资金，也不提供担保。网贷平台以服务费为主要收益来源，一般为成交金额的 2%—4%，其审核方式以上线为主，对借款人提交的书面材料电子扫面件进行审查，借款利率根据资金市场供需情况确定，清收不良贷款委托清收公司催收或通过司法诉讼解决。这类平台，国内规模较大的有陆金所、拍拍贷、点融网、红岭创投等。由于各网贷平台盈利模式和风险偏好不同，其运作的具体方式不尽相同。见图 5 - 14。

图 5－14 新型农业经营主体借助信息中介式 P2P 网贷平台融资流程图

B. 小贷公司线上模式。P2P 网络借贷平台与多家小额贷款公司合作，由平台在小额贷款公司审查后的借款项目中在筛选出优质项目通过平台出售为投资者。平台收益主要是为小额贷款公司和投资人所支付的服务费。新型农业担保主体不能直接通过平台发布借款项目，需向小额贷款公司及担保公司申请，由小额贷款公司及担保公司对其信用进行考察、审核后，再经过平台二次审核后向外发布。小额贷款公司及担保公司承担贷后管理工作。一旦借款出现不良，由小额贷款公司利用利差进行赔付，利差不够则动用资本金，资本金还不够，再由平台代偿。目前，国内的"有利网"等均采取此模式，年交易量近百亿元。见图 5－15。

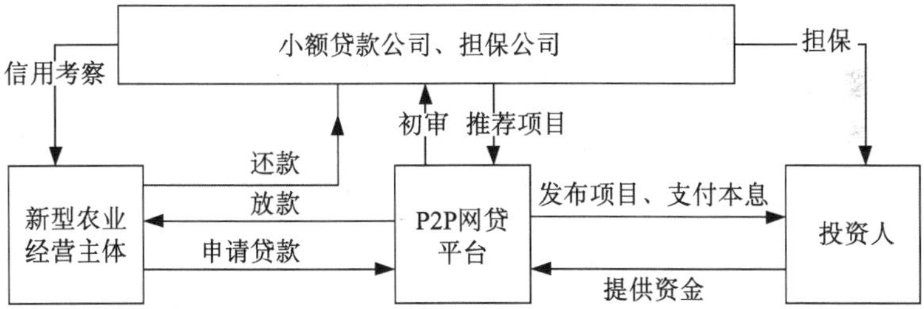

图 5－15 新型农业经营主体借助小贷线上 P2P 模式融资流程

C. 债权转让交易模式。由 P2P 网络借贷平台提供资金，与新型农业经营主体等借款人形成债权债务关系，再由平台将债权分拆成固定收益理财产品通过网络平台销售给出借人。平台不再是简单的信息中介，而是参与了资金转移的全过程。网贷平台收取服务费为主要收入来源，具体包括债权转让费、风险保障金、借款人与出借人之间的利差。平台采取双重审查，先对贷款申请进行线上初步审查后，再进行线下实地调查，尽可能确保债权相对安全。对于不良贷款，采取电信提醒、上门拜访、委托清收、法律诉讼等多种方式进行。见图5-16。

图5-16　新型农业经营主体借助债权转让交易P2P模式融资流程

②网络众筹模式在新型农业经营领域的创新应用。众筹（Crowd，funding）是指通过大众力量获取项目资金，目前正逐步成为一种新型互联网融资模式。项目发起人以互联网为平台，集中社会大众为新型农业经营主体生产经营筹集资金，借贷双方通过生产经营剩余价值的再分配获取各自利益。目前，市场上主要有借贷众筹、股权众筹、奖励众筹等三种形式。与传统金融方式相比，众筹具有融资准入门槛低、成本低、资金碎片化、参与互动感强赫参与者高度分散等特征。通过众筹，可以将新型农业经营主体的生产项目规划、经营创意展示给社会公众，争取网民关注和支持，进而获得社会资金援助。主要参与者包括：项目发起人、众筹平台和投资者。项目发起人有创造能力或产业项目单缺乏资金，投资者有闲置资金并对项目发起人的创新、回报感兴趣，众筹平台为项目发起人和投资人架起撮合平台，充当项目经理人角色，维护平台系统，管理众筹项目，并承担相应法律责任。

A. 农产品群购众筹。新型农业经营主体与电商建立购销合作关系，利用电商客流强大、品牌信誉高、软件智能化优势，在互联网平台发布农产品销售信息，通过群购让利、捆绑购买等方式，吸引大量众筹客户，实现农产品顺畅销售，加快资金周转。见图 5－17。

图 5－17　新型农业经营主体借助网络众筹平台农产品团售流程图

B. 农业项目融资众筹。新型农业经营主体与网络众筹平台合作，通过众筹平台的审查策划，将农业生产项目或投资创意向社会公众发布，采取债权众筹或股权众筹的方式，在帮助新型农业经营主体解决融资难问题的同时，帮助更多的人分享现代农业投资回报。具体操作流程：新型农业经营主体发起项目，提出商业计划书和融资需求；众筹平台进行项目审核，并项目方沟通并做好上线准备；项目审查成熟后，通过项目预热路演、约谈确定领投人、上线、引进跟投人、投资人确认等环节，完成项目筹资；取得项目资金后，项目发起人主导注册项目合伙实体，与平台共同对投后管理、利润分配和股东退出实施管理。见图5－18。

图 5－18　新型农业经营主体借助网络平台农业项目众筹流程

③互联网供应链融资模式在新型农业经营领域的创新应用。以信息为基础的自动化业务处理和以客户关系管理为核心的“互联网＋供应链”金融模式，借助线上交易平台，突破物理网点限制，整合上下游供销商、物流商、贸易商、电商各经济主体交易信息，利用云技术、大数据等新技术，基于信息流、物流和

资金流，对供应链各交易主体有针对性地提供信用增信、融资、担保、结算、账款管理、风险控制等金融产品和组合服务，拓宽客户和交易渠道，提高供应链市场竞争力，有效缓解新型农业经营主体融资难题。目前，国内互联网供应链领域主要有电商供应链金融和或银行系电商供应链金融两种运行模式，推出了B2B和B2C相结合、侧重B2B模式、“N+N”模式等众多金融服务产品，平安银行、农业银行、招商银行等金融机构均推出了服务农业领域的互联网金融服务项目，为新型农业经营主体经营发展提供了新的载体。以“N+N”互联网供应链金融为例，该模式去中心化的链条式发展为主要特征，网络供应链金融供给机构专注“熟人生意圈”，搭建线上供应链综合服务平台，包括新型农业经营主体在内的各参与方的订单、运单、收单、融资、仓储等经营型信息全部体现在其中，同时引入物流、第三方企业提供配套服务，变过去“1+N”模式为“N+N”模式，每个交易主体都是关键节点，都有上下游，功能覆盖了传统企业的管理会计系统（ERP），不仅成为参与主体的融资平台，也是交易平台，为新型农业经营主体生产发展提供全方位金融服务。见图5-19。

（4）新型农业经营主体创新应用互联网金融模式的保障措施

互联网金融是新一代信息通信技术快速发展趋势下跨界演化而来的新型金融模式，对经济社会发展产生了深刻影响，焕发了金融业态转型的新生机。目前，在国家整治互联网金融秩序的背景下，发挥互联网金融普惠功能服务实体经济尚处于探索阶段，互联网金融“野蛮生长”的部分乱象依然突出，需要不断完善互联网金融制度体系，为新型农业经营领域创新应用互联网金融模式提供基础保障。一是完善互联网金融规制和风险内控框架。

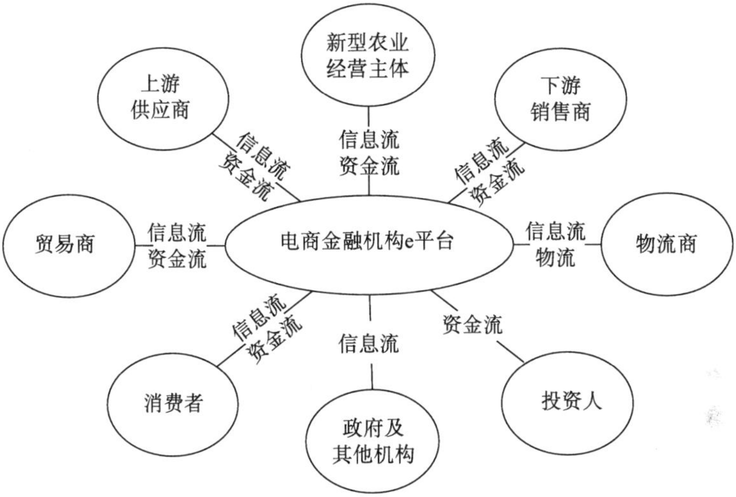

图 5 – 19　新型农业经营主体参与互联网供应链金融“N + N”模式流程

互联网金融的健康发展离不开规范有序的发展环境，需要国家从产业规划、法制规划和金融规则等方面构建一个适应“互联网 +”时代的互联网金融规制框架。而同时兼具“互联网”和“金融”双重基因的互联网金融基于互联网金融业务本社风险扩散快、跨界风险高等特点，金融机构等互联网金融提供者要构建互联网金融业务的风险内控机制，在增强互联网金融风险防范能力的基础上，更好地服务于实体经济的发展。同时，建立互联网金融消费者保护制度，加强对互联网金融消费者权益的保护，通过法律和制度建设，防止各类网络金融欺诈、庞氏骗局和资金跑路，也是维护互联网金融秩序、确保互联网金融持续健康发展的重要保障。二是加快农村信息化建设步伐。中国农村信息化建设步伐加快，为活跃农村经济发挥了重要作用，但目前农村互联网普及率依然偏低。有资料显示，截至 2015 年末，全国农村互联网普及率为 35.17%，一些偏远和落后农村地区互联网普及率不足 20%，亟待通过加强互联网基础设施建设，扩大农村网络覆盖面，增加农村网民群体数量，大力宣传普及应用互联网技术，借助“互联网 +”的力量，将信息流、物流和资金流有效汇聚在现代农业生产经营领域，为新型农业经营发展谋求新的广阔天地。三是加强新型农业经营主体规范发展和诚信建设。互联网经济是一个高度信用的经济，虚拟共同体的信任关系，决定了互联网金融生态的效率和风险。网络共同体内部各组成子系统在相互交流信息中，形成了网络技术外化的激励与约束机制，这些机制最终会形成稳定的伦理秩序和共同价值观。包括新型农业经营主体在内，任何违反网络共同价值观和信用秩序的行为都将受到比现实世界更为严厉的惩罚。互联网金融位大众提供门槛低、便捷化金融服务的同时，也给被服务者提供了更加开放、透明严厉的网络约束，一旦失信将被打入“黑名单”，在动辄“人肉搜索”的虚拟社会中很难再有翻身机会。因此，应加强新型农业经营主体的诚信教育，规范内部治理和发展制度，引导充分认识到互联网金融是把“双刃剑”，既要积极运用互联网技术实现商务交易和资金融通，又要把握互联网应用的适度性，切实借力打力、借船出海，为新型农业经营主体插上“互联网 +”的腾飞翅膀。

5.2.3 PPP 在新型农业经营中的创新应用

随着中国农业产业化进程加快，既需要投入大量的农业生产建设资金，也需要不断提高农业资金有效利用率，来支撑整个新型农业经营发展体系的不断完善。这既需要政府公共资源和财政资金的有效投入，也需要市场化配置的社会资金投入。由此，以联合公共与私人资源为主要功能的 PPP 模式在其中将会扮演中越来越重要的角色。2015 年，国务院办公厅印发《关于加快转变农业发展方式的意见》，提出要加快农业领域投融资创新，探索运用“互联网 +”、PPP、供应链等新型模式，加大对新型农业经营体系发展的金融支持，要求各级政府和有关部门在农、林、牧、渔产业的公共服务领域筛选适宜的项目，运用 PPP 模式来拓宽现代农业投融资渠道。2016 年 12 月 27 日，国家发改委、农业部联合印发《关于推进农业领域 PPP 合作的指导意见》，对推进农业领域政府和社会资本合作的基本原则、支持重点、项目管理、政策支持、金融创新和风险防范提出明确要求。2017 年中央在“一号文件”首次出，要通过政府与社会资本合作（PPP）、财政资本注入、贴息、补贴、设立基金等方式，带动社会资本投向新型农业经营体系。这些政策文件的出台，为新型农业经营体系创新应用 PPP 模式指明了方向，提供了政策保障。起源于英国的“公私合营”的投融资机制分“PPP（Public—Private—Partnership）模式”，是指政府与私人组织以特许权协议为基础、在国家公共物品和服务领域、开展基础设施建设项目投融资合作的公私合作模式。在这一模式下，政府通过提供项目和让渡特许经营权，完成政府职责范围内却又财力不支的项目建设；私人通过提供资金并承担项目运营，来获取长期稳定的投资回报；社会公众通过依法纳税和支付公共服务费，来实现公共福利的增加。进而，达到了“一加一大于二”的政府、私人组织和社会公众的多方共赢的目的。在中国，通常将“PPP”称作“政府和社会资本合作模式”。2014 年，中国政府首次在文件中将 PPP 摆上重要日程，相继出台了一系列关于“PPP 模式”的政策性指导文件，要求在各个领域大力开展 PPP 投融资运作，扩大供给侧结构性改革效果。这一年我们称之为中国的“PPP 元年”。在国家政策的引导下，随着 PPP 投融资运作模式的日益成熟，各地个部门先后出台了引导社会资本投入农业的意见，PPP 模式在农业领域应用初具运营雏形。随着国家支农政策力度不断增强，对农业投资领域和准入门槛逐步放开，现代农业领域"以市场化运作、标准化生产、专业化分工、社会化协作"的"产加贸"一体化投资经营模式越来越受到社会资本的青睐，在新型农业经营体系创新推广应用PPP前景广阔。

（1）PPP在新型农业经营体系创新应用的现实意义

在新型农业经营领域创新应用PPP融资模式，是中国特色现代化农业发展道路中适应农业生产关系优化调整、实现农业生产要素高效配置、增强农产品供给福利的必然要求，也深化农村经济改革、扩大社会市场投资效应、增强农业经济发展活力的现实选择。在国家支农政策和PPP投融资政策的双重推动下，新型农业经营领域创新应用PPP投融资模式将迎来新的历史性机遇。第一，从农业基本属性看，农业项目具备PPP模式的前提条件。PPP投融资模式适用于公共或准公共服务投荣资建设领域，具有投资额度大、周期长、项目风险高的特点，而许多农业项目也恰恰契合于PPP的这些基本要求：一是农业的生产与供给具有准公益性。作为国民经济的第一产业，农业生产不仅承担着经济效益，还承担着很大程度的社会效益，其生产投入和效益输出具有较强的外部性，经济效益只是其全部效益的一部分，单纯从经济效益考量农业生产而不将其社会效益进入其中显然是狭义的。同时，作为第一产业的供给品，农产品具有区别于其他商品的特殊性，它不仅承担着满足市场需求的经济职能，还承载着许多非经济的职能，如保证全社会人口的基本生存权利、保障国家粮食和经济安全、维护社会就业和农村稳定等准公共物品的社会性。基于农业本质的外部性和农产品供给的准公共属性，政府在农业生产与供给中承担自身应有的责任和义务成为必然。同时，农业和农产品的基本经济属性，要求农民、新型农业经营主体也必然是农业生产的主体和农产品的主要供给者。所以，单靠私人或政府投资农业显然都是不恰当的。只有厘清政府与私人、市场与政府之间的职责关系，才能更好地构建科学化的农业生产关系，进而提高农产品供给的综合效益。而 PPP 的介入恰恰能够在政府与私人投融资之间架起桥梁，实现农业产业的公私合作效应。二是农业生产经营项目投资额度大。农业生产经营是个庞大的系统性产业，包括产、供、加、销、贸等诸多环节，涉及能源、化工、机械、生物等众多领域。特别是新型农业经营主体生产经营规模的不断扩大，生产标准提高，技术含量提升，生产要素重组和市场资源整合需要大量投资做支撑。通过政府资金投入，引导社会资金进入，通过社会化运作，将在解决新型农业经营主体大规模资金短缺和投资者回报之间实现效益最大化。三是农业生产经营项目投资周期较长。无论是农田水利建设、农田标准化改造，还是作物、牲畜都有不同的产出周期。因此，农业投资资金从投入到回报需要有一个周期较长的过程。作为基础产业，农业项目收益投入大、见效慢、回报稳定，建设与收益周期一般需要十年、二十年甚至更长时间，这与 PPP 项目运行特征完全相吻合。第二，从农业投资需求看，迫切需要 PPP 投融资模式介入。政策、土地、资金、科技是农业生产发展的四大要素。目前，尽管国家对农业政策倾斜持续加大，但在中国农业领域中投入不足、基础薄弱等瓶颈短板问题依然突出，特别是在新型农业经营发展过程中，有许多公共或准公共服务领域需要大量的资金投入，如农田水利建设、防汛抗旱工程、农业综合开发项目、农村基础设施建设、美丽乡村建设、农业生态保护等，仅靠政府、农民、新型经营主体单方投入都无法满足现实投资需求，迫切需要创新 PPP 投融资模式，整合公共资源和私人资源，吸引更多社会资金进入现代农业生产发展领域，拓宽农业融资渠道，真正提高农业投资效率。第三，从农业投资方式看，迫切需要 PPP 模式来提升资源配置效率。目前，中国政府对农业投资的领域和方式很多，支农资金总量不小但发力分散，各种补贴和专项资金分散在各个部门，资金使用呈现碎片化，无法集中资金办大事。将 PPP 模式引入农业投资领域，有利于整合社会资源，规范政府职能和市场机制之间的职能边界，有效消除市场失灵，改善农业投资效率，扩大农产品供给能力，加速现代农业经济制度现代化进程。第四，从实际运作条件看，中国长期实施农业综合开发，积累了许多农业项目投融资管理经验，且农业综合开发组织机构遍布全国，在现代农业领域探索创新 PPP 模式具备现实的运作条件和基本的经验能力。此外，欧美等一些发达国家在农业领域运用 PPP 有不少成功案例，可供中国创新现代农业投融资模式学习借鉴。

（2）PPP 在新型农业经营体系创新应用的基本思路

顺应现代农业发展的内在要求，坚持国家基础产业战略导向，以提高农业供给效率、增强农业领域公共产品和服务供给能力为目标，创新农业 PPP 投融资体制机制，深化农业供给侧结构性改革，释放新型农业经营体系发展的资金约束，为“四化同步”发展创造基础支撑。对此，应坚持以下基本原则：一是坚持顶层设计。按照政策协调、部门联动、措施配套的要求，制定新型农业经营领域 PPP 投融资制度框架和运作规则，将全国农业产业布局调整、国家主体功能规划和各类现代农业产业园区建设的有机结合起来，将具有准公共产品和服务性质的农业项目纳入 PPP 投融资实施目录，扫清社会资本进入农业的制度障碍，防止盲目投资和重复投资。二是坚持政策引导。成立财政性引导资金，吸引金融机构和其他投资机构共同设立农业 PPP“种子基金”，建立投资引导和增信机制，发挥基金倍数放大效应，带动多元化社会资本进入新型农业经营体系。三是坚持先行先试。发挥典型示范作用，优先在农业现代化水平较高、农业综合开发基础较好、新型农业经营发展较快的省区开展农业领域 PPP 创新应用试点，探索和积累实践经验，待条件成熟后，再逐步有序推广。四是坚持准入标准。严守 18 亿亩耕地红线，建立社会资本投资农业准入制度，对投资农业领域的各类资本进行真实性审查，严把“准入关口”，建立跟踪、监测和评估机制，防止打政策擦边球套取农业产业政策红利、借农业之名非农之实。五是坚持方式灵活。因地制宜，因事施策，尊重客观差异，采取特许经营、投资转让、股权合作、政府购买、投资补助等多种形式，有效设计 PPP 运作模式，引导和带动更多的社会资本投入农业领域公共性、公益性、基础性项目。六是坚持合作共赢。以提高资源配置为导向，聚焦市场失灵部位，合理设计成本、收益和风险比例，发挥政策资金的撬动作用，建立政府、农民、新型农业经营主体与社会资本之间的利益联结机制，形成政府尽责、农民增效、社会资本获利、新型农业加快发展的多方合作共赢局面。

（3）PPP 在新型农业经营体系创新应用的主要领域

PPP 模式在新型农业应用领域十分广泛，只要需要政府投入、具有公共产品或服务特征且投资额度大、运维周期长的农业项目均可尝试运用 PPP 来改善投融资效率。主要应用领域包括：一是现代农业产业园区建设项目。现代农业产业园区项目投资额度一般整体项目建设都在 5 亿元以上，单个项目也在 1 亿元左右，项目运营期限一般都在 10 年以上。其中，财政资金投入占 20% 左右，农业产业化龙头企业投资占 30%—50%，银行贷款或其他投资占 30%—40%。基于现代农业产业园区项目的基本特征，完全可以采用 PPP 中的 BOT 模式（建设—运营—移交）或 BOO 模式（建设—拥有—运营）来创新投融资方式，这样既可以通过合理的投融资制度安排来加快园区的建设进程，又可以通过专业化项目公司来提高园区运营管理效能。农业产业化园区由财政资金和社会资本共同投资建设。政府对园区进行整体规划，提供建设配套财政资金，并承担公共管理和服务。通过合同约定，政府将产业园区的建设、运营权利交给农业产业化龙头企业。农业产业化龙头企业扮演项目公司角色，对加工、仓储、物流等园区基础设施等承担设计、融资、建设、维护和用户服务等职责。合同服务期满后，园区产业项目资产及相关权利再移交给政府，或继续由政府授权委托项目公司运营、维护。二是高标准农田建设项目。新型农业经营主体扩大再生产规模，对占有的长期流转土地实施标准良田改造，需要大量资金投入。通过标准良田改造，一方面，带动新型农业经营主体自身经济收益的提高；另一方面，土地承包者的土地经营权得到升值，农业生态由此得到改善，农产品供给质量和食品安全得到进一步保障。这些公共利益的正外部性决定了政府需在标准良田建设中发挥作用。政府对高标准良田改造主要有财政贴息、财政补贴两种支持方式。前者运作模式是：实施主体注入不低于良田改造项目总投资额20%的资本金，其余部分向银行申请中长期贷款，项目达标经验收后，中央财政给予全额贴息，项目运营、收益和用户服务全部归实施主体承担。后者运作模式是：实施主体投入不低于项目总投资30%的资本金，其余部分向银行申请中长期贷款，项目达标经验收后，中央财政根据成本收益水平给予实施主体相应的财政资金补助。标准良田改造项目适用于PPP中的BOO模式（即建设—拥有—运营），不仅单纯依靠银行贷款，还可以将社会资本纳入项目资金来源，通过实施主体长期稳定的综合收益，来实现投资者的资本回报和多方共赢。三是农业产业化经营项目。为加快农业产业化进程，更好解决第一产业可持续增长问题，各级政府在种养殖、农业技术推广、农产品加工、仓促、运输以及农资市场建设项目方面给予财政贴息、补助、奖励、资本金注入等政策支持。可将政府对农业产业化经营的财政支持方式转化为PPP模式。基于农业产业化龙头企业是农业产业化经营的核心力量的客观现实，创新应用BOO模式（建设—拥有—运营），由农业产业化企业发起项目实施，政府、金融机构和其他社会资本通过长期投资协议联合投资项目建设。农业产业化企业拥有项目所有权，承担项目设计、融资、建造、运营、维护和用户服务职责，对政府恪守项目运行承诺并接受监管，对银行和社会资产定期支付利息或投资回报。四是农业科技推广等其他农业建设项目。对于农业科技推广、田间小型基础设施管护等项目PPP的MC模式（管理合同），由政府建设推广和公共服务设施，建成后通过委托合同将公共设施的运营、维护和用户服务等职能让渡给新型农业经营主体。政府保留资产所有权和监督权，对于无法通过市场覆盖运营、维护管理费的，还要对运营主体支付管理费用或给予资金补助。此外，灌区节水改造、养殖小区、良种繁育工程、农村沼气工程、设施农业、基层动物防疫体系、农村批发市场等领域，都可以根据项目投资额度的大小、投资期限的长短以及项目运行的性质，有针对性选取PPP中的MC（管理合同）、BT（建设—移交）、BOT（转让—运营—移交）、BOO模式（建设—拥有—运营）、BOOT（建设—拥有—经营—转让）等模式加以运用。

（4）PPP在新型农业经营体系创新应用的运行机制

新型农业经营投资领域成功运用PPP模式需要把握好以下关键要点：第一，作为投入高、回报慢、风险大的农业项目，必须有必要的财政资金作为引导，并向项目运营方让渡一部分公共资源收益，通过合理的PPP投融资作为方案吸引社会资本的进入；第二，PPP投融资运作方案必须与具体农业产业项目有机结合，符合农业生产经营规律和投资回报规则；第三，PPP投融资必须具备投资各方风险工担、利益共享的内在动力机制，不仅包括经济收益的合理分配，也包括社会效益的溢出。对此，政府可指定农业主管部门根据农业产业发展战略布局建立农业PPP投资项目库，针对农业PPP投资项目规划，分门别类地设计PPP具体方案，定期公布农业PPP投资项目、运作方案和准入条件，通过公开招标方式确定项目运营公司和各类合格社会投资者。农业主管部门代表政府与中标方签订PPP合作协议，明确各方的权利和义务。项目运营公司承担合作项目的设计、建设、运营、维护和用户服务职能，通过政府投资、补助和使用者付费合理投资回报。其他合格的社会投资者通过项目运营公司获取长期稳定的投资回报。农业主管部门对项目输出的公共产品和服务进行质量、价格、环保等方面的监督，保证各方的合理利益，实现项目综合效益最大化。一是建立PPP模式下的农业投资资金导入机制。由于农业投资领域广泛，公共财力相对有限，直接发挥公共财政的引子、种子资金作用尚显不足，必须通过乘数效应放大财政杠杆作用。可由财政注资、联合金融机构成立社会化投资实体，设立农业产业发展基金。基金以支持新型农业经营主体发展壮大为基本目标，借助政府和金融机构的公信力增强投资者信心，综合运用各种金融工具，引导和带动民间资本、社会资金进入农业领域。基金运作可以项目建设期介入，项目建成并实现稳定运营后退出，这样既确保了项目建设运营的实现，还可以腾出基金规模投向更多需要建设的农业项目；基金也可以长期驻留或增注项目公司，这样可以增加被投资企业的资信水平，从而争取到更大额度的社会资本再投资和银行信贷，保障项目做大做强并带动相关产业加快发展。二是建立PPP模式下的农业投资资金有效利用机制。PPP模式下的农业投资，将公共财政引导产业合理布局的优势与私人资本市场化运行的优势有机结合起来，其效用函数兼顾经济效益和社会效益，既体现对整合多方资源实现农业投资规模的扩大上，也体现在现代管理理念的输入对项目资金管理运用效率的提升上，不仅可以改变传统财政支农资金供给分散与效率低下的局面，还可以引导投资无序的民间资金从高杠杆、高风险领域撤出配置到农业生产的薄弱环节，有利于“降杠杆、降风险、补短板”，对加快培育新型农业经营主体，带动农户增收致富，促进农村经济繁荣。三是建立PPP模式下的农业投资风险控制机制。只要是投资就必然有风险，PPP投融资模式也不例外。特别是对投资大、周期长、回收慢的农业领域投资，控制投资风险更是不可回避的重要课题之一。对农业PPP的运作，只要政府诚信与规则没有出现偏差，PPP项目运作的成败、投资方的盈亏都应有市场机制予以承担和解决。因此，强化对地方政府公信力和政府信用建设成为农业PPP可持续运作关键一环。但政府与其他经济主体一样也是“有限理性”的，有必要设立农业PPP项目专项担保基金，一方面可增强社会资本对参与PPP投资的信心，另一方面对应对因地方政府失信行为给投资方造成的损失做出制度安排。同时，农业主管部门应加强对社会资本准入资格的审查，特别是对社会资本集中收购农村土地经营权行为要严把关口，重点对其投资动机、商业模式和项目规划进行评估论证，对其投资运营行为进行全程监控，做到优胜劣汰，确保农地农用。

(5) PPP在新型农业经营体系创新应用的操作流程

随着农村改革的深化，农村土地确权全面开展，国家对农村土地实行“三权分置”且权能扩大，土地流转市场日益成熟，社会资本进入农业领域的制度性障碍逐渐被清除，PPP将在土地规模整合、规模化生产、基础设施建设、土壤修复等领域被广泛应用。对于新型农业经营的不同阶段、领域和项目，其 PPP 模式的操作流程也不尽相同。

①农村公益事业建设模式 PPP 的具体流程。地方政府与项目公司签订合作协议，实行企业投资、政府配套、农民自筹相结合，采用 BT（建设—移交）、BOT（转让—运营—移交）、BOO 模式（建设—拥有—运营）等形式，共同参与农田水利建设、乡村公路建设、农业技术推广应用等项目，实现整体规划、市场运营、利益分享。项目建成后，项目公司实施市场化运作，使用者支付服务费用，项目公司与政府对收益分成，政府将分成全部用于“三农”公共事业。见图 5 - 20。

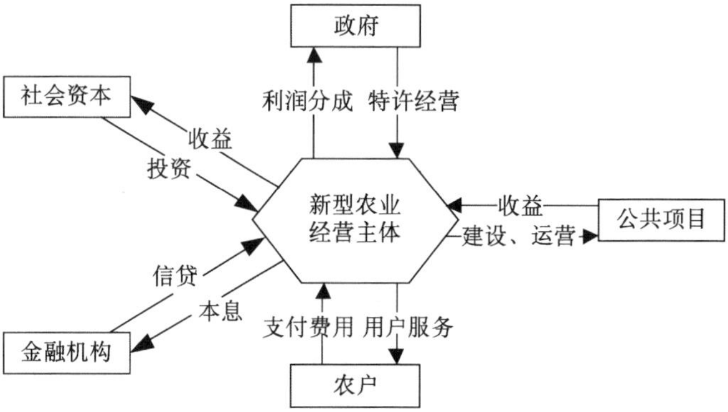

图 5 - 20　新型农业经营主体实施公共事业项目 PPP 投融资业务流程

②规模化生产经营模式 PPP 的具体流程。新型农业经营主体作为项目实施主体，农户以土地向实施主体入股或长期卖断土地经营权，政府进行财政补贴，通过 PPP 方式吸收社会资本投资入股，共同参与规模化生产经营，实现风险共担、收益共享。见图 5 - 21。

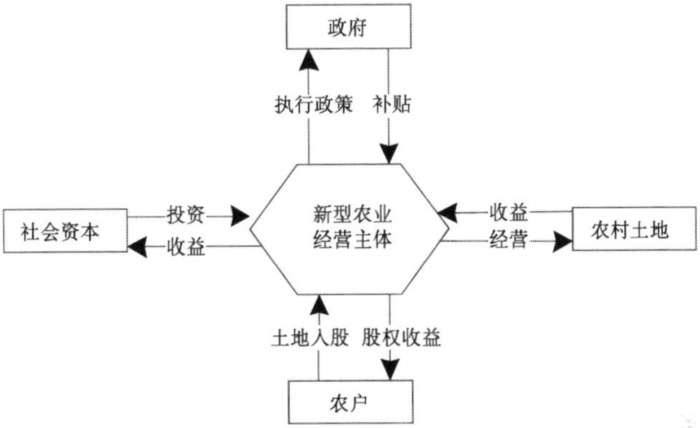

图 5－21　新型农业经营主体规模化经营 PPP 投融资业务流程

③嵌入金融工具模式 PPP 的具体流程。新型农业经营主体承担项目实施职责，农户将土地流转给新型农业经营主体并向其提供劳动力，地方政府向新型农业经营主体提供财政补贴，社会资本通过 PPP 平台投资入股，产业链上下游企业提供农资和农产品供销订单，银行提供贷款支持，科技服务性组织以技术入股或服务收费提供农业技术保障，证券机构对土地规模经营预期收益实施资产证券化，实现参与多方的利益合理分配。见图5－22。

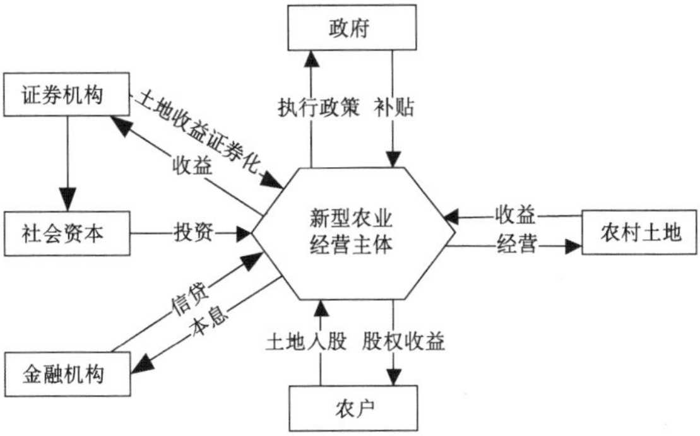

图 5－22　新型农业经营主体嵌入金融工具式 PPP 投融资业务流程

（6）PPP 在新型农业经营体系创新应用的路径选择

当前，政府和社会资本合作（PPP）在新型农业经营领域的推广应用尚处于起步阶段，许多政策配套需要细化和跟进，推进思路和实现路径需要进一步明确。一是完善农业 PPP 项目的制度框架。法律法规和制度框架是农业 PPP 项目推广应用的前提基础。目前，国外发达国家对农业 PPP 项目都有相应的法律制度安排。如，美国通过立法和补贴的方式支持现代农业发展，每五年制定一次《农业法案》，每六年制定一个《农业科技发展计划》，与《农业法案》相衔接，通过政府补贴、税收、信贷支持、价格调控等方式，对农业生产和资源配置提供公私合营制度保证；日本是分散的小农经济，为实现农业现代化，政府通过工业反哺农业、财政转移支付等手段全面干预和调控农业，在农业装备、规模经营、结构调整、农业生产组织化等方面采取政府支持措施；法国通过土地改组政策，高价收购低效经营土地，转卖给工业企业家集中经营，同时对失地农民实行免费医疗、发放退休金、培训转型、进行补贴等方式，避免社会动荡。我国也应参照国外做法，加强顶层设计，对政府与社会资本合作建设农业项目作出法律制度安排，明确农业项目投资者、经营者、受益者等各方的法律关系，切实做好农村资产确权、量化、管护等工作，重点解决农村土地使用权属不清楚、期限不明晰、流转市场不畅通、财政补贴分散化等制约社会资本进入农业领域的深层次问题。完善农业基础设施使用定价机制，创新（准）公益性农业项目多种付费模式，建立合理的农业投资回报机制，确保农业 PPP 项目建设有质量、运营有效益、投资有回报、社会增福祉。二是研究制定农业 PPP 项目的实施方案。国家发改委、农业部已于 2016 年末出台了“农业 PPP 项目指导意见”，对运作原则、支持重点、项目管理等做出了框架性安排，但还需根据农业 PPP

项目实际运作有需求，对指导意见进行细化，制定具体的实施方案，对农业PPP项目的准入标准、运作方式、具体流程、运营管理、推出机制等实现途径做出规定，将各个环节的保证措施想深、吃透、做实，用清晰、严密、可行、顺畅、透明的操作案引导各方预期，调动社会资本参与农业PPPP项目的热情，确保制度供给一次性到位，避免因制度缺陷做成投资项目大面积失败而将农业PPP项目做成“夹生饭”。三是加快推进农业PPP项目试点进程。在完善相关法律制度框架和具体操作实施细则的基础上，按照“政府引导、公益导向、市场运作、因地制宜”的原则，选取基础条件较好的地区开展新型农业经营体系PPP项目试点。依托农业综合开发体系的项目、机构、经营和管理能力的优势，积极试点农业PPP项目可行模式，通过农业PPP项目创新带动农村公共产品供给方式改革，推动农业综合开发由单纯政府投入向政府和社会资本联合投入转变。各级政府应转变农业投资方式，鼓励条件具备的农业开发项目优先采用PPP模式，将分散的财政支农资金整合集中，采取政府直接投资、资本金注入、贷款补贴、投资补助等方式，对新型农业经营主体实施PPP项目优先安排资金，适当提高财政投资和补贴标准。四是加强对农业PPP项目的技术支撑。农业PPP项目不仅是一个概念、一种模式，更是一种投融资技术。一个完整的农业PPP项目需要经过项目生成、识别、招标、执行、移交、退出等6个阶段、20几个步骤，在项目合作、运作方式、交易结构、运营管理、利润分配、风险控制等方面需要很强专业性技术做支撑。要加强农业PPP项目专业技术的研究和储备，组织专业力量对国外农业PPP项目经验进行梳理，对国内其他行业PPP项目实践进行跟踪研究，明确农业PPP项目运行的基本思路和操作流程。建立来自农业、金融、财政、发改、工程、研究等不同领域而组成的农业

PPP 项目专家队伍，通过专业论证会、研讨会等形式对具体的农业 PPP 项目进行设计、论证和评估，为新型农业经营 PPP 项目落实提供专业技术保证。五是加强农业 PPP 项目的国际合作。借鉴国际组织和其他国家农业 PPP 项目运作的有益经验，有针对性地联合开展农业 PPP 项目研究。利用世界银行（WB）、亚洲开发银行（ADB）、亚洲基础设施投资银行（AIIB）、国际农业发展基金（IFAD）等国际组织优惠资金开展农业 PPP 项目合作，邀请国际组织提供技术指导，帮助编制项目实施方案的示范性文本，开展项目设计和评估论证专题培训，为中国新型农业领域推广运用 PPP 模式积累经验。

5.3 新型农业经营主体金融技术的创新

金融技术是改进金融服务供给质效的重要支撑。本节针对新型农业经营主体金融服务过程中技术手段落后的实际，围绕“贷给谁、贷多少、贷多高”等关键问题，对适合新型农业经营主体金融需求特点的征信技术和定价技术进行创新性设计，并提出具体的解决方案。见图 5－23。

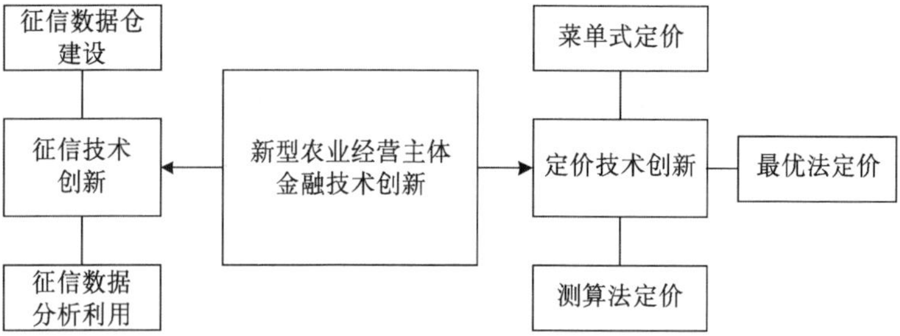

图 5－23　新型农业经营主体金融技术创新框架

5.3.1　征信技术创新

在市场经济条件下，信息不对称是一种普遍现象，交易双方因占有的信息互不完整而使得交易费用上升、交易达成概率下降，而且在交易双方博弈的过程中容易产生逆向选择和道德危害，从而弱化了市场资源配置的功能和效率。特别是在新型农业经营体系刚刚起步的阶段，农民专业合作社、家庭农场等发展良莠不齐，在金融供求关系中的信息不对称问题更为突出。可以说，信息不对称是造成目前新型农业经营主体融资困境的主要症结之一。一是作为合作化的产物，农民专业合作社以社员土地、农机具和其他生产资料入股或合伙，形成规模化经营的松散型的经济组织，其法人治理结构不健全、产权体系边界模糊且情况复杂，增大了金融机构识别筛选客户的难度。二是各类新型农业经营主体的生产经营状况千差万别，在经营模式、发展阶段、产业特征等方面都不尽相同，目前尚未形成一套完整统一的评价体系来科学有效地衡量其经营绩效和风险程度。三是处于培育成长初期的各类新型农业经营主体发展不规范，尤其是家庭农场和农民专业合作社的财务规章和内控制度不健全，生产技术和市场管理水准差异性较大，有效的生产经营信息对外披露不够充分。四是新型农业经营主体刚刚起步，各类生产经营和信用信息积累不足，且分散在各个领域，没有形成完整统一的征信数据库，以供金融机构调取和评级使用。五是金融机构对新型农业经营发展的研究不够，传统农业信贷的理念和模式还没有完全转过来，对新型农业经营主体的信用考量缺乏有效的评级评分技术支撑。根据信息经济学理论，消除信息不对称的关键在于信息的充分披露。因此，亟待通过加快征信技术创新，将各类新型农业经营主体纳入基础信用信息数据库，建立科学实用的信用评价指标和信用评级体系，完善正向激励和负向惩戒机制，有效消除借贷双方的信息不对称，有针对性地增加金融机构对新型农业经营主体的融资支持力度。

（1）新型农业经营主体征信数据仓建设规划

①征信数据仓的系统规划。相对于传统农业生产经营方式，新型农业经营体系起步较晚，新型农业经营主体生产经营信息分散、缺失、不透明，尚未建立起规范有效公开的数据库，是加剧信息不对称、增大其融资难度的重要原因。因此，针对新型农业经营主体的数据特点，建立征信数据仓库是创新征信技术首要的基础性工程。征信数据仓库是一个基于互联网模式信息集中处理系统的独立数据池，从外部众多信息源的联机事务处理系统定期抽取数据，将抽取的数据进行分类、整合、链接等处理后，形成电子数字报文通过接口程序纳入数据仓库，集成可模块化、功能化的动态征信数据系统。征信使用者可按照要素组合规则随时向征信数据仓系统发出指令查询征信报告，并输出评级评分结果。这其中，主要涉及互连—复制—转换—调度—整合—输出—控制等几个方面的处理，大体上分为三个步骤：第一步，征信数据指标的选取。科学选取征信数据指标是进入征信数据仓库的入口，重点是将真实充分反映新型农业经营主体自信状况的基本信息、资产负债信息、市场交易信息、信贷交易信息、非银行信用信息等纳入征信数据仓指标体系。第二步，征信数据的存储和管理。数征信据进入仓库后，主要任务是利用关系型数据库的扩展功能，将普通关系数据库升级为响应型数据仓库，及时处理、存储和更新容量庞大而快速增长的数据，重点是通过设计科学合理的技术方案解决数据存储结构、数据调取逻辑、数据运算效率和信息输出质量等方面的问题。第三步，征信数据的输出与展现。征信数据仓具有查询报告、输出报表、统计分析、数据挖掘等功

能，金融机构在审查贷款或贷后管理过程中，可定义动态查询新型农业经营主体信用报告，输出各种综合报表，运用数理统计方法和计量手段进行统计分析，利用图表等工表现交互式可视化的关系数据。

②征信数据仓的逻辑模型。在完成数据的搜集分析整理之后，需要利用数据仓库 CRM 一般模型设计方法，来设计新型农业经营主体征信数据的仓库模型。征信主体既可以是种养大户、农民专业合作社社员，也可以是农业生产龙头企业、农民专业合作社、家庭农场。模型围绕征信主体交易行为，记载征信主体身份识别、生产经营等非金融基础性信息，整合征信主体在各个金融机构的信贷交易记录，导入导出对征信主体的信用评分等分析计算信息。一是对基本信息进行精准识别。在征信业务中，CRM 模型通过新型农业经营主体机构代码证号、农民专业合作社社员身份证号等基本不变的信息作为征信业务主体标识，并对新型农业经营主体的所在地址、生产资料、生产关系、生产情况、财务状况、现金流量等信息进行收集与存储。二是客观记载交易数据。重点将新型农业经营主体的信贷交易、担保信息、非银行信用信息纳入 CRM 模型仓库，客观记录贷款发放的笔数、金额、期限以及还款日期、逾期金额、逾期期数等交易情况。有对外担保的将其担保额度、期限等相关信息纳入数据仓。对于被征信人有担保人代还、以资抵债等需要特殊声明的事项可以加载特别记录。建立信用报告查询日志，对于单笔或批量查询征信报告的查询人、查询日期、查询用途等信息进行客观全面的记录。三是对征信报告进行完整导出。经被征信人书面授权，CRM 导出段存储对征信主体形成征信报告，并通过指标选取和权重分布计算导出新型农业经营主体信用评分，为金融机构授信和风控提供参考。见图 5－24。

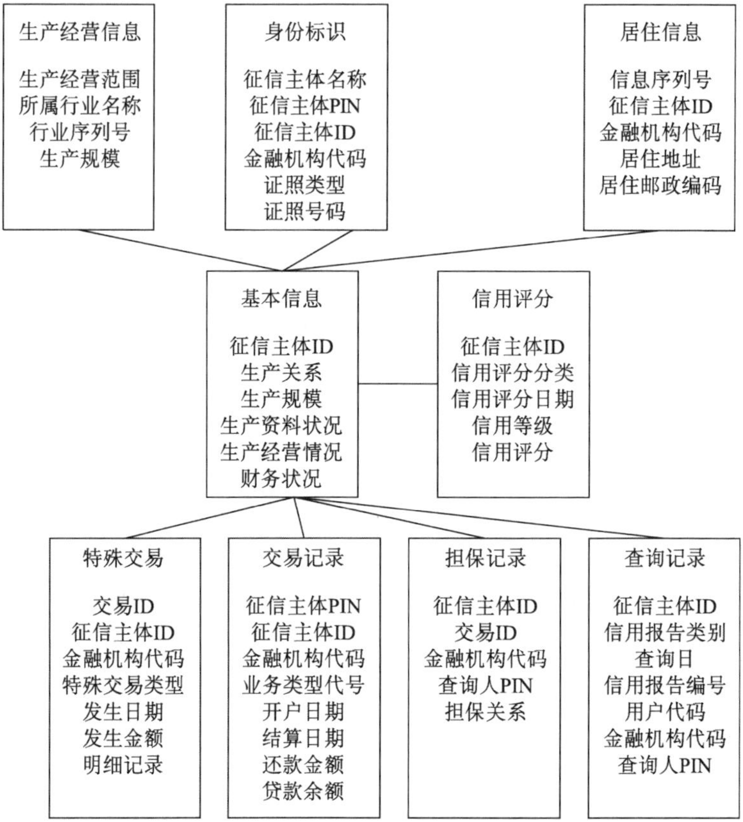

图 5－24　新型农业经营主体征信数据仓 CAM 模型

（2）新型农业经营主体征信数据的分析运用

征信的目的在于有效消除信息不对称，进而为金融机构进行客户选择和风险管控提供保障。没有有效的风险识别与控制，就没有高效率可持续的优质金融服务。改进新型农业经营主体的金融服务，必须提高涉农金融机构的风险识别与管控水平。因此，要针对新型农业经营主体信贷运行特点，结合当前金融机构涉农贷款风险管理和控制中存在突出问题，从行业分析、客户筛选、违约控制等环节，加快推进征信技术模型创新与应用，做好客户的精准识别，从而为更好地服务于现代农业发展和金融机构可持续经营提供保障。重点应在风险端口前移完善授信方案以及优化审查审批流程提高质量的基础上，从生产经营行业风险识别与控制技术创新、新型农业经营主体风险识别与技术创新着手。即，先考量新型农业经营主体所在行业的风险状况，再考量新型农业经营主体本身的风险状况，进而是否对其授信做出选择。

①对征信行业的风险识别、分析与管控。新型农业经营主体生产经营领域各不相同，其盈利空间和风险程度也不尽相同。行业风险识别与管控是金融机构信贷投入首要考量的基本因素。涉农金融机构从新型农业经营主体经营行业的角度，运用征信数据仓行业信息管理与分析系统，深入研究分析其所在行业发展历史、现状、规模结构、竞争格局、未来趋势、行业平均生产指标、综合信息等因素，研究新型农业经营主体的生产经营情况、上下游连接方式、销售渠道、自身竞争能力、生产指标，将以上信息进行相关及风险点总结分析并进行量化处理，建立行业分析与预测模型，与金融机构传统风险把控策略相融合，提供风险识别与管控的有效性。行业风险识别与管控包括行业研究和行业风险预警。行业研究的主要任务是，从宏观层面把握行业发展的整体状况，分析行业需求的饱和度、竞争格局的变化、行业发展环境和政策走势，估算行业市场容量，评估行业发展潜力，研判产业发展未来趋势。在准确的行业研究基础上，针对新型农业经营主体的特点，建立完整、精细、准确的风险把控技术。行业风险预警，即在行业研究的基础上，对行业现状及未来发展趋势所存在的风险点进行揭示，运用相关技术对风险点进行分析，对金融机构行业授信和规避风险提供基础支撑。

本研究以肉鸡专业养殖行业数据为例，通过收集行业生产经营指标，运用征信数据分析框架，选取相关性最高的指标对营利性指标进行线性拟合分析，得出生产经营指标与利润（或现金流）之间的关系，进而对肉鸡专业养殖行业做出行业整体评估，为信贷决策提供参考。

A. 样本选取。按照不同的生产规模，在黑龙江省 13 市（地）抽样搜集 538 户肉鸡专业大户（家庭农场）的 1514 组数据，删除 563 组无效数据，保留 951 组共计 10615 个生产数据。基础数据包括养殖专业户姓名、每批买进鸡雏日期、卖出商品鸡日期、购买鸡雏数量、鸡雏单价、兽药成本、饲料成本、饲料消耗量、出栏商品鸡数量、出栏均重以及收购价格。通过这些基础数据可计算出饲养天数、料肉比、成活率、采食量、日增重、每只鸡的成本、毛利及毛利率等生产及盈利指标。全部批次数据各指标基础统计数据如表 5－3 所示。

表 5－3　新型农业经营主体征信样本基本生产经营指标统计描述

	关键指标							
	料肉比	出栏均重（kg）	成活率	日增重（g）	日采食量（g）	每只鸡毛利（元）	鸡雏价格（元/只）	收购价格（元/公斤）
平均	2.28	3.06	93.2%	59.93	136.00	3.95	2.55	9.25
标准误差	0.01	0.016	0.3%	0.41	1.03	0.14	0.02	0.01
中位数	2.25	3.09	94.8%	60.01	135.41	4.20	2.50	9.20
众数	2.30	3.19	96.5%	65.23	150.04	4.49	2.50	9.20
标准差	0.23	0.29	5.4%	7.42	18.69	2.58	0.33	0.25
方差	0.05	0.08	0.3%	54.99	349.41	6.67	0.11	0.07
变异系数	10.14%	9.59%	5.74%	12.00%	14.00%	65.42%	13.09%	2.75%

B. 相关性分析。选取 6 个生产指标：料肉比、出栏重、日

增重、饲养期成活率、日采食量、饲养天数；2 个价格指标：鸡雏价格、商品鸡收购价格作为盈利水平（现金流）影响因素。选取每只鸡毛利和毛利率作为衡量盈利水平的指标，别用相关性分析计算出这 9 个指标之间的相关系数。计算结果见表 5－4。

从分析中可以看出，料肉比、出栏重、日增重和存活率 4 个指标与 2 个盈利指标的相关性最高；而两个营利性指标—每只鸡出栏毛利和毛利率之间的相关系数 R＝98.42%，两者相关性很强，因此在衡量盈利水平时，只需要选取其中 1 个就可以说明各个生产指标对盈利的影响程度，由于每只鸡的毛利这个指标能更加直接地反映出现金收入，因此在分析中以这个指标为目标函数，讨论在料肉比、出栏重、日增重及存活率这四个变量中，哪些最能反映饲养期盈利水平。采用多因素回归分析，得出不同评价指标组合的线性拟合相关系数如表 5－5 所示。

从分析中可知：单独选取料肉比指标评价盈利，相关系数 R＝0.8716；而采用料肉比与出栏重两个指标来评价，相关系数 R＝0.9262，可信度有较大提高；如果再加上日增重及成活率，相关系数 R 分别为 0.9267 与 0.9275，相关性提升很小。因此，仅使用料肉比和出栏重两个指标，就可以很准确的评价农户的养殖效益，并且使误差控制在可接受的范围内（$P<0.01$）。之所以会有这样的结果：从成本角度考虑，通过分析样本数据可以看到，在该地区养殖成本中，饲料成本占比大概为 80%，在饲料价格相对稳定的情况下饲料消耗可大部分反映饲养成本，而每只鸡的饲料消耗＝料肉比×出栏重，因此料肉比及出栏重两个指标可基本反映饲养成本的变动。从销售收入角度考虑：每只鸡的销售收入＝出栏重×每公斤收购价格，由于公司＋专业大户（家庭农场）的保价收购模式，每公斤的收购价格基本保持稳定，变异系数很小，因此出栏重的变化又可以很好地反映销售收入的变

表 5-4　新型农业经营主体征信样本各生产经营指标及盈利指标之间相关系数

	每只鸡出栏毛利	毛利率	料肉比	出栏重	日增重	成活率	日采食量	收购价格	饲养天数	鸡雏价格
出栏毛利	1				zz					
毛利率	98.42%	1								
料肉比	-87.16%	-89.77%	1							
出栏重	67.04%	60.57%	-45.25%	1						
日增重	45.93%	41.35%	-31.92%	71.60%	1					
成活率	37.01%	38.72%	-37.99%	17.48%	10.73%	1				
日采食量	-20.38	-25.47%	41.93%	33.95%	72.27%	-17.44	1			
收购价格	22.14%	20.40%	5.94%	14.84%	8.03%	-6.01%	12.73%	1		
饲养天数	11.61%	10.45%	-2.51%	16.26%	-50.37%	-1.66%	-50.92%	7.67%	1	
鸡雏价格	-1.46%	-2.59%	-4.12%	5.71%	6.38%	5.98%	3.08%	21.75%	-9.54%	1

表 5-5　新型农业经营主体征信样本评价指标组合对出栏毛利的拟合方程及相关性

y	x_1	x_2	x_3	x_4	拟合方程	相关系数 R
出栏毛利（元/只）	料肉比	出栏重（kg）	日增重（g）	成活率	$y = -7.78x_1 + 3.34x_2 - 0.014x_3 + 2.10x_4 + 10.30$	0.9275
出栏毛利（元/只）	料肉比	出栏重（kg）	日增重（g）	—	$y = -7.96x_1 + 3.34x_2 - 0.014x_3 + 12.68$	0.9267
出栏毛利（元/只）	料肉比	出栏重（kg）	—	—	$y = -7.96x_1 + 3.09x_2 + 12.63$	0.9262
出栏毛利（元/只）	料肉比	—	—	—	$y = -9.74x_1 + 26.15$	0.8716

动。综上所述，料肉比与出栏重两个指标的变动可完全反映出饲养成本及销售收入的变化，进而间接反映出盈利的变化。

C. 分析结论。通过料肉比、出栏重等相关指标分析，得出如下结论：

a. 对每只肉鸡毛利影响较大的因素是料肉比、出栏重、日增重和饲养期成活率，相关性分别为 87.16%、67.04%、45.93%和 37.01%；

b. 用料肉比（x_1）和出栏重（x_2）两个指标可准确评价饲养盈利水平，两个指标与每只鸡的毛利（y）的线性拟合方程为 $y = -7.96x_1 + 3.09x_2 + 12.63$，相关系数 $R = 0.9262$；

c. 按照料肉比及出栏重指标对数据进行分组统计，结果显示，两个指标的变化可以全面反映其他主要生产性能及盈利指标的变化趋势，进一步表明用料肉比和出栏重预测盈利水平的准确性、可行性；

d. 饲养规模对于盈利也有较大影响，数据分析表明该地区肉鸡专业饲养规模在 6000 只左右时，生产表现最佳。由此，金融机构可根据料肉比、出栏重、原料采购量等关键指标对某一行业客户进行分层，根据风险偏好，选择相应层级的客户进行合作。

②对征信主体的风险识别、分析与管控。对新型农业经营主体风险识别与管控是在其行业风险识别与管控基础上，在对具体授信对象的信息搜集、信息验证后，通过其本身所在供应链限额管理、主体限额管理、建立主体经营分析模型、利用征信数据仓库经营分析模型输出的以评级评分为核心内容的征信报告，判定客户资信结果。金融机构对新型农业经营主体的经营与信用分析包括：主体的成立年限、投资额度、折旧情况、单位产量、资产情况等基本情况；主体的生产面积、养殖规模、生产资料情况、单位生产成本、相关费用支出、间接支出等经营指标情况。主体经营情况分析是对

主体经营指标情况的细化分析，包括连续几个生产周期的生产经营情况分析等。利用主体经营分析模型输出客户分析结果，分析数据包括主体经营水平在行业中的排名、盈利能力、偿债能力、成长性等。如新型农业经营主体处于供应链系统当中，还要对其所在供应链的限额进行管理，即在行业分析及对供应链中核心企业分析基础上，确定供应链的整体信贷额度。对供应链中核心企业的分析内容包括但不限于：核心企业的战略管理、公司治理、发展能力、内部控制、产品竞争力、企业研发能力、上下游客户稳定性、信用情况、综合贡献度、推荐客户的质量情况等；对新型农业经营主体限额管理包括：主体的市场声誉、生产规模情况、资产负债情况、企业成立年限、履约情况及履约能力、平均生产指标、上游核心企业评级情况、综合贡献度等。分析结果作为金融机构判断信贷额度、年限、利率等要素的重要参考。

A. 数据指标和变量选取。本研究以黑龙江 3 家涉农金融机构授信客户为例，提取 1864 家新型农业经营主体授信客户或储备客户的征信数据项进行实证分析。将客户类型作为信用水平分析模型的因变量 Y，即优质客户（信用等级 A）和非优质客户（信用等级 B）；将客户的成立年限、所在行业景气指数、生产经营规模、抵押物评估价值、贷款金额与净收入比（AP）、利息支付方式、有无对外担保、贷款信息、还款记录 9 个核心数据项为自变量。

样本的基本概况和假设：a. 在样本中，成立年限 3 年以内的占 45.6%，成立 3 年以上的占 54.4%。假设成立年限越长，履约还贷的概率越大。b. 70% 左右的样本所在行业景气指数在 100 以上。一般来说，所在行业的景气指数越高，越有利于获取融资。c. 90% 以上的样本年产值在 1000 万元以上。可以假设，生产经营规模越大，盈利能力越强。d. 样本中，多数客户贷款都有抵押物，有的抵押物不足，是通过附加其他保证措施来满足金融机构风控要求的。通常认为，抵押物充足，会减少违约风险。e. 贷款与净收入比（AP）是衡量贷款负债程度的重要指标。假设该指标越低，借款人还款概率越高。这里把 AP = 1 作为标准，将样本分为 AP < 1 和 AP > 1 两组。f. 样本客户在金融机构贷款的还款方式有按月支付、按季支付、按年支付和一次性利随本清等，这里将前三类划为经常性支付本息。假设经常性支付本息比一次性偿还本息压力小，有利于借款人还款。g. 样本中有一小部分客户对外有担保信息。为他人担保加剧了借款人负担，不利于还贷；h. 贷款笔数越多，说明与银行建立了良好的信任关系，借款人的违约概率较小。i. 价款的还款记录越良好，其履约的信用水平越高。

通过 Logistics 回归分析，以 α = 0.25 作为筛选自变量的显著性水平，把通过检验的自变量纳入多远判别模型当中，以保证 α 水平足够大，进而防止重要解释变量被遗漏。回归分析结果显示，上述 9 个自变量除了利息支付方式外，其他 8 个自变量基本都与假设相符且影响显著，均可纳入多元判定模型。利息支付方式之所以与假设不符，可能是新型农业经营主体处于发展初级阶段管理较为粗放，资本使用对财务成本的灵感度不强有关。但由于该指标影响还算相对显著，仍然将其纳入模型，以便金融机构全面掌握客户的信用风险状况。见表 5 - 6。

表 5 - 6　新型农业经营主体征信样本数据变量 Logistics 回归分析结果

变量	估计值	截距 Wald Chi - square	Pr > Chisq	估计值	变量参数 Wald Chi - square	Pr > Chisq	Odds Ratio Estimates
成立年限	1.0965	286.6081	< 0.0001	0.5258	5.3621	0.0206	

续表

变量	截距 估计值	截距 Wald Chi - square	截距 Pr > Chisq	变量参数 估计值	变量参数 Wald Chi - square	变量参数 Pr > Chisq	Odds Ratio Estimates
所在行业景气指数	1. 3787	350. 2970	<0. 0001	-1. 0097	49. 6444	<0. 0001	0. 362
生产经营规模	0. 9019	97. 2004	<0. 0001	0. 4332	12. 0634	<0. 0005	1. 541
抵押物评估价值	0. 9736	157. 8553	<0. 0001	0. 4984	13. 8771	0. 0002	1. 648
贷款金额与净收入比	1. 3314	269. 1400	<0. 0001	-0. 4861	14. 2546	<0. 0001	
利息支付方式	3. 0538	28. 5984	<0. 0001	-0. 9927	11. 6624	0. 0006	0. 317
有无对外担保	1. 4181	0. 0768	<0. 0001	-0. 8622	0. 1431	<0. 0001	
贷款信息	1. 0705	277. 3621	<0. 0001	0. 9058	12. 4871	0. 0005	2. 475
还款记录	1. 0886	244. 3681	<0. 0001	-0. 1209	3. 0247	0. 0831	0. 759

B. 模型测定和实证输出。为了确保测试模型的稳健性水平，在把全部有效自变量纳入多元判定模型测算参数的基础上，把总样本随机分成两个等额子样本集合，即每个集合分配 932 个样本。一个用于回归预测模型，另一个用于回归检测模型。对第一个集合样本测试模型，运用计量数据处理软件进行回归预测的结果显示，除设立年限显著性相对偏弱外，其他变量显著水平均较强。造成这一测算结果，可能是因为设立年限与其他指标存在相关性。但为了使模型更能够更加客观充分地反映征信主体真实信用水平，这里依然将设立年限纳入模型。见表 5 -7。

表 5－7　新型农业经营主体征信样本还款概率的影响因素分析

Parameter	Estimate	Wald Chi－Square	Pr > Chisq
常数项	10.1722	40.7651	<0.0001
有无对外担保	－2.2051	85.6623	<0.0001
贷款金额与净收入比	－0.1507	41.3489	<0.0001
成立年限	－0.3442	2.3654	0.1256
所在行业景气指数	－2.1111	80.1457	<0.0001
抵押物评估价值	0.4329	3.0254	<0.0001
生产经营规模	－1.3425	39.7845	<0.0001
贷款信息	3.8796	2.6978	0.0007
还款记录	1.0428	16.3672	<0.0001
利息支付方式	－3.2562	17.6897	<0.0001

经测定，征信主体信用评价模型为：

$\text{Log}[p/(1-p)] = 10.17 - 2.20X_1 - 0.15X_2 - 0.34X_3 - 2.11X_4 + 0.44X_5 - 1.34X_6 + 3.88X_7 + 1.04X_8 - 3.26X_9$。其中，$X_1$ 为有无对外担保，X_2 为贷款金额与净收入，X_3 为成立年限，X_4 为所在行业景气指数，X_5 为抵押物评估价值，X_6 为生产经营规模，X_7 为贷款信息，X_8 为还款记录，X_9 为利息支付方式。

对第二个样本集合进行测试的结果显示，在 932 个样本中，有违约记录的 106 户，占本集合样本总量的 11.37%，无违约记录的 826 户，本集合样本总量的 88.63%。而模型将违约记录判定为无违约记录的有 17 户，将无违约记录判定为违约的 86 户，总体准确率为 88.95%，特别是对无违约者判定的准确率达到了 89.59%，表明该测试模型的准确性和稳定性良好。见表 5－8。

表 5－8　　新型农业经营主体征信样本信用水平预测结果的准确性

Y	0	Predict 1	Total
0	89（9.55%）	17（1.82%）	106（11.37%）
1	86（9.23%）	740（79.40%）	826（88.63%）
Total	175（18.78%）	757（81.22%）	932（100%）

C. 主要结论。通过征信数据测算模型的构建、测算与分析，可以得出如下结论：一是征信技术的创新，可以提高金融机构对客户风险的识别能力，进而对增强信贷投放、获取相应收入、更好促进新型农业经营主体融资绩效的改进；二是所在行业景气指数、生产经营规模、抵押物充足率、过往交易信用等关键要素是决定新型农业经营主体资信水平的重要指标；三是缓解新型农业经营主体融资难、融资贵，需借助征信技术，消除信息不对称，改善金融供求平衡。

5.3.2　定价技术创新

新型农业经营主体面临的融资贵主要表现在信贷融资贵上。因此，本节所称的定价技术专主要指金融机构对新型农业经营主体发放信贷资金的利率定价技术。作为不同于传统农户和一般工商企业的新型借款人，新型农业经营主体生产经营和金融需求有其独特性，决定了构建贷款利率定价模型，不仅要考虑到资金供给侧的因素，还需着重从资金需求侧加以强化，在供求之间实现有效均衡。尊重市场供求规律，在确保涉农金融机构能够实现流动性、安全性和效益性有机统一以及经营财务可持续的基础上，侧重考虑新型农业经营主体特征和融资需求特点的实际，有针对性地确定其贷款利率定价的基本框架。

新型农业经营主体利率定价应从改进金融供给效率出发。

第一，创新和完善新型农业经营主体贷款利率定价体系迫在眉睫，对解决现代农业领域融资难融资具有重要意义；第二，适度均衡的利率水平是改进新型农业经营主体融资绩效的基本条件，新型农业经营主体贷款利率定价应以资金供求规律下的利率均衡为基本遵循，坚持走市场化、差异化和技术化的利率定价之路；第三，构建新型农业经营主体贷款利率定价模型，需从资金成本、风险溢价、目标收益、客户综合贡献度、融资方式组合等多个维度进行设置，特别是应把需求侧特征作为重要考量因素；第四，实践应用是理论模型的生命线，新型农业经营主体贷款利率定价既要考虑系科学统系性，也要考虑现实可操作性。一方面，立足于新型农业经营主体信贷需求大于供给的实际，提出均衡适度的利率定价原则。新型农业经营主体实行规模化经营，资金投入大、生产周期长，处于孕育阶段的新型农业经营主体普遍存在资金饥渴，融资难是主要矛盾，融资贵是次要矛盾。以较高的利率水平满足新型农业经营主体资金需求的金融供给模式在特定阶段内具有一定的合理性。但考虑农业生产的弱质性，金融机构对新型农业经营主体的贷款利率也必须有一个合理的限度。利率不能过低，也不能过高，而应适中适度。利率过低，不能有效覆盖风险，也不能实现金融机构财务可持续和农村金融资源的良性循环利用。利率过高，新型农业经营主体难以承受过重的财务成本，金融机构的收益也会因利率对融资需求的抑制效应而下降。通过一个合理适度均衡的定价机制安排，既能使新型农业经营主体的经营生产得到有效的金融支持，又能保证金融机构的合理收益，实现激励相容。另一方面，立足于涉农金融机构的财务可持续和金融供给效率的提升，提出科学系统的利率定价策略。从利率定价的决定力量、资金供给方的经营、借款主体的现实条件以及定价技术手段入手，创新新型农业经营主体贷款利率定价。一是市场化定价。坚持市场化方向，强化借贷双方的议价博弈能力均衡，让市场机制在农村金融资源配置中起决定性作用。二是成本效益风险平衡定价。遵循成本、效益和风险相匹配，实现综合收益最大化。三是差别化定价。根据经营规模、信用等级、资产负债率等指标，在贷款品种、贷款方式、贷款期限、担保手段上实施差异化的贷款利率定价，对种、养、加等各类新型农业经营主体的贷款区别对待，确定不同的贷款利率。四是依靠先进技术定价。建立新型农业经营主体信用信息基础数据库，规范贷款利率定价评估标准，采取精细化利率定价技术，增强利率定价的科学化水平。

（1）菜单式差异化定价技术

对于利率定价，银行和客户都有选择权，是供求双方博弈的结果。涉农金融机构通过差异化的灵活定价，既要满足对客户的选择、风险溢价的覆盖、实现产品销售收益，也要适应客户对利率定价水平接受的程度，从而在金融交易供求中实现平衡。对于涉农金融机构，通过征信数据对客户违约率进行综合评估后，发出贷与贷、贷多贷少、贷高贷低的信贷交易要约。对于新型农业经营主体，根据自身实力、融资难易程度，对金融机构给出的信贷利率要约有一个响应接受或主动发出信贷要约的问题，其利率响应函数（Price - response function），表示利率变化对产品需求的影响，即特征为 X 的申请人有 Q（R，O，X）的概率接受金融机构提出的利率为 R 和其他贷款条件 O 的信贷产品。当借款人的响应接受与贷款人信贷条件相互接受或反复博弈达到一致时，信贷交易达成，其所对应的信贷利率就是最终利率。

一般情况下，银行对客户的贷款利率档次是“菜单式”的，即在央行公布基准利率的基础上上浮或下浮一定比例，如上浮 5%、10%、20%、30%、40%、50%、60%……下浮 5%、10%……有几种不同的利率档次，每一个档次的利率是固定的，银行根据客户的资信情况以及谈判博弈中客户可接受程度，最终确定交易利率。这种菜单式的利率定价，本质上是利率档次的选择性适用，进行达到差异化定价的效果。为了简明扼要地表现出菜单式利率差异化定价的基本逻辑，这里用最简单的例子——“二选一”来进行阐述。

①模型构建。假设某金融机构只设两种贷款利率，R_1 和 R_2，其中 $R_1 < R_2$。如果 $Q_1 = Q(R_1)$ 和 $Q_2 = Q(R_2)$ 是借款人相应的利率接受度，且 $Q_1 \geqslant Q_2$。假设市场上无风险利率为 R_F，借款人违约损失率 L_D 与金融机构收取的利息无关，借款人的守约概率为 P。那么，三种情况下，金融机构的预期收益如下：

借款人拒绝金融机构利率要约：0

借款人接受金融机构利率 R_1：$Q_1[R_1P - L_D(1-P) - R_F]$

借款人接受金融机构利率 R_2：$Q_2[R_2P - L_D(1-P) - R_F]$

假设借款人的守约概率 P 与贷款利率无关，则此户借款人给金融机构贷款的期望利润为：$E[P_A] = \max\{0, Q_1[(R_1 - R_F)P - (L_D + R_F)(1-P)], Q_2[(R_2 - R_F)P - (L_D + R_F)(1-P)]\}$，如图 5－25 所示。

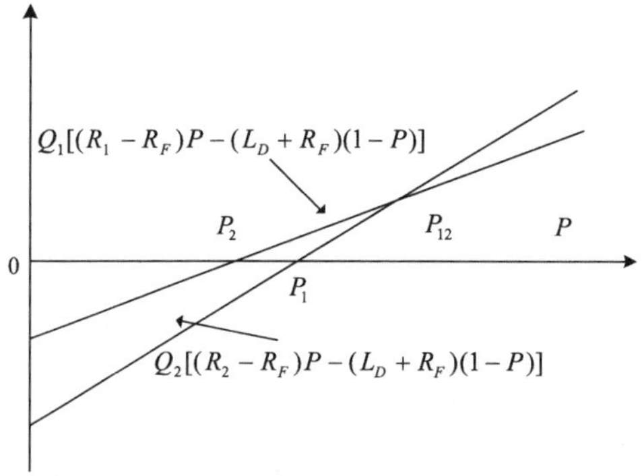

图 5－25　菜单式利率定价预期收益函数

如果金融机构只有一种利率 R_1，$P_1/1-P_1=R_F+L_D/R_1-R_F$，则金融机构接受借款人贷款申请的条件是：

$P>P_1$

如果金融机构只有一种利率 R_2，$P_2/1-P_2=R_F+L_D/R_2-R_F$，则金融机构接受借款人贷款申请的条件是：

$P>P_2$

由于 $R_1<R_2$，R_2 利率水平下的借款人守约概率低于 R_1 利率水平下的借款人守约概率，即 $P_1>P_2$。借款人守约概率 P 满足 $P_2\leqslant P<P_1$ 时，金融机构应提供利率 R_2 的贷款，直到图中 R_2 的曲线与 R_1 的曲线相交。这里将交点处概率记为 P_{12}，则有：

$Q_1[(R_1-R_F)P-(L_D+R_F)(1-P)]=Q_2[(R_2-R_F)P-(L_D+R_F)(1-P)]\Rightarrow(Q_1-Q_2)(L_D+R_F)/[(Q_1-Q_2)L_D+Q_1R_1-Q_2R_2]$

如果 $Q_1(R_1-R_F)\geqslant Q_2(R_2-R_F)$，则 $P_{12}\leqslant 1$。此时，金融机构对守约概率满足 $P\geqslant P_{12}$的借款人提供利率为 R_1 的贷款。因为借款人在利率 R_1 时的接受概率比利率 R_2 时的接受概率高很多，利率 R_1 时金融机构利润损失完全可以由借款人的接受度的提高来补偿。在低利率的范围内，由 $P\geqslant P_1$ 变成 $P\geqslant P_{12}$。另一方面，当 $Q_1(R_1-R_F)<Q_2(R_2-R_F)$ 时，所有守约概率大于 P_2 的借款人都应该被提供利率 R_2。

如果金融机构的“利率菜单”为借款人准备了三种或三种以上利率档次，通过该模型的运算输出结果可能是给不同的借款人以不同的利率，可能是其中最低的那个利率，可能是最高的那个利率，也可能是两者之间的某一个利率 R_1。

②应用实例。假设某金融机构对新型农业经营主体的某一信贷产品有10%和8%两个利率档次，当期市场上无风险利率为6%，借款人违约损失率 $L_D=0.5$。如果有40%潜在借款人接受

10% 的利率，有 60% 的潜在借款人接受 8% 的利率，那么该金融机构的期望利润为：

a. 不提供贷款，期望利润是 0；

b. 提供利率为 10% 的贷款，期望值是 0.4 [0.1P − 0.5 (1 − P) − 0.06]；

c. 提供利率为 8% 的贷款，期望值是 0.6 [0.08P − 0.5 (1 − P) − 0.06]。

则，

$P_1/(1-P_1)=(0.5+0.06)/(0.08-0.06)=0.56/0.02=28 \Rightarrow P_1=28/29=0.97$

$P_2/(1-P_2)=(0.5+0.06)/(0.1-0.06)=0.56/0.04=14 \Rightarrow P_2=14/15=0.93$

$P_{12}=(0.6-0.4)(0.5+0.06)/[(0.6-0.4)\times 0.5+0.6\times 0.08-0.4\times 0.1]=0.112/0.108>1$

结果为第三种情况。因为：

$Q_1(R_1-R_F)=0.6(0.08-0.06)=0.012<Q_2(R_2-R_F)=0.4\times(0.1-0.06)=0.016$

此时，金融机构应该为守约概率为 93% 以上的借款人提供 10% 的贷款利率。

如果 90% 的潜在借款人都会接受 8% 的利率，那么，

$Q_1(R_1-R_F)=0.9(0.08-0.06)=0.018>Q_2(R_2-R_F)=0.4\times(0.1-0.06)=0.016$

所以，$P_{12}=(0.9-0.4)(0.5+0.06)/[(0.9-0.4)0.5+0.9\times 0.08-0.4\times 0.1]=0.28/0.282=0.993$

此时，金融机构应提供 10% 的利率给守约概率在 93% − 99.3% 之间的借款人，而给守约概率大于 99.3% 的借款人提供 8% 的贷款利率。

（2）最优法差异化定价技术

在最优法差异化定价模式下，金融机构贷款利率不设固定档次，而是根据借款人的守约概率、响应和接受程度，以及金融机构预期收益综合测算借款人最优化贷款利率。所以，情况不同利率定价水平也不同，是一种非固定档次的差异化利率定价技术。

①模型构建。从理论上讲，当金融机构供给利率很低的时候，借款人接受率很高；当利率水平很高的时候，借款人接受率很低，中间部分的响应函数的弹性很大。对于测算型的差异化定价模式，借款人对金融机构不同利率水平的响应函数大体分为两类：

一类，是线性响应函数。最简单形式的线性响应函数，可表示为：

$$Q(R)=MAX\{0,1-B(R-R_L)\}\quad \forall R\geqslant R_L>0$$

其中，最高可执行利率 $R_M=R_L+1/B$，此时，$Q(R_M)=0$，没有人愿意接受此利率水平的贷款。由于现实中借款人的接受度是不一样的，必须弹性因素考虑其中。线性响应函数的弹性可以表示为：

$$\varepsilon(R)=[-Q'(R)R]/Q(R)=-BR/[1-B(R-R_L)]=1-1/[1-BR/(1+BR_L)]\quad \forall R_L\leqslant R\leqslant R_M$$

$$因为，\varepsilon(R)=\begin{cases}^{-}Q'(R)=B\cdots R_L\leqslant R\leqslant R_M\\ 0\cdots 其他\end{cases}$$

所以，线性响应函数中借款人最高利率支付意愿在 $[R_L, R_M]$ 上均匀分布。

另一类，是非线性响应函数。也叫逻辑响应函数，优点是更切合实际，应用更加广泛。逻辑响应函数可以表示为：

$$Q(R)=(1+e^{-A})(e^{A-B(R-R_L)})/[1+e^{A-B(R-R_L)}]=(1+e^{-A})/[1+e^{-A+B(R-R_L)}]\quad \forall R\geqslant R_L$$

逻辑响应函数中借款人最高利率支付意愿是被截断的逻辑函数：

$\omega(R) = -Q'(R) = [(1+e^{-A})B(e^{A-B(R-R_L)})]/(1+e^{A-B(R-R_L)})^2 = BQ(R)[1-Q(R)/(1+e^{-A})]$

$\forall R \geqslant R_L$

$\varepsilon(R) = -[Q'(R)R]/Q(R) = BR/[1+e^{A-B(R-R_L)}] = BR[1-Q(R)/(1+e^{-A})]$

以上所涉及的参数 A 表述了在任意利率水平上能够接受贷款的借款人比例；参数 B 和利率敏感性密切相关，B 越大，借款人的利率敏感性越强。

讨论借款人两类利率响应函数和接受概率之后，要想找到金融机构对借款人的最优利率，使得在违约风险与接受概率相对独立的情况下，$Q(R)$达到最大。假设市场无风险利率为 R_F，违约损失率 L_D 且与利率无关，潜在借款人的守约概率为 P。如果借款人按期还款，金融机构获取利润为 $R-R_F$；如果发生借款人违约，则金融机构获利 L_D+R_F，R 利率下接受概率是 $Q(R)$。于是，优化后的金融机构获利最大期望：

$MaXE[P_A(R)] = Q(R)[(R-R_F)P-(L_D+R_F)(1-P)]$

金融机构对新型农业经营主体可变利率贷款决策树见图 5－26。

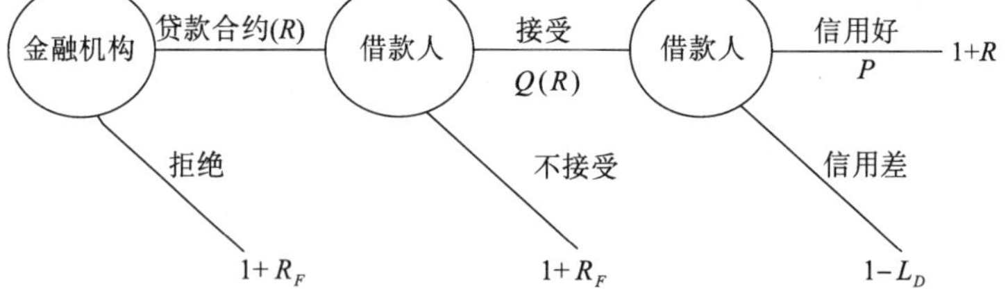

图 5－26　金融机构对新型农业经营主体可变利率贷款决策树

目标值是在利率 R 使接受贷款客户的比例乘以每单位贷款的期望利润。当其导数为 0 时有最大值：

$$Q'(R)[(R-R_F)P-(L_D+R_F)(1-P)]+Q(R)P=0$$

$$\Rightarrow R=R_F-Q(R)/Q'(R)+(L_D+R_F)(1-P)/P$$

$$\Rightarrow R=R_F-Q(R)/Q'(R)+(L_D+R_F)e^{-S}$$

其中，S 是对数比率分数，$S=\ln[P/(1-p)]$。于是有：

$$Q'(R)[RP-L_D(1-P)]+Q(R)P=R_FQ'(R)$$

该等式等号左边从 R 增大开始边际收益递减。第一项表示愿意接受贷款的借款人随着利率的上升而减少，第二项表示从愿意接受贷款的客户那里获取的利润增加。等式右边是贷款资金成本，随着放出贷款减少而递减。所以，边际收益和边际成本相等的那一点是最优利率。

②应用实例。

A. 基于线性响应函数的最优利率。假设市场无风险利率 $R_F=0.5\%$，违约损失率 $L_D=0.5$，线性响应函数中 $R_L=0.04$，$B=2.5$。所以，$Q(R)=MaX\{0,-2.5(R-0.04)\}$。这表明如果利率是 4% 或更低，所有借款人都会接受贷款，如果利率高于 44%，则没有借款人接受贷款。将上述参数代人，得到最优利率：

$R=R_F-Q(R)/Q'(R)+(L_D+R_F)(1-P)/P=0.05+[1-2.5(R-0.04)]/2.5+0.55(1-P)/P\Rightarrow 2R=0.49+0.55(1-P)/P$

给定利率 $0.04\leqslant R\leqslant 0.44\%$，不同 P 值下金融机构对新型农业经营主体最优利率如表 5-9 所示。

当借款人守约概率为 58.5% 时，对应的最优利率为 44%。借款人守约概率再低时，金融机构最优利率就要高于 44%，此时没有借款人愿意接受贷款。借款人守约概率为 100% 时，最优利率为 24.5%，即便所有借款人都能够守约，也只有 48.8% 的

表 5－9　　基于线性响应函数的金融机构对新型农业经营主体最优利率

借款人守约概率 P	金融机构最优利率 R（%）	借款人接受率 Q（R）（%）
0.5	52.0	0.0
0.6	42.8	2.9
0.7	36.3	19.3
0.8	31.4	31.6
0.9	27.6	41.1
0.94	26.3	44.4
0.96	25.6	45.9
0.98	25.1	47.3
0.99	24.8	48.1
1.00	24.5	48.8

借款人接受此贷款。

B. 基于逻辑响应函数的最优利率。假设大部分参数和上述实例相同，除了响应函数是逻辑函数，$A=4$，$B=32$。那么

$$Q(R)=e^{A-BR}/(1+e^{A-BR})=e^{4-32R}/(1+e^{4-32R})\Leftrightarrow\ln[Q(R)/1-Q(R)]=4-32R$$

由此，当利率 $R=4/32=0.125$ 时，借款人有最大支付意愿。当利率为 0 时，有 98.2%［$1/(1+e^{-4})$］的借款人愿意接受贷款。用借款人守约概率 P 和响应函数表示的最大利率是：

$$R=R_F-Q(R)/Q'(R)+(L_D+R_F)(1-P)/P=0.05+(1+e^{4-32R})/32+0.55(1-P)/P$$

上述等式两边都有 R，用二分法或者 Newton－Raphson 法或 Excel solver 解此非线性方程，结果如表 5－10 所示。

表 5－10　　基于逻辑响应函数的金融机构对新型农业经营主体最优利率

借款人守约概率 P	金融机构最优利率 R（%）	借款人接受率 Q（R）（%）
0.5	63.1	0.000009
0.6	44.8	0.03
0.7	31.7	0.2
0.8	22	4.5
0.9	15.5	28
0.94	13.7	40.2
0.96	13	45.7
0.98	12.4	50.5
0.99	12.2	52.7
1.00	11.9	54.7

虽然没有设定利率上限，但当利率达到 63% 时，愿意接受贷款的寄款人中只有 50% 能够守约。逻辑响应函数表示借款人质量提高时，利率下降非常快。当借款人全部能够守约（$P=1$）时，利率为 11.9%，然而此时只有 54.7% 的潜在借款人愿意接受贷款。

（3）测算法差异化定价技术

利率定价理论模型的价值在于找到契合实际的合理因素及其结构性的安排，从而使其生命力真正体现在实践应用当中。因此，实用型测算法差异化定价技术更易于操作和推广。

①基于融资需求旺盛因素的一般性贷款利率定价。

A. 模型构建。规模化是新型农业经营主体的普遍特征，这就决定了新型农业经营主体比传统农户有着更为强烈的金融需求。从实践看，新型农业经营主体融资需求呈现出额度大、用途广、期限多样、还款方式灵活等新特点。但新型农业经营主体作为现代农业发展新阶段的产业，其生产经营上处于培育初期，组织治理和财务管理不够规范，在资金供求双方信息不对称的条件约束下，金融机构筛选客户存在较高的交易费用，致使大量有效的新型农业经营主体融资需求没有得到有效满足。特别是农民专业合作社多为松散型组织，产权边界模糊，抵押担保物少，信用等级偏低，融资难问题更为突出。因此，在新型农业经营主体培育初期，更需充分利用有针对性的合理化、差异化贷款利率定价机制，来覆盖借款人因管理不规范、抵押担保不足、信息不对称、经营不确定等金融风险，并以此缓解相对于融资贵为主要矛盾的融资难问题。新型农业经营主体一般性贷款（信用、担保、抵押贷款）定价基本模型如下：

$$RX = RB + [(RA - RB)] \times F(\alpha, \beta, \gamma) - G(D/L)$$

其中：

RX：新型农业经营主体贷款利率

RA：当地涉农贷款加权平均利率

RB：央行公布的贷款基准利率

$F(\alpha, \beta, \gamma)$：新型农业经营主体贷款的风险系数。其中，α 为贷款抵押品的价值及变现价值；β 为担保的比例及担保人信誉，γ 为新型农业经营主体信用等级。

$G(L/D)$：因新型农业经营主体在结算账户中沉淀存款给金融机构带来收入而相应下浮的比例。其中，D 为借款人近一年加权日平均存款余额，L 为借款人需要借款的数额。

本模型采取加点定价与系数调整相结合，以基准利率作为定价基础，以当地涉农贷款加权平均利率与基准利率之差作为加点调整单元，以关于抵押、担保和信用等级为自变量的函数作为调整系数，同时将新型农业经营主体沉淀存款给银行带来的综合收益作为调减利率基因素。一方面，加点定价法考虑了与基层涉农金融机构利率定价通行做法的衔接性与可操作性，另一方面，加点调整单元、调整系数和减点因素的综合设置，涵盖了交易双方成本、收益、风险覆盖和互利的综合因素，简单易行，维度合理，调节适度，可以较好地满足新型农业经营主体贷款利率定价的基本要求。

B. 实践运用。如，某农民专业合作社 A、B、C、D、E 五户社员，信用等级分别为 AA、BBB、AAA、AA、AAA，各向某银行申请 1 年期 10 万元农业生产联保贷款，A 同时用价值 8 万元的农机具进行抵押，B 同时用其评估价值为 3 万元的承包地土地经营权进行抵押。当期央行公布的一年期基准利率为 4.35%，当地涉农贷款加权平均利率 8.21%。上年该合作社及全体社员在该银行资金结算而沉淀日均存款总额 270 万元，该银行内部资金定价 FTP 存款利差 2.15%。本年该合作社及全体社员在该银行预计贷款 2400 万元。根据经验数据，设定联保贷款利率的基础调整系数为 100%；联保的同时还有抵押，下调（抵押物价值/贷款金额）×20%；信用等级 AAA 级下调 10%，AA 级不调整，A 级上调 10%，BBB 级再上调 10%；合作社及社员上年在该银行沉淀存款收益 50% 反哺社员。由新型农业经营主体一般性信贷利率定价模型可得：

社员 A 的贷款利率 $RX = 4.35\% + [(8.21\% - 4.35\%)] \times [100\% - (8/10) \times 20\% + 0\%] - [(270 \times 2.15\% \times 50\%)/2400] = 7.59\%$

社员 B 的贷款利率 $RX = 4.35\% + [(8.21\% - 4.35\%)] \times [100\% - (3/10) \times 20\% + 20\%] - [(270 \times 2.15\% \times 50\%)/2400] = 8.75\%$

社员 C、E 的贷款利率 $RX = 4.35\% + [(8.21\% - 4.35\%)] \times (100\% - 10\%) - [(270 \times 2.15\% \times 50\%)/2400] = 7.82\%$

社员 D 的贷款利率 $RX = 4.35\% + [(8.21\% - 4.35\%)] \times (100\% + 0\%) - [(270 \times 2.15\% \times 50\%)/2400] = 8.21\%$

②基于融资模式多元化因素的创新性贷款利率定价。

A. 模型构建。随着新型农业经营主体产业化链条的拉长，可供整合利用的资源空间也随着增大，其融资模式逐步呈现多元化，目前已经出现了“期货＋信贷”“订单＋信贷”“保险＋信贷”“征信＋信贷”“大型农机具抵押＋预期收益权”贷款、农业供应链金融组合、“合作社担保＋社员互保”“龙头企业＋新型经营主体＋生产基地＋互助基金会”模式等创新型贷款产品。这些模式可以有效利用期货稳定市场价格、保险市场均摊风险、供应链上下游相互制约等作用机制，使市场变动、自然灾害、信用违约等对新型农业经营主体的影响达到最小，保障其还款能力，以此作为稳定信贷收益的基础。这种创新性信贷组合风险程度较一般性贷款有所降低，其因子参数也应做出相应调整，由此得出新型农业经营主体创新性贷款利率定价模型：

$$RX = RB + [(RA - RB) \times F(\alpha, \beta, \gamma)] \times E(\varepsilon) - G(D/L)$$

其中：$E(\varepsilon)$为不同融资模式调整系数，其他变量释义不变。

此模型将信贷方式组合创新对信贷风险的影响因素做了特定调整安排，有利于真实反映新型农业经营主体信贷的有效市场价格，从而使其更加接近农村金融市场利率均衡状态。特别是当新型农业经营主体抵押、担保不足时，这一安排可以更好满足新型农业经营主体差异化融资需求，有利于降低市场交易费用，缓解农村融资难融资贵问题，进而提高现代农业领域金融资源的配置效率。

B. 实践运用。例：家庭农场 A 向农资供应商 C 购买种子、化肥、农药等农业生产资料，由于周转资金不足向某银行申请 1 年期 150 万元农贷。家庭农场 A 在银行信用评级为 A 级。银行要求家庭农场 A 提供抵押物，抵贷率为 80%，家庭农场 A 仅能提供评估价值 36 万元的土地承包经营权和 44 万元的大型农机具作为抵押物。家庭农场 A 农作物全部投保农业种植险，并与农产品加工企业 B 签订 800 吨农作物订单，预期结算价值约 320 万元。银行与家庭农场 A、农产品加工企业 B 三方约定，家庭农场 A 获得贷款后银行将资金受托支付给农资供应商 C，秋后农产品加工企业 B 直接将农作物收购款打入家庭农场 A 在该银行结算账户，优先偿还银行贷款。该农场当期央行公布的一年期基准利率和当地涉农贷款加权平均利率同上。上年农场在该银行资金结算而沉淀日均存款总额 19 万元，该银行内部资金定价 FTP 存款利差 2.15%。根据经验数据，设定家庭农场 A 贷款利率的基础调整系数为 100%，抵押物价差值率 ×30% 作为抵押物不足的调增百分点，信用等级 A 级上调 10%；有订单对利率调整单元打 9.5 折，有保单再 9.5 折；家庭农场 A 在该银行沉淀存款收益的 50% 通过减点予以反哺。由新型农业经营主体创新性贷款利率定价模型可得：

家庭农场 A 贷款利率 $RX = 4.35\% + [(8.21\% - 4.35\%)] \times \{100\% + [(150/80\% - 36 - 44)/(150/80\%)] \times 30\% + 10\%\} \times 95\% \times 95\% - [(19 \times 2.15\% \times 50\%)/150] = 8.78\%$

上述三种定价技术的创新应用与推广，既需要理念上的认知更新，也需要完善的利率定价基础条件做保证。一方面，需完善涉农金融机构利率定价机制。深化农村金融服务体系改革，加强涉农金融机构利率定价能力建设，引导涉农金融机构根据当地农业发展状况、金融市场竞争程度、新型农业经营主体生产经营情况，主动加强利率管理，逐步形成一套科学、合理、灵活的涉农贷款利率定价决策机制。加强正规金融机构与非正规金融机构的竞合与互联，建立多层次、有竞争、多元化的地方金融市场新格局，加大农村金融供给力度，构建适合现代农业发展需要的利率定价体系，促进农村金融市场竞争格局的形成。另一方面，建立涉农贷款利率测算调整体系。制定利率管理操作规程和利率动态调整机制，定期分析预测农村金融市场利率变化，有效评估利率风险，增强新型农业经营主体的利率定价弹性，提高利率定价决策的敏感性、灵活性和科学性。建立新型农业经营主体资信数据库，提高利率定价技术手段，充分利用云技术和大数据分析模型，研发新型农业经营主体利率定价系统，科学设置定价因子和调整系数，创新适合新型农业经营主体融资需求的金融产品和服务方式，通过采取利率管理精细化和定价结构优质化手段科学分散和覆盖融资风险，使各类新型农业经营主体的利率水平得到合理均衡，提高农村金融供给效率。

第6章

加快新型农业经营主体金融服务体系创新的政策建议

新型农业经营主体金融服务体系的创新与构建，是一项复杂的系统性工程，既包含宏观层面的政策、市场、组织等方面的优化，也涵盖微观领域产品、方式和技术层面的创新，需要货币政策、财政政策、产业政策乃至法律法规等政策措施予以引导和配合。本章在前文实证研究的基础上，并参考国内外的相关实践经验，针对农村金融服务创新的现实问题和制约因素，从推进农村金融领域供给侧结构性改革的角度，提出相应的政策建议，为新型农业经营主体金融服务体系创新的宏观框架与微观框架顺利实施提供配套政策保障。

6.1 加快修改金融法律法规

十八届三中全会赋予了农民更多的土地权能，但当前的《担保法》《物权法》《土地承包经营权法》明确规定耕地和宅基地不得抵押，这与全面深化改革目标存在矛盾。法律条款修改滞后于党的政策，有必要加快修改相关法律，解决农村产权抵押融资和资产处置中面临的现实难题，依法保护农村土地承包人、经营人和金融机构等多方的权利。当前，应重点加快修改制约新型农业经营主体金融服务体系创新的三部法律。

（1）加快修改《担保法》。顺应新型农业经营主体担保融资创新发展的要求，加快修改《担保法》。一方面，对农村可抵押财产做出适当调整。删除禁止农村土地使用权、宅基地进行抵押的表述，将可抵押财产修改为“抵押人依法有权处分的国有土地使用权、房屋和地上其他附着物，抵押人依法取得农村土地（包括耕地、荒地、水滩等）的经营权，抵押人所有的设备、机器、交通运输工具和其他财产”。一方面，对抵押登记部门作出明确规定。顺应不动产统一登记制度的改革要求，按照“房地物”合一的原则，在《担保法》中对抵押登记部门作出相应调整。通过修改担保法，为新型农业经营主体信贷担保创新扫清法律障碍。

（2）加快修改《物权法》。现行《物权法》的有关规定，对农产全权抵押形成了制约，难以满足新型农业经营主体金融服务创新的需要。一是调整农村土地用益物权的范围。将债务人或第三人可以抵押的有权处分财产，修改为依法取得的农村承包土地（包括耕地和荒地）的经营权，建筑物和其他土地附着物、建设用地使用权等。二是明确界定农村土地三权分置的法律关系。落实中央关于“三权分置”的要求，采取法律条款的形式，对农村土地集体所有权、农村土地承包权、农村土地经营权的权能内涵以及相关权利人的权利和义务做出明确规定。三是明确农村土地流转的具体形式。适当增加条款，明确现有土地承包权保持稳定并长久不变的具体形式，以及放活土地经营权有序流转的具体方式。

(3) 加快修改《农村土地承包法》。关于修改《农村土地承包法》，主要是修改与中央政策导向不一致的法律条款，适应农村金融创新的新要求。一是对农村土地承包人的基本权利做出明确。承包人依法享有承包地使用、收益和承包土地的经营权流转、抵押的权利，有权自主组织生产经营和处置产品。二是对农村土地流转形式做出法律明确。包括承包人在内的农村土地流转参与人，均有权对农村土地经营权依法采取转包、出租、互换、转让、抵押或者其他方式予以处置。三是对农村土地经营权抵押登记做出明确。依法明确农村土地经营权抵押登记办理部门，当债务人不履行到期债务或者发生当事人约定的实现抵押权的情形时，抵押权人有权在经营权期限内通过转包、出租或者其他方式流转已抵押的农村土地经营权。

6.2　实施差异化的货币政策

金融宏观调控是贯彻国家产业政策的重要手段，合理运用差别化的货币政策有利于引导金融要素向“三农”领域和薄弱环节倾斜，促进新型农业经营主体金融服务的创新。针对新型农业经营主体农地金融制度、金融市场和金融产品等创新不足问题，有必要制定有针对性的差异化货币政策，引导和激励微观层面加快创新步伐。

（1）发挥央行货币政策工具的引导作用。健全中央银行货币政策定向支持政策框架，完善对金融机构考核评价参数体系，将支农再贷款、再贴现等货币政策工具应用与金融机构支农效果挂钩，在数量、价格和便利性上对支持新型农业经营主体力度大金融机构给予差别化倾斜。创新应用央行常备借贷便利（SLF）、中期借贷便利（MLF）、抵押补充贷款（PSL）等新型货币政策工具，将其调控基础货币总量与调解信贷结构的功能有机结合，建立新型货币政策工具对金融机构创新涉农信贷的政策激励机制，拓宽金融机构获取低成本、稳定性支农资金的融资渠道，引导更多信贷资金投向现代农业，促进新型农业经营体系的发展。

（2）发挥宏观审慎评估框架的激励作用。中央银行宏观审慎评估体系（MPA）作为实现金融风险监管全覆盖的重要手段，是整合差别存款准备金动态调整机制和金融机构合意贷款调控框架的升级版，对于传导货币信贷政策意图、促进国家三农金融政策的落实具有重要作用。在具体实施 MPA 过程中，突出金融稳定监管和传导货币政策双重作用，在综合考量金融机构的资本约束、杠杆率、流动性、资产质量、定价行为等稳健性经营考核指标的基础上，适当扩大金融机构执行中央银行货币政策情况的考核权重，把金融机构支持新型农业经营发展的业务参数作为差别准备金动态调整和意贷款规模测算的调整因素，给予适当的政策倾斜，激励金融机构创新农村信贷、扩大对新型农业经营主体的支持力度。

6.3　健全财税政策扶持体系

新型农业经营主体金融服务的创新，离不来财税政策的支持。应将分散在农业各个领域的财政资金整合起来，拿出一定比例的资金用于调解农村金融资源配置，发挥财政资金的撬动作用，并通过结构化的税收政策，引导金融机构实现对新型农业经营主体金融服务的改进。

（1）完善新型农业经营主体贷款风险补偿政策。由省市县财政共同出资，设立农业贷款风险补偿基金，建立农业金融风险分担机制，支持金融或担保机构加大涉农贷款投放和产品创新力度。农业贷款风险补偿基金主要用于金融机构或担保机构向新型农业经营主体发放或提供担保的农业生产经营贷款本金净损失，经由财政按照事先约定的比例给予相应的补偿。农业贷款风险补偿基金项下的贷款对象为各类新型农业经营主体，贷款种类为以农村土地承包经营权、集体建设用地使用权、农村房屋所有权、林权、水面养殖权及各类农业生产经营设施设备、种养物等为抵押物的农贷品种。同时，利用农业贷款风险补偿政策与风险分担机制，引导涉农金融机构对新型农业经营主体发放贷款给予利率优惠。

（2）将新型农业经营主体贷款纳入财税减免范围。前些年，为鼓励农贷投放，国家出台政策对金融机构发放涉农贷款进行考核，达到一定条件的，在营业税等方面给予一定的税费减免，以鼓励金融机构增加对“三农”的信贷投放。2016 年 5 月，国家全面实施营税改增政策后，原有以营业税为主税种的涉农贷款优惠政策丧失了执行基础。应借助全面实施“营改增”的政策契机，修改完善金融机构涉农贷款财税引导政策，将对新型农业经营主体贷款纳入财税减免范畴，实行差别化销项税额费率，即对金融机构发放新型农业经营主体贷款利息收入实行差别化的销项税额费率，消减其经营风险和成本压力，激励金融机构扩大对现代农业领域的信贷投放，促进新型农业经营主体金融服务的创新。

（3）加大对新型农业经营主体农业保险补贴力度。增加财政对农业保险的投入，建立健全中央和地方政策性农业保险补贴体系，将扩大农业保险覆盖面和提高农业保险保障程度作为主攻方向，丰富中央财政保费补贴目录，将投入保险、产量保险、价格保险等创新型高保障农业保险品种纳入中各级财政补贴范围，保费补贴向规模化经营的新型农村经营主体倾斜。建立差异化农业保险补贴政策，将补贴比例与新型农业经营主体规范管理、诚信建设、辐射带动作用等指标结合起来，实施正向激励，提高政策补贴的精准度，在满足新型农业主体更高层次保险保障需求的同时，促进新型农业经营主体规范健康发展。

（4）健全财政性现代农业信贷担保体系。针对新型农业经营领域信贷增信不足的现实问题，建立由财政支持的多层次农业信贷担保体系，整合各级财政支农资金，按照“中央支持、地方配套、市场运作、专注农业”的原则，组建中央和省级农业信贷担保机构。其中，中央农业信贷担保机构由中央财政注资、各省级农业担保机构入股，负责制定农业信贷担保业务规章制度和操作指引，并为省级担保机构提供再担保服务；省级农业信贷担保机构将省内各市、县财政性信贷担保公司整合为省级统一法人，增强担保资本金实力，扩大与涉农金融机构的合作范围，扩大“担保＋信贷＋新型农业经营主体”模式应用。完善农业信贷担保经营风险补助机制和农业信贷担保系统风险救助制度，适度扩大农业信贷担保基金的放大倍数，合理确定银行与担保公司风险分担比例，发挥财政担保基金对农业信贷的撬动作用。

6.4　完善农村政策配套体系

农村产权交易及抵押登记等配套政策措施不健全，是制约农村金融服务创新的重要因素。因此，有必要加强这方面的建设，为新型农业经营主体更好地获取金融服务创造条件。

（1）加快农村产权交易市场建设。完善农村产权确权、登记、评估和流转制度，明确相关部门服务职责，保证农村产权交易的规范性和有效性。建立农村产权确权登记体系，加强农村集体土地确权登记研究，制定完善相关政策制度和技术规范，推动建立地籍调查成果动态更新机制，加快农村土地确权颁证进程。完善农村土地权属争议调解与仲裁制度，建立争议土地调处动态数据库，有效化解土地流转纠纷。完善农村产权交易规则、程序和手续，建立农村产权交易中心，开发农村产权交易管理信息系统，形成全覆盖、结构式的动态化数据库，提高农村产权管理的科技含量，逐步实现土地等农村产权登记资料网上实时更新，动态管理和信息共享，通过权威公正的交易平台，形成新型农业经营主体相关资产的市场价格形成机制。加强农村产权交易中介服务机构建设，推动农村产权交易咨询、资产托管、价值评估等各类中介服务机构，完善信用评价和风险预警，促进农村产权公开公正有序交易。

（2）扩大农村抵（质）押融资范围。通过政府规章或制度办法的形式，根据价值存在形式和交易难易程度，将更多的农产权纳入抵押担保范围，赋予更多的融资权能，拓宽新型农业经营主体与金融、担保、保险行业的合作渠道，促进相关主体加大对新型农业经营的投入力度，提供生产效率，为资本参与流转、入股、租赁等创造便利条件。一是扩大农村不动产抵押范围。主要包括农田水利设施、农作物棚室、土地附属设施、农村财产性住房等不动产。二是扩大农村动产抵押范围。具体包括农产品存货、大型农机具、畜牧禽活体等易变现的动产。三是扩大农村权益质押范围。将土地承包经营权、粮食直接补贴资金、土地流转租金、林权、水域滩涂使用权、大额订单、农作物预期收益权等纳入质押范围，切实解决新型农业经营主体有效抵押物不足的问题。同时，完善不动产统一登记制度，建立农村产动产抵（质）押登记制度，指定部门承担动产抵（质）押登记公示职能，制定相关的规章制度，建立抵押登记管理信息系统，统一对各类农村产权抵押登记进行公示。简化农村抵押登记流程，提高办事效率，降低交易费用，为新型农业经营主体创新融资提供基础制度支撑。

（3）规范新型农业经营管理行为。制定法律规范，对其法律地位、设立标准、机构性质、注册登记、准入退出等作出明确规定，通过典型引路等措施，引导新型农业经营主体建立产权明晰、制度健全、运转协调、有效制衡、独立经营的现代化法人组织架构，使其更加契合于市场经济发展的需要、更多地成为金融资源承载的合格主体。健全新型农业经营主体财务制度，强化会计基础核算，规范利益分配机制，推行会计委托代理，科学编制客观公允透明的财务报表，为新型农业经营主体依照国家规定享受政策优惠、实现信贷准入创造有利条件。继续加大各级政府对新型农业经营主体的政策扶持，细化新型农业经营主体认定标准，出台奖励政策，完善基层农技包扶制度，确保关键技术指导到位。鼓励引导多元主体创办经营性服务组织，大力发展植保、农机专业服务队，加快发展从事良种示范、农资配送、信息提供等服务，并市场准入、税费减免、资金支持、人才引进等方面予以政策倾斜。建立新型农业经营主体监管制度，对其生产经营和市场交易行为进行制度性监管，引导其诚信经营、规范运作，增强信贷承载能力和发展实力，为新型农业经营主体金融创新扫清障碍。

参考文献 References

［1］中共中央，国务院．关于加快发展现代农业进一步增强农村发展活力的若干意见［N］．中央政府门户网站（www.gov.cn），2013－01－31.

［2］陈锡文．构建新型农业经营体系加快发展现代农业步伐［J］．经济研究，2013（02）：4－6.

［3］丁莹．新型农业经营主体金融服务探析——基于专业大户、家庭农场、农民合作社的视角［J］．农村金融研究，2014（6）：68－71.

［4］中共中央．中共中央关于制定十三五规划的建议［N］．新华社，2015－11－03.

［5］Deininger，K，Byerlee，D. The Rise if Large Farms in Land Abundant Countries：Do They Have a Future? World Development，2012，40（4）：701－714.

［6］Gashaw Shahidur，Getnet Kindie. Financial technological

Innovation and Access is the Key to Unlocking African Agricultural Potential: A Case Study of Dairy in Kenya [J]. 2015: 112 - 118.

[7] Klitgard. R. Technical Efficiency of Maize Farmers in Gombi Local Government of Adamawa State, Nigeria. Agricultural Journal, 2012 (1) .

[8] Vallesi M, Manelli A. To visualize the combination between agriculture financial risk and actions to take [J]. Quality - Access to Success, 2016.

[9] Mirko Bendig, Lena Giesbert. Innovations in rural and agriculture finance. [J]. Chemosphere, 2016, 156 (491): 341.

[10] Saifullahi. Agriculture financial management: Working capital burn rate [J]. Corn & Soybean Digest Exclusive Insight, 2014.

[11] Anand, Bansal. Financial Literacy and Financial Behaviour: Experimental Evidence from Rural Rwanda [J]. The Economic Journal, 2015, 126 (594): 1571 - 1599.

[12] Joselito Gallardo, Bikki Randhawa. Does Financial Innovation Enhance or Inhibit Real Innovation? [J]. Social Science Electronic Publishing, 2016.

[13] Kloeppingertodd R, Sharma M. Review on Research of Financial Support for the Development of Modern Agriculture [J]. Value Engineering, 2016.

[14] Dimitrova L, Eswar S K. Does Financial Innovation Enhance or Inhibit Real Innovation? [J]. Social Science Electronic Publishing, 2016.

[15] Nato J. Financial innovations and financial inclusion [J]. 2016.

[16] Llanto G M, LaviA G R. Innovations as Response to Fail-

ures in Rural Financial Markets [J]. Development Economics Working Papers, 2014.

[17] K. K. Tripathy, Sudhir K. Jain. A Study of Microfinance as an Innovative Credit Delivery Mechanism in Rural India [J]. Iup Journal of Agricultural Economics, 2011, viii (3): 38 –58.

[18] Munyegera GK, Matsumoto T. ICT for Financial Inclusion: Mobile Money and the Financial Behavior of Rural Households in Uganda [J]. Grips Discussion Papers, 2015, 15.

[19] 刘刚，肖璐熠. 农业经营企业土地经营权抵押贷款演化路径与稳定策略分析 [J]. 广东农业科学，2014 (24): 193 –197.

[20] 张启文，黄可权. 农村土地流转金融服务研究报告 [J]. 黑龙江省省科学顾问委员会调研报告，2014 (12): 01 –16.

[21] 新型城镇化背景下金融创新支持现代农业——以张家口市土地流转金融创新为例 [J]. 农业部管理干部学院学报，2014 (01): 54 –56.

[22] 林建伟，刘伟平. 土地承包经营权抵押贷款的实践异化与制度回归——来自福建省试点情况的分析 [J]. 东南学术，2015 (01): 161 –166.

[23] 王建民，佘海岩. 完善土地经营权抵押贷款保障机制 [N]. 金融时报，2015 –08 –24: 011.

[24] 刘伟建. 关于安徽省农民专业合作组织融资问题的调查与分析 [J]. 金融发展评论，2010 (10): 85 –90.

[25] 杨大蓉. 浙江新型农业经营主体融资现状及金融创新策略研究 [J]. 浙江金融，2014 (03): 66 –69 +74.

[26] 陈宜萍，史贺然，金俊海. 四大因素导致农民专业合

作社贷款难［N］. 金融时报，2015－03－19：012.

［27］王莉. 新型农业经营主体正规信贷需求及其可获性影响因素研究［D］. 南京农业大学，2014：88－96.

［28］朱文胜，王德群. 新型农业经营主体融资难［J］. 中国金融，2014（21）：94.

［29］张明，张志宇. 金融支持家庭农场发展的实践与研究［N］. 金融时报，2015－02－26012.

［30］江维国. 我国农业供给侧结构性改革研究［J］. 现代经济探讨，2016，04：15－19.

［31］黄可权，张启文. 新型农业经营主体贷款利率定价机制研究［J］. 价格理论与实践，2015（11）：103－105.

［32］张启文，黄可权. 加快推进"两大平原"现代农业金融改革创新［J］. 农业经济与管理，2014（06）：22－28.

［33］黄金华，余琼平，罗国富. 新型农业经营主体"融资难"待破解［N］. 金融时报，2015－09－01：003.

［34］张洪涛. 用保单质押撬动"三农"信贷［N］. 金融时报，2015－03－25：011.

［35］谢晶晶. 互联网风口上的农村金融［N］. 金融时报，2016－02－25：009.

［36］张启文，黄可权. 关于加快新型农业经营主体农业保险市场发展的政策建议［J］. 黑龙江省省科学顾问委员会决策建议，2015（12）：01－08.

［37］何广文. 多管齐下创新农村金融制度助推现代农业发展［N］. 金融时报，2015－12－17：006.

［38］霍学喜. 以转型创新开拓农村金融新市场［N］. 中国城乡金融报，2014－10－24：A01.

［39］周萃. 银行业助力农业供给侧改革［N］. 金融时报，

2017－02－10：006.

［40］周学东，戴国海．关于供给侧改革、补短板与有效投资的思考［J］．金融纵横，2016（01）：4－12.

［41］张宏斌．农村金融创新的浓度与成分［N］．金融时报，2015－06－04：009.

［42］中国人民银行农村金融服务研究小组．中国农村金融服务报告［M］．中国金融出版社，2015：65－93.

［43］张启文，黄可权．新型农业经营主体金融服务体系创新研究［J］．学术交流，2015（7）：130－135.

［44］李佳珂，黄远春．四川农村金融发展对农村经济增长的作用：理论与实证研究［J］．四川行政学院学报，2016（05）：87－92.

［45］张耀春．培育新型农业经营主体构建新型农业经营体系［J］．农业装备技术，2014（5）：4－6.

［46］张照新，赵海．新型农业经营主体的困境摆脱及其体制机制创新［J］．改革，2013（2）：78－87.

［47］鲁钊阳．新型农业经营主体发展的福利效应研究［J］．数量经济技术经济研究，2016（6）：41－58.

［48］李应中．2012年我国粮食形势综合分析（一）［J］．中国农业信息，2013（12）：7－9.

［49］孙明燕．加快构建新型农业经营体系需要正确把握的问题［J］．中国农业信息月刊，2014（11）：128－129.

［50］刘奇．构建新型农业经营体系必须以家庭经营为主体［J］．中国发展观察，2013（5）：38－41.

［51］吴军海．美国农村金融服务体系构建经验及其启示［J］．信阳农林学院学报，2016（01）：34－35＋39.

［52］罗黎平．农村金融服务体系改革的理论逻辑与实践反

思［J］. 求索，2016（10）：80－84.

［53］Finau G，Rika N，Samuwai J，et al. Perceptions of Digital Financial Services in Rural Fiji［J］. 2017，12（4）.

［54］Durham J，Rickart K. Using Rasch Measurement to Evaluate a Perceived Improvement in Access to Financial Asset Scale in Rural Lao PDR［J］. European Journal of Development Research：1－17.

［55］Kim Huynh，Philipp Schmidt Dengler，Gregor W. Smith，et al. Adoption Costs of Financial Innovation：Evidence from Italian ATM Cards［J］. 2017.

［56］Vinod B. Financial Innovations：A Deeper Literature Review with Focus on India［J］. Social Science Electronic Publishing，2017.

［57］Domeher D，Frimpong，T. Appiah. Adoption of financial Innovations in the Ghanaian Banking Industry［J］. African Review of Economics & Finance，2016，6（2）：88－114.

［58］Jiang M，Paudel K，Mi Y. Rural Land Transfer and Financial Impact：Evidence from China［C］Meeting，February 4－7，2017，Mobile，Alabama. Southern Agricultural Economics Association，2017.

［59］Fan J，Management S O. Agricultural Support Case Analysis and Inspiration of Rural Small Financial Institutions in Modern Rural Areas［J］. Innovation Science & Technology，2016.

［60］Merton，R. C. Financial innovation and The Management and Regulation of Financial Institutions. NBER，working paper，1995：5096.

［61］段利民，霍学喜．基于交易成本理论的农民专业合作

社创新研究［J］. 西北农林科技大学学报（社会科学版），2013（05）：63－71.

［62］胡淑杨．支持农民合作社的金融服务创新及体系构建研究［D］．安徽农业大学，2015：8－19.

［63］胡殿霞．对我国农村金融服务创新模式的思考［A］．2016年第二届今日财富论坛论文集［C］：2016：2.

［64］Wenner M D，Navajas S，Trivelli C，et al. Managing Credit Risk in Rural Financial Institutions in Latin America［J］. Enterprise Development & Microfinance，2007，18（18）：158－174.

［65］Aria D，Covarrubias K. Agricultural Insurance in Mesoamerica：An Opportunity to Deepen Rural Financial Markets［J］. Idb Publications，2006.

［66］刘姝伶．农村金融服务体系创新与风险控制研究［D］. 成都：西南财经大学，2010：32－51.

［67］中研普华公司课题组．2014—2018年中国农村金融体系市场现状深度调研与发展前景展望研究报告［M］．中国行业研究网，2014－12－20：29－104.

［68］Bank W. Rural Financial Services：Implementing the Bank's Strategy to Reach the Rural Poor［J］. World Bank Other Operational Studies，2010：1－83.

［69］钱水土，姚耀军．中国农村金融服务体系创新研究［M］．中国经济出版社，2010：58－101.

［70］赵东龙．新农村建设中农村金融服务体系创新问题研究［J］. 广东农业科学，2010（6）：323－324.

［71］王璐．农村金融服务体系创新试点将在部分省份展开［N］. 经济日报，2013－11－29：006.

［72］徐丹丹，刘凯元，曾章备等．我国区域农村金融生态

环境评价研究——基于突变级数法的分析［J］. 农业经济问题，2016（4）：70－80.

［73］李伟. 推动农村金融机构改革创新［N］. 中国经济时报，2016－10－31：002.

［74］罗剑朝，曹燕子，曹瓅. 加大农村金融市场开放力度推进农村金融创新与发展——“农村金融创新与发展”国际学术会议综述［J］. 西北农林科技大学学报（社会科学版），2015，01：1－7.

［75］王威. 中国农村金融服务体系协调发展研究［D］. 哈尔滨：东北农业大学，2007：2－19.

［76］刘磊. 新型农村金融服务体系构建研究［M］. 中国物资出版社，2011：223－259.

［77］巩云华等. 农村金融服务体系协调发展研究［M］. 中国时代经济出版社，2009：126－221.

［78］杨丹霞. 基于需求视角的农村金融服务体系创新研究［J］. 中国证券期货，2010（03）：56－64.

［79］Umar A. Kumar，Anjani，Chitra Yadav，Shiv Jee，Sant Kumar and Sonia Chouhan（2011）. Financial Innovation in Indian Agricultural Credit Market：Progress and Performance of Kisan Credit Card. Indian Journal of Agricultural Economics 66（3）：418－428［J］. IndianJournal of Agricultural Economics，2014（66）：418－428.

［80］王晓红. 浅论新型农村金融服务体系的创新和完善——以巴彦淖尔市为例［J］. 华北金融，2012（12）：21－29.

［81］彭群. 国内外农业规模经济理论研究述评［J］. 中国农村观察，1999（1）：41－45.

［82］王爱俭. 金融创新与我国金融改革［J］. 财经研究，

1995 (8): 18 - 25.

[83] 张杰. 制度金融理论的新发展: 文献述评 [J]. 经济研究, 2011 (03): 145 - 159.

[84] 卢现祥. 新制度经济学 (第二版) [M]. 武汉: 武汉大学出版社, 2011: 169 - 184.

[85] 李学艳. 对经济学新制度的认知 [J]. 商, 2013 (15): 321 - 321.

[86] 马磊. 农民专业合作社普通社员收益权及实现路径研究 [D]. 南京农业大学, 2012: 19 - 35.

[87] 王爱华. 实施知识产权保护的新制度经济学分析 [J]. 科技情报开发与经济, 2009, 19 (7): 120 - 122.

[88] 付兆刚, 张启文. 基于 PSTR 模型的农村金融渠道减贫效应分析 [J]. 中南财经政法大学学报, 2016, No. 216 (3): 78 - 86.

[89] 林乐芬, 王步天. 农户农地经营权抵押贷款可获性及其影响因素——基于农村金融改革试验区 2518 个农户样本 [J]. 中国土地科学, 2016, 30 (5): 36 - 45..

[90] 张兴. 中国小额保险发展研究 [D]. 南开大学, 2009: 9 - 11.

[91] 汪杨. 改革"小产权房"的制度经济学分析 [J]. 财经政法资讯, 2010 (3): 13 - 16.

[92] 王兆峰, 杨卫书. 基于产权理论的民族文化旅游产业创新研究 [J]. 中央民族大学学报哲学社会科学版, 2009 (2): 15 - 21.

[93] 曹雷. 新时期我国农村金融改革效果评估: 基于总体的视角 [J]. 农业经济问题, 2016 (1): 61 - 67.

[94] 冉光和, 蓝震森, 李晓龙. 农村金融服务、农民收入

水平与农村可持续消费［J］. 管理世界，2016（10）：176－177.

［95］孔祥智. 新型农业经营主体的地位和顶层设计［J］. 改革，2014（5），32－34.

［96］张贞. 农民专业合作社融资难的原因分析及对策研究［J］. 农林经济管理学报，2013，12（3）：309－313.

［97］段利民，霍学喜. 我国农民专业合作社国内研究文献综述［J］. 技术经济与管理研究，2012（03）：91－95.

［98］蒋和平. 农业适度规模经营多种形式实现路径探讨［J］. 农村工作通讯，2013（3），56－59.

［99］祖亚楠，辛立秋. 黑龙江省种养大户融资问题研究［J］. 黑龙江畜牧兽医，2016（6）：18－21.

［100］张乐柱，曹俊勇. 农村金融改革：反思、偏差与路径校正［J］. 农村经济，2016（1）：81－87.

［101］何虹，魏永军. 金融服务应对接新型农业经营主体需求［N］. 中国城乡金融报，2014－07－11：001.

［102］李世颉. 网络管理视域下的地方政府信息资源集成研究［D］. 武汉大学，2010：16－31.

［103］王喜梅，陈学明，覃清蓉. 金融支持新型农业经营主体发展的思考［J］. 经贸实践，2015（13）：131－132.

［104］费佐兰，郭翔宇. 新型农业经营主体面临的特殊困难与政策建议——基于黑龙江省绥化市的实地调查［J］. 中国农业资源与区划，2016（11）：22－27.

［105］罗黎平. 农村金融服务体系改革的理论逻辑与实践反思［J］. 求索，2016（10）：80－84.

［106］胡淑杨. 支持农民合作社的金融服务创新及体系构建研究［D］. 安徽农业大学，2015：23－39.

［107］曹瓅，罗剑朝．农户对农地经营权抵押贷款响应及其影响因素——基于零膨胀负二项模型的微观实证分析［J］．中国农村经济，2015（12）：31－48.

［108］张永升，金宝翔，谷彬，马九杰．合作制、在地化与农村信贷供给——以合作金融组织资金互助社为例［J］．中国延安干部学院学报，2015（04）：132－136.

［109］李伟．建设高效稳健富有活力的农村金融服务体系［J］．农村工作通讯，2016（22）：39－39.

［110］潘刚．新常态下推进农村金融服务创新的建议［N］．中国经济时报，2015－05－22：004.

［111］张杰，刘东．金融结构、金融生态与农村金融体系的建构——来自江苏农村地区的案例解析［J］．当代经济科学，2006（04）：40－48＋125.

［112］陈磊．完善农村金融体系提高农村金融服务水平［N］．农村金融时报，2012－05－08：001.

［113］姜欣欣．多元化多层次建设农村金融服务体系［N］．金融时报，2011－12－05：005.

［114］金融时报评论员．加快农村金融制度创新健全现代农村金融体系［N］．金融时报，2015－11－04：008.

［115］刘玲，刘娜．关于完善农村金融服务体系的探讨［N］．中小企业管理与科技，2011（12）：45－50.

［116］罗黎平．农村金融服务体系改革的理论逻辑与实践反思［J］．求索，2016（10）：80－84.

［117］南京审计学院金融学院课题组．构建新农村金融服务体系的现状与发展的调查报告——基于江苏省丹阳的调研［J］．理财，2010（12）：43－52.

［118］曹明贵，高琪．推进河南农村金融产品和服务方式

创新的政策建议［J］. 现代农业科技，2014（24）：339－341.

［119］潘宗英. 我国农村金融体系“三元架构”模式的创新研究［J］. 农业经济，2015（05）：104－105.

［120］鲁锡杰. 我国农村金融服务体系创新建设研究［J］. 农业经济，2015（05）：110－112.

［121］罗剑朝，聂强，张颖慧. 博弈与均衡：农地金融制度绩效分析——贵州省湄潭县农地金融制度个案研究与一般政策结论［J］. 中国农村观察，2003（03）：43－51＋81.

［122］张杰. 制度金融理论的新发展：文献书评［J］. 经济研究，2011（3）：145－158.

［123］何广文. 构建金融服务体系缓解农村贷款困局［N］. 农民日报，2012－05－08：003.

［124］陆磊. 以行政资源和市场资源重塑三层次农村金融服务体系［J］. 金融研究，2003（6）：106－114.

［125］张永升，王先柱，蒋满霖. 我国农村金融制度创新研究［J］. 前沿，2008（02）：34－37.

［126］何广文，李莉莉. 大型商业银行的小额信贷之路——兼论与新型农村金融机构间的合作机制［J］. 农村金融研究，2011（05）：21－26.

［127］罗剑朝，庸晖，庞玺成. 农地抵押融资运行模式国际比较及其启示［J］. 中国农村经济，2015（03）：84－96.

［128］洪正. 新型农村金融机构改革可行吗？——基于监督效率视角的分析［J］. 经济研究，2011（2）：44－58.

［129］罗剑朝. 积极稳妥推进农地金融制度创新的必要性、方案设计与配套条件［J］. 开发研究，2010（01）：76－79.

［130］黄可权，张启文. 农村金融创新的新制度经济学分析［N］. 金融时报，2015－01－26：010.

[131] 王筠权．创新农村金融服务 [J]．中国金融，2012 (05)：45-47.

[132] 王佳楣，罗剑朝，张珩．新型农村金融机构绩效评价及其影响因素分析——基于陕西与宁夏20家机构的调查 [J]．西北农林科技大学学报（社会科学版），2014 (04)：26-31.

[133] 曲小刚，罗剑朝．新型农村金融机构可持续发展的现状、制约因素和对策 [J]．中国农业大学学报（社会科学版），2013 (02)：137-146.

[134] 霍学喜，刘军彦．金融机构产品创新形式的博弈分析 [J]．西北农林科技大学学报（自然科学版），2006 (02)：157-159+164.

[135] Kumar A, Yadav C, Jee S, et al. Financial innovation in Indian agricultural credit market: Progress and performance of kisan credit card [J]. Indian Journal of Agricultural Economics, 2011, 66 (3): 418-428.

[136] 李志辉，孟颖．涉农融资租赁产品创新研究 [J]．金融理论与实践，2016 (1)：94-97.

[137] 丁红．我国农村金融产品和服务创新存在问题及对策 [J]．北京农业，2013 (33)：343.

[138] 肖斌卿，张龙耀，孙天一．农户心理与储蓄决策行为——基于江苏省821户农户调查数据的实证分析 [J]．农业技术经济，2016 (1)：60-70.

[139] Zhang K. On Financial Innovation to Support Agricultural Development [J]. Problem of Agricultural Economy, 2005.

[140] Zhang H. Promotion of Rural Financial Innovation and Resolution of Agricultural Financing Difficulties [J]. Asian Social

Science, 2009, 6 (1) .

[141] Arthur B. Accruals Anomaly in Agriculture Financial Economics [C] //Southern Agricultural Economics Association, 2012.

[142] Vijaykumar N, Patil S S, Ramesh G B, et al. Kisan Credit Card – A Financial Innovation in Agriculture Credit Market [J]. 2016, 12 (1a): 205.

[143] 罗剑朝．农村“两权”抵押贷款融资试点推进中的问题 [N]. 中国经济时报, 2016 -08 -12: 009.

[144] Michael Friis Pedersen, Jakob Vesterlund O lsen, Measuring Credit Capacity on Danish Farms Using DEA, Agricultural Finance Review, 2013, Vol. 73 (3), pp. 393 -412.

[145] Conor M. O' Toole, Carol Newman, Thia Hennessy, Financing Constraints and Agricultural Investment: Effects of the Irish Financial Crisis, J Agric Econ, 2014, Vol. 65 (1) .

[146] Berger A. N, G. F. Udell. The economics of small business finance: the role of private equity and debt market in the financial growth cycle [J]. Journal of Banking and Finance, 2014 (22): 13 -673.

[147] Guo Yuejun, SunJialu. The "Two Leaps" and Chinese Agricultural Modernization [J]. Asian Agricultural Research, 2011 (3): 131 -134.

[148] 霍学喜．为农业龙头企业发展营造良好金融环境 [N]. 中国城乡金融报, 2013 -02 -20: B02.

[149] 霍学喜．农业供给侧结构性改革需五管齐下 [N]. 人民政协报, 2016 -12 -29: 003.

[150] 张杰, 谢晓雪, 张淑敏．中国农村金融服务: 金融需求与制度供给 [J]. 西安金融, 2006 (03): 20 -26.

[151] 李剑峰，王延涛．农村金融服务渠道体系的创新与完善［J］．农业经济，2010（02）：50－51.

[152] 罗剑朝，黎毅，房启明．陕西省农村金融产品供给与需求非均衡的表现及其影响研究［J］．西部金融，2014（06）：8－19.

[153] Efth alia, D., Dimitris, S., Kostas, T., et al. Productive efficiency and firm exit in the food sector. Food Policy, 2008, 33 (2).

[154] Larson, D., Matsumoto, T., Kilic, T., Otsuka, K. Should African Rural Development Strategies Depend on Smallholder Farms? An Exploration of the Inverse Productivity Hypothesis. Agricultural Economics, 2014, 45 (3). 355－367.

[155] Quisumbing A. Women's status and the changing nature of rural livelihoods in Asia. Conference Paper, Manila, Philippines, 2007.

[156] 郭强．我国农业现代化转型中的农村金融服务功能创新［J］．中国证券期货，2010（03）：63－65.

[157] 李晓峰，刘小华．对当前农村金融“供需失衡”问题的思考［J］．华北金融，2012（4）：26－27.

[158] Anonymous. Rural Finance Innovation and Rural and Agriculture Financial Statistical System Development: International Practices in the Collection [J]. 2011.

[159] Clapp J, Isakson S R, Visser O. The complex dynamics of agriculture as a financial asset: introduction to symposium [J]. Agriculture & Human Values, 2016, 2016: 1－5.

[160] Vallesi M, Manelli A. To visualize the combination between agriculture financial risk and actions to take [J]. Quality －

Access to Success, 2016.

[161] 王志刚．伦理视域下农村金融服务体系中的公平与效率问题研究［D］．中央民族大学，2016：56－87.

[162] Deininger, K., Byerlee, D. The Rise if Large Farms in Land Abundant Countries: Do They Have a Future? World Development, 2012, 40 (4). 701－714.

[163] 何广文，潘婷．国外农业价值链及其融资模式的启示［J］．农村金融研究，2014（5）：19－23.

[164] 何广文，何婧．电商是金融服务的新切入点［J］．中国农村金融，2016（03）：22－26.

[165] 王力恒，何广文，何婧．农业供应链外部融资的发展条件——基于信息经济学的数理分析［J］．中南大学学报（社会科学版）．2016（04）：43－46.

[166] 曾青福．"惠农链"农业供应链金融体系的设计与实现［J］．金融电子化，2014，03：67－69.

[167] GãRal J. Farm management in a context of the Common Agriculture Policy financial support [C] // Business and Management Conferences. International Institute of Social and Economic Sciences, 2016.

[168] 贾玉洁．农村金融抑制视域下农业供应链金融创新路径探析［J］．农业经济，2014（10）：107－108.

[169] 张萌．农业供应链金融：农业金融服务的创新融资模式［J］．当代经济，2013（24）：6－8.

[170] 彭路．农业供应链金融的定向支持［J］．中国金融，2015（14）：88－89.

[171] 刘子佳．建立高效农业供应链金融运作机制［J］．中国农村金融，2015（22）：62－64.

[172] 刘婷，陈楠．开发农业供应链金融模式 [N]．经济日报，2011-09-26：012.

[173] 高国云，李红云．基于动态信用的中小型农业企业供应链融资模式研究 [J]．农业经济，2016 (3)：113-114.

[174] 彭路．信贷配给与农业供应链金融——基于风险控制角度 [J]．银行家，2016 (06)：110-113.

[175] 孙翔．农业供应链金融的路径思考 [J]．中国农村金融，2012 (04)：30-32.

[176] 何广文，王力恒．打造“互联网+农业产业链”融资模式 [J]．中国农村金融，2016 (11)：48-50.

[177] 周明明，王余丁，张瑞涛，王俊芹．我国新型农业经营主体融资模式创新——以互联网金融为视角 [J]．商业经济研究，2017 (04)：176-177.

[178] 王铁军．风口上的农业互联网金融 [J]．农经，2015 (07)：22-23.

[179] 江维国，李立清．互联网金融下我国新型农业经营主体的融资模式创新 [J]．财经科学，2015 (08)：1-12.

[180] 李文河．创新农业投融资体制，促进互联网农业金融的发展 [J]．时代金融，2015 (24)：8+15.

[181] 李克穆．互联网金融的创新与风险 [J]．管理世界，2016，No.269 (2)：1-2.

[182] 张婷．关于农业银行发展互联网金融的探索与思考 [J]．农村金融研究，2014 (02)：54-57.

[183] 徐阳．互联网金融破解农业发展困难研究 [J]．财经界（学术版），2016 (11)：11.

[184] 周明明，王俊芹，王余丁．互联网金融视角下新型农业经营主体的融资模式研究 [J]．农村金融研究，2016

(08): 73 - 76.

[185] 董玉峰，刘婷婷，路振家．农村互联网金融的现实需求、困境与建议 [J]．新金融，2016 (11): 32 - 36.

[186] 姜业庆．农村金融：走在“互联网+”的大道上 [N]．中国经济时报，2016 - 12 - 23: 016.

[187] 中国银行业协会行业发展研究委员会．“互联网”时代的中国银行业——转型、创新与发展 [M]．中国金融出版社，2016: 108 - 219.

[188] 郭永田，龙文军．加快推进农业 PPP 投资 [J]．农村工作通讯，2015 (22): 23 - 25.

[189] 唐祥来，杨娟娟．农业基础设施建设 PPP 模式的投资激励决策机制 [J]．农业技术经济，2012 (10): 112 - 119.

[190] 党立斌，李敏．探索在农业领域推广运用 PPP 模式 [J]．中国财政，2016 (06): 32 - 34.

[191] 郭洪海，魏飚．山西农业 PPP 实践 [J]．金融世界，2015 (07): 54 - 55.

[192] 董静儒．农业 PPP 模式撬动投资新蓝海 [J]．农经，2017 (01): 12 - 13.

[193] 付朝欢，赵薇．农业 PPP 投资将迎六大利好 [N]．中国改革报，2017 - 01 - 24: 002.

[194] 郭永田，龙文军．加快推进农业 PPP 投资 [N]．中国经济时报，2016 - 08 - 12: 009.

[195] 薛午安．农业 PPP 创新投资模式 [N]．中国企业报，2017 - 01 - 10: 015.

[196] 乔金亮．农业 PPP 如何扎根“希望的田野” [N]．经济日报，2017 - 01 - 13: 004.

[197] 冯彪．两部委力挺农业 PPP 项目：为社会资本构建

多元化退出机制 [N]. 每日经济新闻，2016 - 12 - 30：009.

[198] 乔金亮. 打消推进农业 PPP 投资顾虑 [N]. 经济日报，2017 - 02 - 28：015.

[199] 施佳慧，刘漪. 完善我国农村征信体系的思考 [J]. 河北金融，2010 (04)：23 - 25.

[200] 姜文华. 探索新农村征信服务体系的构建 [J]. 征信，2013 (08)：30 - 33.

[201] 李晓. 大数据征信颠覆信贷逻辑 [N]. 农村金融时报，2015 - 09 - 28：004.

[202] 征信缺失成农村金融发展瓶颈 [N]. 中国城乡金融报，2015 - 10 - 14：B02.

[203] 许为民. 农村信用体系建设的难点问题及解决路径 [J]. 征信，2015 (03)：49 - 52.

[204] 左月华，王丹. 县域视角下的农村金融创新综合评价与分析——以湖北省为例 [J]. 征信，2017 (1)：52 - 58.

[205] 杨桂云. "农业保险 + 涉农信贷" 贷款定价研究 [J]. 财经理论与实践，2011 (05)：31 - 34 + 43.

[206] 吴魁，屈波，杨运森. 对 "期货定价 + 信贷 + 订单" 农业发展模式的实践与思考 [J]. 西部金融，2013 (04)：72 - 75.

[207] 赵国庆，张珊. 经济新常态下商业银行定价能力研究 [J]. 农村金融研究，2016 (8)：18 - 23.

[208] 李建军，王德. 中国分离均衡信贷市场的利率定价——搜寻效率与风险因素检验 [J]. 金融研究，2014 (10)：1 - 14.

[209] 程艺华. 贷款定价的三个切入点和三个落脚点 [J]. 中国农村金融，2016 (4)：19 - 20.

[210] 许桂红. 普惠金融视角下农村金融机构的贷款定价策略 [J]. 农业经济, 2016 (1): 104 - 106.

[211] Lyn C. Thomas. Consumer Credit Models: Pricing, profit, and Portfolios. 2015: 56 - 57.

[212] 刘珺. 贷款利率定价的现状、挑战及对策 [J]. 中国金融, 2013 (22): 25 - 27.

[213] 邱济洲, 范文婷. 农村信用社贷款利率定价模式现状及改进——以内蒙古农村信用社为例 [J]. 财经理论研究, 2016 (1): 27 - 33.

[214] 杨洋. 存款利率放开后地方金融机构利率定价与传导机制研究 [J]. 华北金融, 2016 (08): 32 - 35.

[215] 吴蕴韬. 黑龙江省农村金融发展问题研究 [D]. 东北农业大学, 2014: 48 - 57.

[216] 四平, 岳意定. 中国农村金融组织体系重构: 基于功能视角的研究 [M]. 经济科学出版社, 2007: 112 - 157.

[217] 蔡玉胜. 农村金融体系创新的国际经验与启示 [J]. 兰州学刊, 2009 (01): 138 - 140.

[218] 王国晓, 李华伟. 金融支持土地流转的难点 [J]. 中国金融, 2017 (1): 98 - 98.

[219] Alan J. M. The bank capital decision: a time series cross section analysis [J]. Journal of Finance, 2012 (9): 1217 - 1232.

[220] Gabriel J. Power, Victoria Salin, John L. Park, Strategic Options Associated with Cooperative Members' Equity, Agricultural Finance Review, 2012, Vol. 72 (1), pp. 48 - 67.

[221] 李晓鹏, 王宏伟. 我国农村金融服务体系创新探析 [J]. 财会研究, 2013 (08): 72 - 74.

[222] Qaim. Partial Vertical Integration, Risk Shifting, and

Product Rejection in the High - Value Export Supply Chain: The Ghana Pineapple Sector [J]. World Development. June 2011.

[223] Greg M. Gupton, Daniel Gates, Lea V Catty. Bank - Loan Loss Given Default: Moody'S Investors Service [J]. Global Credit Research, 2011 (11): 55 - 58.

[224] Drucher P. F. Developing Management and Manager, An Introductory View of Management [M]. New York: Harpers College Press, 2012.

[225] 张宁宁．“新常态”下农村金融制度创新：关键问题与路径选择［J］．农业经济问题，2016（6）：69 - 74.

[226] 薛保社．完善我国农村金融供给体系的机制创新［J］．改革与战略，2011（01）：85 - 88.

[227] 霍海龙．农村金融服务体系发展状况与研究［J］．经济师，2012（5）：64 - 67.

[228] 杨波．农村土地流转金融服务模式创新与政策完善［J］．黑龙江金融，2016（7）：64 - 66.

[229] 王曙光，杨敏．农村供给侧结构性改革与县域农村金融创新发展［J］．农村金融研究，2016（7）：55 - 59.